Couvertures supérieure et inférieure
en couleur

ROBERT DE MONTESQUIOU

ROSEAUX
PENSANTS

L'homme n'est qu'un roseau,
le plus faible de la nature :
mais c'est un roseau pensant.

PASCAL

PARIS

BIBLIOTHÈQUE-CHARPENTIER

EUGÈNE FASQUELLE, ÉDITEUR

11, RUE DE GRENELLE, 11

1897

DERNIÈRES PUBLICATIONS

PAUL ALEXIS
La Comtesse . . . . 1 vol.

JULES CLARETIE
La Vie à Paris (1896) . . . . 1 vol.

ANDRÉ DANIEL
L'Année politique (1896) . . . . 1 vol.

ALPHONSE DAUDET
Théâtre (2e série) . . . . 1 vol.

LÉON A. DAUDET
La Flamme et l'Ombre . . . . 1 vol.

ALFRED DUQUET
Paris (Second écho du Bourget) . . . . 1 vol.

GUSTAVE GEFFROY
L'Enfermé . . . . 1 vol.

GYP
Le Baron Sinaï . . . . 1 vol.

ERNEST LA JEUNESSE
L'Imitation de Notre-Maître Napoléon . . . . 1 vol.

ANDRÉ LEBEY
Les Premières luttes . . . . 1 vol.

JACQUES MADELEINE
Sésame . . . . 1 vol.

STÉPHANE MALLARMÉ
Divagations . . . . 1 vol.

CATULLE MENDÈS
Arc-en-Ciel et Sourcil-Rouge . . . . 1 vol.

JEAN MISÈNE
Marthe Ambernon . . . . 1 vol.

CAMILLE OUDINOT
Noël Savare . . . . 1 vol.

JEAN RICHEPIN
Théâtre chimérique . . . . 1 vol.

ROBERT DE MONTESQUIOU
Roseaux pensants . . . . 1 vol.

GEORGES RODENBACH
Le Carillonneur . . . . 1 vol.

ROGER-MILES
Cent Pièces à dire . . . . 1 vol.

MAURICE ROLLINAT
Les Apparitions . . . . 1 vol.

AURÉLIEN SCHOLL
Tableaux vivants . . . . 1 vol.

ANDRÉ THEURIET
Contes de la Primevère . . . . 1 vol.

ÉMILE ZOLA
Rome . . . . 1 vol.

5030. — L.-Imprimeries réunies, rue Mignon, 2, Paris.

ROSEAUX PENSANTS

DU MÊME AUTEUR

POÉSIE

Les Hortensias Bleus.
Les Chauves-Souris.
Le Chef des Odeurs Suaves.
Le Parcours du Rêve au Souvenir.

— EN 1897 —

PROSE

Autels Privilégiés (Suite au présent ouvrage).

ULTÉRIEUREMENT

POÉSIE

Cinquième Poème. — Les Paons.
  —   —   Passiflora (Épisode).
Sixième et dernier Poème. — Le Chant du Cygne.

Sceaux. — Imp. E. Charaire.

ROBERT DE MONTESQUIOU

ROSEAUX PENSANTS

> L'homme n'est qu'un roseau,
> le plus faible de la nature :
> mais c'est un roseau pensant.
>
> Pascal.

PARIS

BIBLIOTHÈQUE-CHARPENTIER

EUGÈNE FASQUELLE, ÉDITEUR

11, RUE DE GRENELLE, 11

1897

ARUNDO

Les hommes en proie aux ciseaux
De la douleur qui les moissonne,
Les hommes en qui tout frissonne
Chantent et s'inclinent, roseaux.

Les hommes, les bons, les méchants
Toujours courbés sous les alarmes
Et mirés par l'eau de leurs larmes,
Les hommes sont roseaux penchants.

L'homme que tout juste un oiseau,
Martin-pêcheur d'espoir azure,
L'homme que plus rien ne rassure
Murmure et sanglote, roseau.

Les hommes, sans fin frémissants
Sous le plaisir et sous la peine,
Sous l'amour comme sous la haine,
Les hommes sont roseaux pensants,

Les hommes, ces adolescents
Eternels, groupés sur les rives
Des eaux stagnantes, des eaux vives,
Roseaux penchants, roseaux pensants.

Les hommes, cruels ou touchants
Appliqués à leurs chansons grises,
Sous les antans ou sous les brises
Roseaux pensants, roseaux penchants.

1

AU DOCTEUR POZZI.

LACRYMABILITER

In hâc lacrymarum valle,
Clamamus, suspiramus,
Gemontes et flentes,
Exsules filii Evæ.

Car on dirait que créés pour souffrir,
Nous ne pouvons qu'à peine être heureux sans mourir !

Ainsi s'exclame d'un de ses cris vibrants et répercussifs de tous les nôtres, tout pleins du *petit souffle* de Job, et de « ce petit vent frais qui fait se hérisser le souvenir », au dire du poète — Celle à qui fut consacré le plus tendre de ces Essais.

Un grand philosophe avait écrit : « Il faut commencer par apprendre aux hommes, leur malheur. » Mais les murs ont plus d'écoutes que les humains pour entendre de cette oreille. Le douloureux et réjouissant « mieux vaut faire envie que pitié » du personnage de Zola paraît être leur devise. On pourrait, d'autre part, appliquer à la plainte ce qui a été dit de la femme, et de l'ombre : fuyez-la, elle vous suit; suivez-la, elle vous fuit. — Abordez les doléances qui vous auraient sollicité; elles se défendront d'avoir aucun sujet d'inquiétude. Et

1.

pourtant observez dans leur promenade ou dans leur course, au hasard, et sans autre choix que l'apparente diversité de leurs conditions, tout autant qu'il vous plaira d'allants et venants; vous aurez vite fait de voir palpiter aux plis de leurs manteaux le vautour de Prométhée ou le renard de l'enfant Spartiate. Obtenez encore de quelque diablotin agile ou boiteux de surprendre à leur insu, en leur particulier, tant de simagrées de la rue ou du salon, toutes les grimaces mondaines; vous verrez les gaîtés se flétrir et les sourires se faner sous l'angoisse ou la lassitude, aussi vite que les fleurs du jardin de Klingsor après le rapt de la sainte lance.

J'ai souvent escompté cette découverte d'un Edison psychique, lequel inventerait une mensuration de la douleur morale. Un thermomètre du chagrin, une éprouvette de la contrariété, un ludion du souci. Ou plutôt une balance du genre de celles dont on encombre aujourd'hui les antichambres de lieux publics et qui s'ornent de rubriques telles que celle-ci : *Qui bien se pèse, bien se connaît.* — *Qui bien se connaît bien se porte.* Et quel sujet d'étonnement, d'humiliation et de consolation pour tous nos émules douloureux si l'aiguille marquait le même degré de souffrance à tous, soldant au même taux toutes nos épreuves si subtilement appropriées que l'ennui de l'un deviendrait le plaisir de l'autre, comme en ces loteries d'objets douteux dont les trocs font croire aux gagnants mécontents qu'ils avaient désiré ce qui était échu à un autre. Ainsi, des lots de nos joueurs de misères et de maux, fluxions et horions, protêts et procès, veuvages et cocuages. « La vie oscille entre la douleur et l'ennui, » écrit un autre philosophe.

.·.

Je sais un petit livre fort plaisant, d'un secours actif et plein d'acuité, pour notre cause. En voici le titre significatif et prolixe : « *Les misères de la vie humaine, ou les gémissements et les soupirs exhalés au milieu des fêtes, des spectacles, des bals et des concerts, des amusements de la campagne, des plaisirs de la table, de la chasse, de la pêche et du jeu, des délices du bain, des récréations de la lecture, des agréments des voyages, des jouissances domestiques, de la société du grand monde, et du séjour enchanteur de la capitale.* » — *Testy* et *Sensitive*, à savoir l'*Irritable* et le *Sensitif* sont une transposition de l'antique *rongeur de lui-même*; mais ce sont les petits tracas quotidiens de tout genre qui les dévorent. Sensitif — qui tient aussi du *délicat* de la Fontaine, se proclame, *ambidextre* en souffrances; et pour être plus matériels, les tourments du coléreux ne sont pas moindres. La vie leur apparaît comme « une grande énigme gardée, non par un sphinx, mais par un millier de monstres sous la forme de chagrins, qui nous déchirent, chaque fois que nous en voulons obtenir la solution ». Ces deux Bouvard et Pécuchet déliés de l'auto-persécution par l'infiniment petit du douloureux, se réunissent donc dans l'étrange dessein de faire ensemble le tour de « l'empire de leurs misères », de dénombrer leurs désagréments et leurs déplaisirs; « ces outrages volontaires qu'on se fait respectivement dans la société »; ce qu'ils appellent : un choix pris dans la masse de leurs mortifications, d'énumérer enfin leurs droits respectifs à la palme du malheur. Et leurs ironistes dialogués d'un humour ensemble cocasse et fin sur les tribulations personnelles et domestiques de la campagne et de la ville, des voyages et des lieux publics, de la société, du grand monde, de la table, des passe-temps, de la lecture, etc., s'amusent à collectionner leurs soupirs, à les cataloguer, étiqueter et numéroter comme des insectes dans une boîte d'entomologiste.

Un ou deux gémissements, affirme Sensitif — suffisent pour chaque passe-temps de la campagne, qui ne leur fournit en effet que 57 soupirs — tandis que la société leur en arrache 79. En voici deux échantillons : 22° soupir sur les passe-temps : « Aller voir une troupe de comédiens de province sur le bruit qu'ils sont exécrables, mais avoir le désagrément de les trouver insupportablement supportables; de reconnaître même que les scènes les plus touchantes de leur tragédie nous procurent à peine l'occasion d'éclater de rire. » — 18° soupir, à propos des lieux publics : « Une transposition totale des âges et des caractères des acteurs, d'où il résulte que l'on voit certains théâtres choisir leurs sociétaires comme les pois, c'est-à-dire à leur exiguïté, ainsi que cette affiche en témoigne : « La semaine prochaine les personnages de Coriolan et de Henri VIII seront remplis par Miss Biddy, petite fille de quatre ans qui a paru dans les mêmes rôles, il y a dix-huit mois, avec tant de succès à Dublin, et qui n'est pas entièrement guérie de sa coqueluche. En attendant, elle jouera l'*Enfant de la forêt*, où cette indisposition ne peut qu'être favorable au rôle de Victor. »

Les réflexions en apparence superficielles de nos deux hypocondriaques du menu sont souvent profondes en leur froid comique flegmatique. En la suivante, ils nous apparaissent tels que ces personnages d'un divertissement de Molière, qu'il avait intitulés : Hommes et femmes affligés, chantants et dansants. « Pour mon compte, dit Sensitif, au chapitre des passe-temps — je n'ai fait que jouer, danser et chanter, les larmes aux yeux, depuis que nous avons pris congé l'un de l'autre, et je rapporte une provision de chagrins composés entièrement de plaisirs. » — Et l'autre, au chapitre des divertissements publics : « Je vous félicite, mon ami, d'être sorti vivant, de tous les antres du bonheur où vous avez manqué d'étouffer ces deux ou trois derniers mois. » C'est encore ce dernier qui s'écrie drolatiquement à propos des dîners en ville, et comme en une rage plaisante d'émulation du fâcheux : « Oh! je suis en état de manger dehors tout aussi désagréablement que vous... »

Enfin tous deux font éclater le feu d'artifice de leurs soucis en un bouquet des *tribulations de tous genres*. Ils affirment porter envie à ce Crusoé « qui eut le bonheur de réduire la liste de ses visites à celles d'un perroquet, d'un nègre et de quelques chevreaux » — et proclament enfin que « *le but de leurs raisonnements est non seulement d'admettre mais encore de soutenir que c'est à raison de l'impatience avec laquelle nous supportons nos angoisses, que nous sommes les êtres les plus malheureux de l'univers.* »

Je ne parle que pour mémoire d'un frère *raisonnable*
de Sensitif, qui apparaît à la fin pour tout remettre
en ordre et dit à son puîné : « Ne serai-je jamais
assez heureux pour voir un intervalle de six lignes
entre tes sourcils ? »

Deux illustrations représentent *les misères per-
sonnifiées* sous forme de gants percés, souliers
éculés, cordons dénoués, chapeaux défoncés, café
répandu, cuillers tordues, etc. Les bonshommes
affligés de ces inconvénients ont quelque ressemblance avec les dessins de Rabelais et d'Alfred Jarry.
Puis des figures isolées insistent sur la contrariété de trouver suspendu à son marteau de porte,
en rentrant le soir, un berceau d'enfant naturel —
avec son contenu. Ou encore toutes les formes
(il y en a douze) que peut affecter le bec tordu
d'une plume d'oie, un jour qu'on n'a pas de canif
sous la main. Ces deux infortunés sont parents de
cette sèche voisine de Mme de Sévigné qui en écrivait que la sécheresse, était en elle, « comme la
piqûre n'est pas dans l'épine. » — N'est-ce pas
bien ainsi, en effet, que le malheur est en nous,
préventif et inévitable, prêt à se jeter sur le premier
prétexte venu pour en faire une calamité, une idée
fixe dont l'aspérité le heurte et blesse avec d'autant
plus de rudesse si le sujet de souffrir est moins
réel, parce qu'alors il fait s'exercer sur le substra-
tum même de l'individu le surplus de sa délectation morose.

* *

Mais les monitoires de tant de douces, aigres ou
sévères voix, ont beau murmurer, siffler ou re-

tentir, l'humanité n'en veut rien entendre. Une verte sirène aux têtes plus renaissantes que celles des hydres, lui chuchote incessamment ce mot *demain*, qui doit tout embellir et tout aplanir. Oui, aujourd'hui est morne ou odieux ; mais demain sera resplendissant et suave, et chaque demain ainsi menteur à sa promesse, ne dessille pas les yeux de l'éternel leurré ; Saturne n'est pas très différent de ce barbier qui se disait toujours à la veille d'opérer gratis.

Et pourtant c'est dans ce malentendu que réside le malaise de la vie. Le *Tædium vitæ*, le *vague à l'âme*, ne sont rien autre qu'infraction à une loi, inappropriation, empiétement, ingérence. *Montes exultaverunt sicut arietes et colles sicut agni ovium*. Le poisson veut voltiger, le papillon nager et le vespertilion s'évader dans les midis et les aurores. De là désagrément, désordre, désarroi, et l'engendrement de ces mélancoliques

Victimes d'un malaise incurable et formel,

desquels l'hybride chauve-souris, *restless*, instable, entre la ténèbre à laquelle la condamne son infirmité qui n'est qu'une transposition, et l'attirante et dévorante lumière, demeure à tout jamais le mythe unique et inimitable.

Aussi c'est elle seule que Durer juge digne de porter le cartouche qu'il lui incorpore, armes parlantes de la *melencolia*, déesse inconnue du paganisme, et que les pessimistes Paris élisent en leur jugement morose. La colombe sans douceur d'une Vénus sans beauté ; le paon sans yeux d'une

Junon sans force ; la chouette sans vertu d'une Minerve sans sagesse, n'est-ce pas bien la chauve-souris de *melencolia* : déesse accroupie au bord des soleils noyés, entre les chiffres et les compas des calculs déçus, la seringue lui rappelant qu'elle est infirme, et le sablier qu'elle est brève. Morne patronne de l'humanité vouée au malheur et qui ne veut qu'être heureuse. Le paradoxe est fort, disait Trissotin. Aussi pernicieux que pourrait l'être celui de notre résurrection béatifiée, qui s'assoifferait à son tour contradictoirement de la douleur devenue impossible.

Car la conversion serait aisée, une simple volte, un *qui-perd-gagne*, ingénieusement appliqué et conférant le tour d'un gain inattendu à la perte enfin sagement entendue, aimée pour elle-même. Car je ne parle pas ici de résignation, mais de logique. Non de l'escompte intéressé d'une future félicité, mais de l'exploitation par une connivence enfin consentie d'un état dont l'inacceptation était l'amertume la pire.

Plus de ces vaines trêves de confiseurs, des menteries d'almanach de ces jours de l'an à l'allé-luia contrefait et au *lœtare* infligé, dissimulant sous le baiser, le bonbon et le bouquet dont ils nous paient et nous paissent, le sens navrant d'une comptabilité pleine de faillites et de déficits et de conjurations impuissantes.

Je possède un portrait ancien d'un grave enseignement. C'est un noble et admirable veuf, peint au naturel d'une douleur profonde et sans éclat, consciente, sincère et digne. La rencontre entre elles de ses deux lèvres, qui ne connaîtront plus le baiser, est d'un découragement résigné et d'un *rien ne m'est plus* incurable. Une déformation, une trouble fixité viennent aux prunelles, d'un globe de larmes en suspens qui les emprisonne. Et des deux mains disjointes de leur adoration, l'une enserre un maigre et tendre bouquet de pâquerettes décloses et de pensives pensées, fleurettes en deuil de l'amour défunt ; l'autre élève et tient ostensiblement, telle qu'une hostie évidée, l'alliance du nœud désuni. Au-dessus de la tête fascinante en son entêtement de s'endolorir, se trace en caractères d'or, la devise de l'amant esseulé : *Qui souffrir veut !* Tels peuvent être le cri et le patron de notre philosophie.

Tête baissée, au cœur des chagrins et des ennuis ; tête piquée au sein de l'océan des pleurs ; une pleine eau enfin dans les larmes ! La fondation d'un périodique non plus impertinemment intitulé *le Rire*, et traitant de ses éclats, mais un raisonnable quotidien de la douleur, à son titre angoisseux, à ses sombres couleurs, à ses blessantes armes. Pour épigraphe, le retournement du texte de Beaumarchais : je m'empresse de pleurer de tout, de peur d'être obligé d'en rire. L'article de tête, la mise en scène du malheur du jour, en son type transcendantal, son parangon incontestable. Portraits et illustrations à l'appui ; projets de convenables douleurs, médication adjuvante. Toute une collaboration enfin, directement appliquée, et sans ironie, à l'étude des maux spirituels afin d'en extraire des remèdes pour l'esprit, assez semblables à ceux qui traitent notre corps par les poisons, l'aconit, la belladone. Plus de philanthropique allopathie ; une philosophique homéopathie. Ainsi s'accomplira cette pacifique révolution des soupirs et des sanglots enfin libérés hors de la geôle des réactions et des contraintes.

Des agents puissants et délicats en seront les ministres ; je veux parler de ces médecins consultants moraux dont l'absence constitue une des lacunes qui donnent le plus à rêver sur la lente perfectibilité des institutions et des races. Quelque chose comme ce que l'Anglais appelle *Anatomistes de la mélancolie* et que nous avons souvent entendu Alphonse Daudet nommer les *marchands de bonheur* ; un moyen terme entre ces deux spécialistes : le médecin et le confesseur, avec plus de psychologie que le premier, moins d'exclusivisme que l'autre. Ni physionomiste, ni graphologue, ni chiromancien, mais un peu de tout cela, uni dans un illuminé serein, un voyant un peu pythique. Quelqu'un à qui se puisse conduire un enfant mystérieux et inexpliqué, un adolescent incertain sur ses aptitudes. Le juge des questions et des situations sur lesquelles les seuls intéressés n'ont plus de juridiction, embarrassés qu'ils sont dans le détail qui masque l'ensemble, et que notre homme tranchera net comme l'Alexandre du nœud gordien bourgeois, le Salomon de la querelle de famille. Tout plein de la science du bien et du mal que lui distillent les rameaux du pommier d'Eden, du frêne Ygdraissil, ciselé de runes, de l'arbre de Buddah, dont l'ombre ne tournait pas et des feuillages Dodoniens où s'inscrivaient des oracles ; du cèdre de Saint-Jean et du chêne de

Saint-Louis, notre trismégiste entendra monter vers lui le gémissement humain, *imperceptible et vaste*. Son *sinite parvulos* ne se fermera point aux grands et ne dédaignera pas l'art d'accommoder les restes. Et les besogneux en mal de respect pour le porte-manteau d'aïeux plus fortunés, un châle-tapis, une redingote puce, apprendront de lui le moyen de se tailler adroitement dans cette défroque en proie aux vers, des ajustements moins surannés, un godet de Paquin, des culottes bicyclistes.

· · · · · · · · · · · · · · · ·

Le thérapeute intellectuel, qui tiendra du Plutarque des *œuvres morales* et de notre docteur Henri Favre, s'appliquera tout d'abord à la rédaction de deux traités, dont la seule apparition sera comme une Pentecôte sociale ; la descente de deux langues de feu sur le front de l'humanité enténébrée.

Le premier, qui aura pour titre et pour objet *le rapport de l'intellectualité et de l'alimentation*, s'occupera de la fabrication du héros sous le rapport de la nutrition et du breuvage.

On y verra des bébés imbelles exaspérés par le thé dont les intoxiquent de mauvaises bonnes ; d'impérieux rendez-vous d'affaires et de subtiles rencontres diplomatiques stérilisés et compromis par une digestion laborieuse ; toute la formidable influence enfin sur nos Austerlitz et nos Waterloos domestiques, d'une pâtée ou d'un pâté favorables ou inopportuns jetant le trouble dans les organismes, et comme ce grain de sable magnifiquement évoqué par Pascal, à propos de Cromwell, pouvant changer la face du monde.

L'opuscule dont l'entrée sera gardée par ce personnage mystérieux qui apparaît à Swedenborg en train de dîner, pour lui dire : « Ne mange pas tant ! » ira de l'école de Salerne, laquelle tenait pour l'auteur de tous nos maux l'honnête fromage, à cette capitale réponse de Mérédith rapportée par Marcel Schwob : « On prétend que le cerveau se fatigue. N'en croyez rien. Le cerveau ne se lasse jamais. C'est l'estomac qu'on surmène. » — Sans oublier le *Diario* de notre aimable et savant ami le général Mansilla avec qui j'aime à me rencontrer en l'expression de cette pensée : tels aliments, telle fermentation d'idées.

Mais un maître, un maître-queux de ce catéchisme *della gola*, ce serait, avec Montaigne, notre Plutarque français, l'antique végétarien, l'auteur même du *S'il est loisible de manger chair*. Non, puisque « *le manger chair* grossit et épaissit les âmes ; et qu'ainsi aggravé de viandes étranges, le corps perd la force de pénétrer les choses subtiles et difficiles à discerner ». Sans non plus omettre certaine inquiétude relative aux métempsychoses nous exposant à nous repaître en la chair d'un veau ou d'un marcassin, de telle réincarnation d'un ami, d'un parent, dont, à vrai dire, le moraliste grec ne nous fait pas le plus de scrupule.

L'auteur du *Comment il faut nourrir les enfants — et lire les poètes*, le Plutarque des *Dits et Faits vertueux* des hommes et des femmes, sera bien encore le collaborateur de notre second traité sur les Lectures de la jeunesse. Une sommation aux parents d'utiliser cette période de dix années (de 12 à 22) diversement et graduellement réceptive de tant de sortes d'aliments d'instruction et de rêve. Phase affamée de la boulimie des lectures ou l'adolescent s'incurve passionnément sur le pupitre ou sur la table, telle une conque avide de réplétion sensible et pensive. Les mains enserrent le front comme pour en pressurer l'attention; les dix doigts divisent les cheveux, ainsi que des eaux, semblant y tracer des routes vers la compréhension pour le remous des idées. Période passagère de la fécondation violente et initiale de l'âme par le livre. La fermer, l'ouvrir maladroitement à cet ensemencement serait la radiation des bouquets printaniers et des moissons estivales ; autant intercepter le pollen en route vers les organes trépidants des plantes nubiles.

Je dis violente, car il y faut, après des fiançailles délicates, un puissant embrassement, ainsi qu'à de corporelles épousailles. Goncourt nomme par leurs noms, dans l'un de ses romans, les organes dont les corps humains s'appellent, et qui, faute d'emploi, s'atrophient. Ainsi pourrait-on désigner les mentales régions que prive à jamais de la récolte due, l'émission différée ou supprimée du savoir délectable. Car c'est par gracieuses et sérieuses alluvions que procède l'envahissement fécondant de l'inondation lettrée. Comme aux jardins, le temps des roses, des dahlias et des chrysanthèmes, il y a l'âge de Walter Scott, tout prêt à se peupler de châteaux et de forêts où se pénètrent en dialoguant, comme en notre Dumas, la fiction historique et l'histoire fictive. L'âge de Balzac rassasié d'évocations brillantes et creuses, épris des géantes et menues reconstitutions d'un Cuvier humain qui fait ponc-

2.

tuer la fuite du temps par la déjection des mouches.
L'âge de Shakspeare qui se rouvre à l'historique
fiction, mais celle-là, plus humaine que l'homme
même, deux fois rougie de la pourpre et du sang
de César; deux fois sombre du deuil d'Hamlet et
de son âme.

Chaque âge a ses plaisirs, chaque ses désirs d'initiation, ses appétences d'œuvres et d'auteurs, ses
fringales de bouquins et de bibliothèques. Une mé-
lancolique réflexion de Heine : « Nous vivons, à tout
prendre, intellectuellement solitaires », il l'attribue
à l'isolement créé entre les hommes par la lecture
qu'ils font, à des âges différents, des mêmes
livres. Lacune faite de cécité et d'incurie, également
condamnables. Laquelle est la plus douloureuse de
la déformation physique d'un enfant par l'inadvertance d'un surveillant, ou la savante cruauté des
comprachicos? — Que de Gwynplaines du cerveau, masques voués à la grimace sans fin d'une
science déformée !

Aux filles le piège est encore plus spécieux. Les
conseils de Fénelon ne leur sont plus guère appli-
cables ; et les *bleues* et les *vertes* de Saint-Cyr se
contentèrent sans doute de faire de la tapisserie au
point, et l'oraison de Racine. De moins doctes
paresseuses leur ont succédé ; et nous avons connu
l'étonnante génération de la demoiselle à marier
qui, dût-elle sécher sur ce titre, se couronne de
roses jusqu'à cinquante ans et suit au bal une
mère fossile. Le jour, ce ne sont que dévotions,
ventes de charité et goûters discrets, au travers
desquels le tendron jauni promène dans son man-
chon un volume cent fois relu de la bibliothèque

rose. Fleuriot, Ségur et Monniot sucrent de titres mucilagineux ou bercent d'un courant enfantin cet âge ingrat qui s'éternise. *Sans Beauté* et *Tombée du nid* succèdent au *Bon petit Diable*. Mais à de lymphatiques amants, la lectrice préfère encore les insupportables petits-enfants de Mme de Ségur, et retourne aux *Mémoires d'un Ane*. Cette Rostopchine fut le Tolstoï de l'enfance. L'extraordinaire fortune de ses ouvrages sans cesse renaissants devança l'intronisation du roman russe; et quand M. de Vogüé le découvrit, l'*Auberge de l'Ange-Gardien* et *Le général Dourakine* étaient depuis longtemps *La Guerre et la Paix* des bambins et leur *Anna Karénine*. A vrai dire *Les Deux Nigauds*, le chef-d'œuvre de la grand-maman bas-bleu — ou plutôt bas-rose — est d'un burlesque enfantin assez réussi; mais je sais peu de livres aussi immoraux que *Les Malheurs de Sophie*; abrégé de l'art de se couper les sourcils, de s'installer sous les gouttières quand il pleut, de jeter les poupées de cire dans les bains de pieds brûlants et de voler la boîte à ouvrage de sa mère. Il y a bien encore je ne sais *quel amour d'enfant* qui bafoue assez déplaisamment les perruques des vieilles gens, et certaine *Fortune de Gaspard* qui conclut de façon fort amoureuse. Alors pourquoi tant différer la lecture de *Paul et Virginie*; attendre pour *Quentin-Durward* et n'autoriser. *Eugénie Grandet* qu'en un exemplaire cousu à la page où l'héroïne interroge son confesseur, l'abbé Cruchot de Bonfons, sur la virginité dans le mariage? Je me souviens d'un petit Balzac où ce feuillet litigieux était troué comme une écumoire.

Cependant celles qui trouvent des galants désireux de s'associer ces beautés « de peu d'*extraits*
chargées », voient avec étonnement se tendre vers
elles avec la clef des champs, la clef de la bibliothèque. Et la reconnaissant à son tressaillement
argentin au milieu des clefs massives, à cette nostalgie aussi des Paradis Perdus et des Torres tar-
divement promises, la jeune ménagère la détache
mélancoliquement du trousseau nombreux. Clef
de l'office et du cellier, clef de l'armoire et clef du
coffre, toutes les clefs du nouvel époux, y compris
celles des rayons mystérieux où s'inscrivaient les
secrets divins et maudits livrés trop tard. Reprenez
celle-là, ce n'est plus l'heure. La femme qu'ils auraient pu faire ne sera point ; et vous en pourrez
pleurer le germe éternel emprisonné dans un *devenir*
aboli comme un bouquet dans les glaces. Marie,
assise aux pieds du savoir pour écouter et adorer,
a fait place à Marthe agissante et affairée.

Le féminisme s'agite fort en ce moment ; mais
un féminisme bien masculin qui de la vieille blouse
de Mlle Rosa Bonheur — *desinit in piscem* — aboutit à Mme Dieulafoy, en queue de morue.

Près de quelques artistes hors de pair, de reten-
tissantes viragos d'entre lesquelles, seule, pourquoi ? la douce Louise Michel est exclue, et
que paissent des féministes élégants, nous tendent
leurs livres avec entrain, mais dont nul ne nous
apprend ce qu'Eva doit lire. Une dame Swan,
dont le nom est au moins adapté, pose la question, et l'almanach Hachette promet une prime de
cent francs à qui, par l'éducation de l'Achille
féminin, nous procréera des épouses moins illet-

trées. Car nous en sommes à envier le Japon et
ses albums spéciaux, où les gentilles mousmés
apprennent au moins, par principes, l'art de composer les bouquets et de marier doctement en des
pitongs et des cornets, la glycine au prunier et le
chrysanthème dix mille fois saupoudré de soleil,
à l'hydrangée azur, cent mille fois saupoudrée de
lune.

Ces deux traités de la double alimentation
physique et psychique se pourront partiellement
assortir au travail de Stendahl sur l'amour, dont
ils offriront une transposition animique et substan-
tielle. Un Conseil inspiré de celui qui contrôlait les
phénomènes d'ordre surnaturel, d'accord avec
Crookes, se pourrait appliquer à la vérification de
programmes soumis, pour lesquels des concours
seraient ouverts, avec des prix et des primes.

Les membres en seraient choisis dans des milieux divers, afin de ne priver l'alliage d'aucune
force ni d'aucune clarté ; mais, au contraire, de le
forger dans la vérité et dans la justice. On y verra
figurer des noms éminents d'artistes et de savants,
d'industriels, de prêtres et de matrones, chacun
apportant, avec beaucoup de conscience, après un
sérieux labeur, de nombreux témoignages de son
choix, une volumineuse part d'extraits, afin de
pouvoir varier et multiplier les listes selon les
naturels et les tempéraments positifs ou sensitifs,
nerveux, bilieux ou lymphatiques.

Une grave entente de l'amour enseignée à temps
aux jeunes lecteurs et détrônant le folâtre petit
dieu qu'ils imaginent, leur servira d'initiation.
Combien de nobles et éducateurs livres leur seront

ainsi ouverts, et rompront avec ces cachotteries, créant le fruit défendu de ce qui devrait être un arbre de vie. Et ce ne sera pas le moindre mérite de notre projet d'apprendre théoriquement, de préparer à aimer.

Les mères, alors, seront fournies avec allégresse et sécurité de ces bulletins renouvelés et périodiques. Et les services qu'ils rendront seront si réels et feront accomplir à la société des progrès si notables qu'on se demandera, comme il arrive toujours le lendemain d'une transformation simple et fondamentale, comment on s'en était passé jusque-là, émerveillé de l'espace restreint qui séparait l'homunculus, le capricant Euphorion, du lumineux surhomme de Nietzche, du grave héros de Carlyle.

.
. .

Mais non; feru et fier de ce rire qui lui est propre, selon un dire célèbre de Rabelais, de ce rire dont l'Homme-Dieu n'a pas voulu et que les animaux ignorent, l'homme « ni ange, ni bête » refusera d'accomplir des pas si sensés et si aisés, mais qui lui demeurent interdits parce qu'ils seraient l'abolition de sa dignité en même temps que de ses tares. A peine prendra-t-il la peine de réfléchir que de cette prérogative-là découlent toutes ses larmes. Epreuve et émotion sont deux des mots les plus mystérieux de notre énigme. Le rire est la marque de notre état éprouvé, que l'émotion rachète.

N'étant pas heureux, il faut s'amuser.

Nette et subtile démarcation du bonheur et du plaisir, de la gaieté et de l'allégresse.

Baudelaire a écrit sur le rire un chapitre définitif ; Hello, de magistrales pages sur les larmes. Jésus, qui n'a jamais ri, pleure au tombeau de Lazare. *Et flevit.* Et l'esprit de Dieu est porté sur les divines eaux. *Spiritus Dei ferebatur super aquas.*

Ces deux chapitres, il sied de les fondre en un seul, où l'on entendra le rire cristallin s'achever en sanglots et ouvrir torrentueusement toutes ces lacrymales écluses. Et ce sera la raison cachée aux inattentifs, le ressort inexpliqué de notre refus de consentir à pleurer que de cela seulement résulte cette inondation abluante. *Indesinenter flebat.* Que s'y adonner la tarirait, et qu'en son nécessaire flux, dont se fait notre vallée de larmes, naissent tant de pensifs roseaux qui chantent en soupirant, consolent en se désolant, comme en gémissant, ravissent.

> Soyez béni, mon Dieu, qui donnez la souffrance !
>
> . . . .
> Je sais que la douleur est la noblesse unique

murmurent-ils avec le chantre de *Rédemption*.

Leur mélodie emprunte à cet *Eloge des larmes* qu'écrivit Schubert et qui n'est autre que la musique elle-même selon l'exquise définition de Shelley : « clef d'argent de la fontaine des larmes ! » — Quant à Marceline Valmore, elle est vraiment la fée de ces cordiales sources-là. Ses poèmes en sont imprégnés et ruisselants, tout irisés de leurs perles.

Laissez pleuvoir, ô cœurs solitaires et doux,

s'écrie-t-elle tendrement.

Ma musique est mon pleur, mon remède, mes larmes,

avait écrit une autre héroïne de ce livre-ci,
celle-là pourtant bien sèche et inhumaine[1].

Laissons pleuvoir! laissons pleurer. Notre
vallée de larmes en est faite. Les rosées y lar-
moient près de nous; et la « triste larme d'argent du manteau de la nuit » y fait trembloter sa
lumière. Ecoutons la plainte harmonieuse de l'humaine syrinx, les joncs pensifs et penchants sus-
surrer leur *flebile nescio quid.*

> Et n'est-ce pas, Seigneur, le meilleur témoignage
> Que nous puissions donner de notre dignité
> Que cet ardent sanglot qui roule d'âge en âge
> Et vient mourir au bord de votre éternité.

1. Elizabeth.

I

A M. Léon Bonnat.

LE SPHINX

Baudelaire, qu'il faut toujours citer, parce qu'il a toujours tout vu et souvent tout prévu, parle d'un « petit côté secret qui rend populaire » une œuvre d'art, même valable ; et du « presque rien qui fait tache en elle ». Le réciproque s'imposait ; à savoir la mention du petit côté sensible qui rend impopulaire, du presque rien, ou du presque tout, qu'un spectacle au-dessus de leur portée apprête aux demi-connaisseurs. Baudelaire n'y a pas manqué ; et c'est d'une de ses définitions les plus subtiles qu'il a caractérisé ce ressort, le dénommant par ailleurs : « le plaisir aristocratique de déplaire ».

Cette garantie, je l'appellerais, moi, l'*odi profanum*, ou, mystiquement, le *noli me tangere* de l'artiste à la foule ; cette foule en laquelle une œuvre a lieu, une fois ou mille fois, selon la dignité de ceux qui la considèrent ; cette foule qui peut être Bibi-la-Grillade goguenard devant les cuisses de l'Antiope, ou son frère, Gœthe, proclamant : « S'il n'y avait pas de lumière dans notre œil, comment pourrait-il voir la lumière ? » — cette foule émettant des opinions qui la consacrent ou la déconsidèrent ; cette foule qui croit juger et qui est jugée ; cette foule enfin dont le poète a écrit pour l'âme de nos travaux non moins que pour notre âme même :

> Peut-être dans la foule une âme que j'ignore
> Aurait compris la mienne et m'aurait répondu !

Les Goncourt ont parlé quelque part du nombre de bêtises qu'entend un tableau de musée. Il y a là un mystère profond, un piège spécieux, auxquels on ne songe pas assez et que tout spectacle est un tribunal qui nous fait nous couronner ou nous condamner selon la critique maladroite où le judicieux aperçu que sa vision nous suggère.

Les tableaux sont eux-mêmes des juges encadrés et silencieusement expressifs d'une grandeur ou d'une médiocrité qui attend pour nous être décernée en un retour honorifique ou vengeur, un simple rapport déterminé par nous seuls, avec l'un ou l'autre état de notre âme. — Aussi leur faut-il à ces sphynx embusqués en nos olympiques muséums, et pour que l'épreuve soit de quelque prix, un je ne sais quoi de déroutant, virus qui les sauve des vulgaires touchers, diapason qui leur donne l'accord de nos sentiments, critérium du final jugement entre les brutes et les anges ! Watteau ou Boucher [1], nous dit le sphinx. Et pourtant Boucher ne se borna pas toujours à ce qu'Hello appelait des *cadavres roses* ; à des nus caoutchoutés, académies ballonnées et dégonflées.

Une fois il fit vraiment œuvre de chair ; et son

---

1. « Le trop célèbre Boucher » Ingres.

portrait de la Pompadour équivaut à une compa-
ration historique. En lui seulement la favorite a
lieu pour nous; dans ce rose et dans ce bleu qu'elle
associa, qui pomponnent son nom voluptueux,
lequel rimait avec amour, elle se dresse à la fois
et s'allonge. Non plus une caillette quelconque,
ainsi qu'au pastel de la Tour, mais une Vénus-
Erato, chanteuse de Glück, graveuse sur onyx,
élève de Gay, émule de Pyrgotèle.

Ce fut un noble redressement d'amener au Poussin des copistes arrachés au Guido. Ingres qui le
fit avec autorité savait le prendre de plus haut. —
« Qu'est-ce que ça lui fait? » répondait-il à l'amateur qui se disait médiocrement touché des chambres de Raphaël. Et c'est comme tous les artistes
vrais qu'il se déclare plus près de s'entendre avec
un ignorant qu'avec ces demi-connaisseurs dont je
parlais tout à l'heure.

Peu de maîtres, dont l'art ait usé de ce droit
de proscription à l'égal du sien; et ses œuvres,
non contentes d'apprêter encore à rire aux ma-
lins, semblent se complaire à maintenir même
leurs fervents dans ce tremblement religieux
que l'antiquité dénommait : *l'horreur sacrée*. Il y a
de *l'odi et amo* dans l'amour que nous avons
pour elles; et du *nec tecum, nec sine te vivere possum*.

Cela vient sans doute de ce que le dieu qui les
fit jaillir de son front têtu fut le Balthazar Claës
de son art. C'est la recherche et, en quelque sorte
la trouvaille de l'absolu que l'œuvre du maître de
Montauban. Son enseignement pour lui-même et
pour ses élèves, ainsi que l'on s'en peut convaincre dans les neuf cahiers qu'il a laissés, et qui

3.

n'ont pas dit leur dernier mot, procède par formules
et par axiomes. Or, la disproportion est extraordinaire entre sa volonté de tout réduire en systè-
mes; et le peu de moyens dont il dispose [1]. Presque
paysan! sauvage aussi, forcément et volontairement
borné à une instruction de traités élémentaires, il
recrée à son usage et à son image tout ce dont il a
besoin, avec une naïveté et un entêtement qui, seuls,
s'égalent. Ce fractionnement, qu'il redoute pour les
formes et pour les lignes, on dirait qu'il le craint
pour sa pensée. Il semble avoir peur de diviser
ses connaissances en les étendant, — et l'amour
exclusif qu'il a voué à certains chefs-d'œuvre de
tel ou tel art, en leur donnant des rivaux qu'il
s'en voudrait d'aimer autant. — Construite de
bonne heure par lui-même, et selon de certaines
lois un peu obtuses, toute la mécanique céleste de
sa science et de son art, de sa religion et de sa
philosophie, s'interdira inexorablement tout ce
qui pourrait déranger cet édifice ensemble raffiné
et barbare. Un aphorisme lui suffit, si enfantin
soit-il; ou un ostracisme. Le « monstrueux »
Shakspeare et l'indigne Gœthe se voient exclus
de l'Apothéose d'Homère. La Victoire couronnant
le poète grec leur signifie un arrêt d'autant plus
cruel que le peintre se montre plus humain dans
l'accès de douceur qui lui fait écrire au sujet du
pigeon dont les ailes lui sont nécessaires pour em-
plumer son modèle : « Je ne voudrais pas qu'on le
tuât uniquement à cause de moi. »

1. Sa bibliothèque: vingt volumes. Et cet aveu : « Ils sont tous
mes amis, ces muscles, mais je ne sais aucun d'eux par son
nom. »

Et pourtant, philosophe, Ingres eût été Cartésien. La sensibilité des animaux le gênant, comme la couleur, il l'aurait supprimée. Et c'est une invention bien digne de ce systématique intransigeant et buté que l'animal-machine.

* *

Ses commandements picturaux n'ont ni le vif et ironiste esprit de ceux de Whistler, notre Velasquez; ni la sensible subtilité de Stevens, notre Vermeer. Ce sont les strictes et massives lois, moins d'un Solon que d'un Dracon, à qui ne suffit point d'exceller sur un point de sa législation, mais qui veut que tout soit de son ressort, et principalement, et rageusement, ce qui le fuit et l'évite. Et c'est la touchante et risible faiblesse de ce grand talent de ne s'en être pas contenté, et d'avoir voulu jouer du violon sur tout le reste. Ce violon, nous l'avons vu *en personne*, dans la vitrine de Montauban, et en effigie au coin d'une aquarelle que possède M. Bonnat, dans laquelle Ingres s'est lui-même représenté, peignant une de ses grandes toiles. Mais, visible et invisible, il est sensible partout ce symbolique violon dans l'œuvre du maître. Il y signifie une exigence d'exceller en tout, — mais bien particulièrement en ce qui lui est dosé, sinon dénié. Et comme il n'en est pas dupe[1], il s'abaisse à la démonstration,

1. « Il est sans exemple qu'un grand dessinateur n'ait pas eu le coloris qui convenait exactement au caractère de son dessin. » — « ... des peintres d'expression excellents n'ont pas eu, comme coloristes, la même supériorité. — On ne peut demander au

en de pauvres et irascibles moyens qui font grincer la corde et casser la chanterelle.

Il y a du Joseph de Maistre et de l'Hello dans ceux de ses monitoires qui sont réussis, irrespectueuses sommations, interpellations virulentes. Transposant le mot célèbre du premier à-propos de Voltaire, il s'écrierait volontiers sur le sujet de son personnel ennemi : « Si dans un musée, un homme va droit aux œuvres de Rubens, Dieu ne l'aime pas! » Et Dieu, à ce moment-là, ne serait que pour prêter main-forte à la foudre de M. Ingres.

Écoutez-le : « Vous êtes mes élèves, par conséquent mes amis, et comme tels, vous ne salueriez pas un de mes ennemis s'il venait à passer dans la rue. Détournez-vous donc de Rubens dans les musées où vous le rencontrez; car si vous l'abordez, il vous dira du mal de mes enseignements et de moi. » — D'Hello, il a l'emportement méprisant contre tout ce qui porte atteinte à son dogme[1]. Rubens, Van Dyck, Murillo, Géricault sont traités par lui comme les petits maîtres du xviiie siècle, par l'auteur de l'Homme. — Comparer Rembrandt à Raphaël, c'est blasphémer. Le *naufrage de la Méduse* doit être banni du Louvre[2]. Quant au maître Anversois, c'est un « boucher qui a de la viande dans le cerveau et dont la toile est un étal ».

---

même homme des qualités contradictoires. D'ailleurs la promptitude d'exécution dont la couleur a besoin pour conserver tout son prestige ne s'accorde pas avec l'étude profonde qu'exige la grande pureté des formes. »

1. « Flatteries du coloris... coquetteries de métier... »

2. « Je ne veux pas de cette *Méduse* et de ces autres tableaux d'amphithéâtre... non, je n'en veux pas! je n'en veux pas! »

Je cite comme caractéristique de cette ressemblance avec Hello, ce passage sur la danse : « Que dire de ce qu'on nomme chez nous *divertissement* ou ballet? nous y voyons de malheureuses défigurées par leurs efforts, rouges, enflammées de fatigue, et si indécemment fagotées que, nues, elles seraient plus modestes. Elles font des gambades de saltimbanques, des sauts, des pirouettes à n'en plus finir ; leurs entrées et leurs sorties sont sans motifs, leurs mouvements privés de toute expression, de toute pantomime ; enfin ces femmes aussi charmantes que d'autres s'évertuent à se rendre ridicules et désagréables, et n'offrent en réalité qu'un spectacle absurde. C'est bien pis encore quand ce sont des hommes, des danseurs. Oh! je n'ai pas d'expression pour traduire le dégoût que ceux-là m'inspirent ; aussi je propose tout bonnement l'abolition totale de leur sot métier. »

Près de cet exemple d'ailleurs bien venu du style coléreux de l'amer redresseur, on ne peut que lire avec étonnement les apophtegmes dont il tentait de se satisfaire et de donner le change au public sur les questions qui lui tenaient le plus à cœur : « Le dessin comprend tout, excepté *la teinte.* — La couleur ajoute des ornements à la peinture ; mais elle n'est que sa dame d'atour. »(Baudelaire a écrit : « M. Ingres aime la couleur comme une marchande de modes. »)— « Le ton *historique* laisse l'esprit tranquille. — Le moyen de peindre *à la vénitienne* me fut révélé par une esquisse de M. Lewis, peintre anglais... Il a reconnu que, pour obtenir de la transparence et une belle chaleur de ton, il fallait *tout glacer.* »

Et, là-dessus, une recette détaillée de l'*emploi des glacis*, d'une lecture vraiment aussi déconcertante qu'une formule du Grand Albert pour fabriquer de l'Extrait de mille fleurs avec de la bouse de vache. Et ce serait ici le lieu de placer — honni soit qui mal y pense — un mot bien conséquent attribué à Ingres et dont il a, certes, pu, en un *Dies iræ*, soulager son courroux contre les coloristes. Mais il y faudrait l'audacieuse magnificence de Victor Hugo en certain chapitre des *Misérables*. Oui des fleurs et de la fange. A qui se contente de ses glacis, il distille de suaves conseils d'horticulteur et de brodeuse : « Il faut consulter les fleurs pour trouver de beaux tons de draperies. — Le violet chaud et le gris de lin tirant sur le vert d'eau font bien, brodés ensuite de grandes grecques blanches. » — Mais souriez un peu de cette botanique et de cette passementerie, et le professeur sourcilleux ne vous marchandera pas le salaire de votre exigence, et ce que, pour avoir flairé l'ennemi, vous méritez de trouver en ce « bon contour », au delà duquel vous osez réclamer encore.

Les fleurs que le maître consultait pouvaient bien être celles dont un détail récemment révélé nous apprend qu'elles étaient favorites de Napoléon adolescent : les renoncules et les anémones. J'ajouterai les giroflées, hyacinthes et pourpres en lesquels son rêve taillait déjà des manteaux royaux pour toute sa famille. Ingres aussi en a souvent revêtu ses héros de tons rouillés, rosâtres ou vineux, dont le morne Flandrin pressure la lie. Au reste, il y avait peut-être là un

daltonisme particulier. Car s'il est vrai que
l'auteur de l'*Apothéose* ait vêtu de vert l'Odyssée,
en ce vaste et poétique dessein de l'habiller d'eau
pour nous rappeler les voyages d'Ulysse, n'est-il
pas déplorable et singulier qu'entre tous les glau-
ques et les prasins de l'Océan, il n'ait réussi à
trouver que le ton strident et cru de la plus cruelle
des pommes?

Au reste, la pénible coloration, aussi bien que
la facture pauvre de ce plafond, on ne sait pourquoi exposé en panneau, tiennent peut-être à cet
accident de statique; car ce coloriage singulier,
qui ne devient jamais de la couleur, la surpasse
parfois en de certains tableaux où il aboutit au
laque — (et sans jamais tourner au Denner; en
étant le contraire, plutôt) — par un mystérieux
poli qui l'assimile à ce papier mâché d'un grain
satiné et d'un vernis brillant dont les Persans
font leurs plumiers pleins de rêves. Un falbala
s'y détache ou un ornement avec l'alacrité de ces
fleurs d'ivoire teinté, de corail ou de burgau que
les Japonais font çà et là saillir du milieu de leurs
surfaces laquées. Telle la doublure en satin rose
pimpant de la draperie de Roger; ou dans le portrait du duc d'Orléans, au chef soigné d'un Musset
porphyrogénète, un frais tapis d'Aubusson à
nuances vives.

Ingres qui, en quelques phrases, a donné le
plan d'un si sage projet de rangement de notre
musée, aurait lui-même à bénéficier du *lucidus
ordo* qu'il conseille. C'est une pitié d'avoir désuni,
pour les placer, au reste, avec une égale défaveur,

« M. et M^mo Rivière et leur ravissante fille ». — Monsieur est cet aimable homme en culotte mastic et qui sourit à ses mollets et à ses breloques. Le portrait de M^mo Rivière est probablement un des trois plus curieux portraits d'Ingres. Tout le monde connaît la femme au coussin bleu, au voile de vestale, à l'allongement d'odalisque, à l'allure de bourgeoise. Eburnéenne sous ses frisons d'ébène en cette dormeuse de bois clair incrusté de sombres fleurettes. Quant à leur ravissante fille[1], elle est bien le plus bizarre des batraciens, une grenouille en bandeaux avec un boa de duvet de cygne, des mitaines en peau blanche d'une mode incroyable et qui dut, non moins que l'anatomie invraisemblable de l'enfant, ravir le peintre, étrangement épris des curiosités de l'ajustement, en ce qu'il appelait des « affiquets de femmes ».

Un autre maître portrait, le chef-d'œuvre, au dire de Stevens, est le portrait de M^mo de Sénonnes, au Musée de Nantes. Celle-là, un peu penchée en avant et les deux seins visiblement emprisonnés en une guimpe de gaze au-dessus d'un corsage en velours capucine. Aux doigts, quatorze bagues, toutes pareilles, et dont la transparente goutte de sang de leur petit rubis donne la réplique au ton de l'étoffe. *Bis repetita placet*, reflétée, ainsi que le sera M^mo d'Haussonville, en un miroir qui sert de fond transparent et dans un coin duquel le peintre a mis sa carte. Le plaisir de déplaire s'exerce encore en ces accessoires souvent

---

1. Qualification d'Ingres.

peu plaisants, ces détails bizarres. Les mêmes
cartes de visites se retrouvent sur le vilain velours
vert foncé de la cheminée à rideaux frangés et
en forme d'alcôve où s'adosse gracieusement et
magnifiquement Mᵐᵉ d'Haussonville, avec un geste
pensif et élégant de moderne Polymnie. De ces
roses en forme de pompons plats que dessinait
Botticelli, et qui ressemblent à des bouffettes de
souliers, fleurissent dans des jardinières en bleu
de Sèvres. Et les descendants de « ce charmant
modèle » — Ingres le qualifiait justement ainsi
— ont groupé au-devant du tableau, et dans un
ordre pareil, les mêmes vases précieux, avec une
filiale coquetterie. Mais les autres accessoires sont
affreux. Et tyranniquement. Des naissances de
bras de fauteuils capitonnés, un support de lampe
désert et fixé au mur en forme d'applique. Double
nous apparaît le motif auquel on peut attribuer de
si étranges choix. Une ressemblance *rayonnée* du
modèle à l'aide de l'environnement, de l'enveloppement par les objets qui lui sont familiers et
habituels. En outre, la fixation pour l'avenir d'une
date exacte par la mode. Dénuée par l'éloignement
de toute laideur, et presque de toute beauté, sa
supérieure raison d'être imposera le document
d'un point de repère historique. Mais une autre
raison non moins certaine, comme d'un plus subtil indice d'art et trait de mœurs, c'est la résolu-
tion du théoricien qui a écrit, et sous plusieurs
formes : « Il faut trouver le secret du beau par le
vrai. » Or, la démonstration sera plus probante
qui opérera sur des objets vains ou désagréables.
Et c'est ainsi qu'il y a du triomphe toujours dans

la victoire du grand irrité ; on ne le suit pas, on lui
cède, enchaîné, vaincu par la force de son rai-
sonnement appliqué, mais avec une sourde ran-
cune, car, sous l'action de cet œil et de cette main
voyant et créant « le grand caractère », le miracle
a eu lieu, les disgracieux meubles et les gauches
bibelots se sont ennoblis de cette intérieure beauté
qui est « la splendeur du vrai » savamment déga-
gée, et d'une beauté d'autant plus saisissante
qu'elle fut extraite de ce qui ne semblait pas la
contenir, et que notre surprise amplifie. Ainsi, du
choix de vêtements ou de bijoux singuliers, de la
bizarrerie de leurs dispositions et de leurs agencements, bagues à l'index, hétéroclites coiffures.
Tout cela contribue involontairement pour une
part, et despotiquement aussi, à cet effet de malaise savoureux qui constitue l'irrésistible fascination de ces portraits, lesquels doivent, ainsi
que l'artiste même, être en butte (et c'est leur
honorifique châtiment d'avoir osé être presque
vivants) au vers douloureux qui isole le poète.

Tous ceux qu'il veut aimer l'observent avec crainte.

Une des plus rares merveilles de Chantilly, le
portrait de Mme Devauçay, offre un assemblage
transcendant de ces qualités conquérantes. C'est la
Joconde d'un mystère blanc qui, toujours pour
vaincre la difficulté, a su avoir lieu en dehors de
ce qui constitue d'ordinaire l'élément du mystérieux : l'ombre. Elizabeth, qui la redoutant pour
ses portraits jusqu'à inventer le plein air, s'en entretenait avec son peintre Hilliard, se fût déclarée

satisfaite de ce rendu. C'est une attachante rêverie dans l'anachronisme que d'associer rétrospec-
tivement, à des siècles près, tel peintre et tel
modèle; et la rencontre n'eût pas été anodine,
laquelle aurait uni le peintre de Mme Devauçay à
la Reine qui exigeait d'être reproduite tenant à la
main l'arc-en-ciel. — L'arc-en-ciel arrondit aussi,
dans le portrait de Chantilly, son audacieux arc
de cercle. C'est pour régler la courbe de ce dos-
sier de fauteuil qu'Ingres ne trouva pas tout de
suite, car en une esquisse au Louvre, la partie verticale du siège affecte une forme carrée. Le
visage s'inscrit de face dans un segment, comme
une Phœbé extraordinaire. Et toujours de ces
bras de princesse indienne dont la chair reconnaît
le baiser caressant de l'étoffe sœur, qui s'enroule
à plis fins et se déroule autour d'eux ainsi qu'un
textile serpent, une écharpe en cachemire à
palmes. Un minuscule éventail blond est le détail
précis élu par Ingres, cette fois; il entr'ouvre une
aile, une élytre plutôt, ajourée ainsi qu'une dentelle en écaille. Des grains de grenat alternés
de grains d'or s'égrènent autour du col; au-dessus, dans l'ivoire ambré de la peau, inévitables et
gênants, les yeux au brun brûlé des grains de
café, au brun velouté des grains de beauté

Ces deux grains de beauté qui lisent dans les cœurs.

Chacun de ces portraits, on pourrait le
dire, synthétique, et en vertu d'une élimination
qui restreint à l'essentiel, couleurs, lignes et

effets[1], symbolique de sentiments nettement déduits, réduits à un graphisme lisible, pourrait illustrer une expression, non des émotions, mais des caractères. *Bertin*, ramassé et rassis, force et souplesse, pensée et action, ardeur et volonté, crinière et coup d'œil, pattes et griffes, éléphant, lion et amphibie. — Le duc d'Orléans, élégance chevaleresque, incarnée. immortalisée, en ce bras, un phénomène de l'histoire du portrait, bras à donner aux femmes et à manier les épées, un bras qui est une branche, et d'un arbre royal, une anse vivante d'amphore. Quant au pantalon rouge, il offre un exemple éminent de ce pouvoir signalé d'extraire le beau des choses banales[2]. Le pantalon gris de Sixte du Châtelet était prétentieusement provincial : celui de Pierre Grassou était « avantageux » au dire de Balzac. Celui-ci est héroïque et fashionable. Il s'agenouillerait pour une déclaration d'amour, et saurait enfourcher un étalon pour courir à quelque victoire. Il n'est jusqu'à la façon dont le drap entoure le cou-de-pied, selon une mode du temps, qui ne soit caractéristique, tirant sur l'étoffe à petits plis verticaux, lesquels évoquent le cheval que les éperons appellent. Et ce rouge allègre et *pimpant*, un rouge acidulé d'épine-vinette, comparez-le, quelques salles plus loin du même musée de Versailles, au rouge de Flandrin dans ce pantalon de Napo-

---

1. Les détails sont de petite importance qu'il faut mettre à la raison. (Ingres.)

2. Culotte claire, et prenant toute la lumière (tons de draperies). (Ingres.)

léon III tournant au violet d'évêque, aussi morose et morne que l'œil de l'impérial souverain, et « semblant se conformer à sa triste pensée ».

Hausser l'individu jusqu'à son type étant la gloire des portraits d'Ingres, la mission de ces tableaux sera de renforcer les allégories. Sa *Vénus* ne sera pas l'étude quelconque de nu baptisée ainsi, la sinueuse Vénus de Zustris, mais le gras et vivant oreiller de chair que se fabriquent les Orientaux pour y reposer et y mordre. Il semble que les Zéphyrs aient vraiment poli le rose ivoire de ces chairs où pas un os ne transparaît, que l'onde ait lustré ces cheveux de liquide métal en y oubliant des perles. Et des amours plus beaux que les célèbres chérubins de la Vierge au Saint Sixte, agatisent de leurs respectueux et tendres baisers ce corps toujours plus lisse.

L'un d'eux modèle la courbe de son col sur la rondeur du genou de la déesse; un autre baisotte son pied droit en une voluptueuse piété, et le troisième brandit un miroir à main dans lequel se reflète un peu du nu divin qui fait de cette glace un ostensoir où Vénus se transsubstantie! Et le gentil prêtre donne, *urbi et orbi*, la bénédiction de la Beauté, au monde. Cette merveille est à Chantilly, encore. C'en est une autre que le petit tableau de Paolo et Francesca, chaste et passionnée, pudique et sensuelle, sur son fond mat d'un gris de mastic. On dirait un émail Raphaélesque. Le détail singulier de cette toile-bijou est l'allongement quasi serpentin du cou de l'amant pour déposer sur la joue en fleur un baiser dont s'accuse la moue. L'intraitable maître, lui-même, en plaisantait ainsi: « A-t-on jamais le cou trop long pour embrasser la femme qu'on aime? » — Ces mouvements excessifs séduisaient le doigté expert de son impeccable maîtrise; il les redisait, fier de surprendre, heureux d'irriter, défiant à la lutte. La *Thétis*, qui est une de ses plus amoureuses fémininités, répète la sinuosité de ce col, lequel devient un col de cygne vraiment, entre les bras au ton d'écume de mer qui jaillissent au menton de Jupiter ainsi qu'une crête de vague. — Le *Bain Turc*, en son cadre rond, est un *plat* prodigieux. Les corps, symétriquement agencés selon d'exactes et bizarres lois, y apparaissent repliés en des contournements inattendus, des courbes quasi fœtales. Un tel grouillement étonne encore dans l'*Age d'or*, infligeant à certains groupes nus de cette composition un aspect de serpents enchevêtrés, des nœuds de couleuvres roses. Agencements hésitants, repris, tourmentés en vingt dessins, et dont la secrète inquiétude : « une demi-figure inutile suffit pour gâter un tableau », nous est révélée en cette notule.

Le sort des fresques de Dampierre, qui tient de l'enchantement et du quiproquo, est si singulier qu'on devrait tenter de l'élucider encore. La mauvaise humeur, même légitime, du duc de Luynes, prorogée indéfiniment au-delà du trépas, et comme un fidéi-commis de rancœur, perpétue, outre le grave malentendu d'art, un grief historique. Delaborde s'en inquiétait justement, il y a plus de vingt ans, rappelant à de plus sages conclusions les deux parties. Le procès n'en est pas moins demeuré pendant, et s'éternise. Il y faudrait un sensible, éclairé et persuasif arbitrage. Le *qui trompe-t-on ici* est multiple et mutuellement onéreux. Il ne s'agit plus de faire expier au maître aujourd'hui défunt et glorieux, découragé en ce temps-là par un deuil cruel, une déception même profonde. Les rancunes sont périmées, auxquelles il est plus que temps de substituer un point de vue moins contingent et plus équitable. Rendre aux murailles leur liberté, ainsi que les deux inté- ressés l'ont fait autrefois de leurs paroles. Puis grâce — s'il se peut — à quelque entoilement, faire au Louvre ou à Montauban, et aux regards de ceux qu'il peut enseigner et qui ne l'entrevoient que malaisément, le royal don de cet *Age d'or* à tout jamais embryonnaire. Agissement digne vraiment d'un enviable Mécène.

La femme d'un célèbre praticien regardait défi- ler le convoi d'un homme populaire. Catafalque drapé, enthousiasmes officiels, concours et discours et couronnes. Dirigeant alors un regard renseigné sur un tiroir du bureau de son mari, lequel ne con- tenait rien moins que le cœur et le cerveau du célèbre mort : « Les pauvres gens ! *Ils ne savent pas que tout est ici !* » fit la dame avec un soupir.

Le mot pourrait s'appliquer à la collection de M. Bonnat en ce qui concerne les dessins d'Ingres. Je veux dire ces portraits à la mine de plomb dont l'innombrable série est si essentiellement consti- tutive de son œuvre et dont la cherté de joyau désormais assurée à chacun de ses grains apprête à sourire une fois de plus mélancoliquement au penser que huit mille francs additionnés repré- sentent toute la somme que valut à son auteur ce fameux collier de perles grises. — Certes, si M. Bonnat, ne peut-on l'espérer? dote le Louvre de ce rang sans prix, il se pourra vanter de le parer d'un plus immortel collier, que ne le fit M. Thiers, coupable donateur de périssables perles. Ces perles-là, loin de périr, s'illustrent chaque jour d'un plus radieux orient, d'un plus méditatif iris. Les âmes des morts y reviennent chanter, en ces seuls satisfaisants portraits, dans une fugitive acception d'une insaisissable expression enfin fixée, que *reconnaissent* et reconnaîtront à jamais ceux-là mêmes qui n'auront jamais connu les modèles. — Les beaux colliers de perles ne s'acquièrent pas en une fois. Les *unions* s'en élisent une par une. Ainsi de cette collection de M. Bonnat. Mais les choses ont aussi des volontés, si elles ont des larmes. Leurs larmes, ce sont celles qui les attachent momentanément à ces demi-connaisseurs que le maître haïssait, et qui, venus chez le collectionneur pour y admirer ses objets d'art, et surpris de distinguer parmi eux une chose qu'ils croyaient leur appartenir, se souviennent que, par une distraction heureusement fatale, ils avaient, et la veille même, étrangement consenti à s'en défaire.

Cette collection, tous les jours accrue, et çà et là exhibée, entre temps, ce sont, encadrés parmi beaucoup : un ménage anglais, William Cavendish, la femme en cocasse chapeau : un pot de confitures à plumes. — Le jeune architecte Lesueur, avec, sous le bras, un carton à dessin dont s'indiquent d'un trait spirituel les rosettes qui le nouent. La baronne de Papenheim, celui-là, un beau,

un célèbre. La femme, une passion du roi Jérôme.
Debout, sous un chapeau Paméla, le buste en un
spencer de velours garni de *coquillés*, sur lequel
pend une chaîne de Venise à breloques, une jet-
tatura de corail, s'il m'en souvient, un peu teintée.
Et, renversée ingénieusement pour ouvrir un fond
étoilé derrière les épaules, une ombrelle dont la
frange, sous ce trait qui se plie à toutes les démonstrations de matière ou de sentiment, accuse
indubitablement être en poil de chèvre du Thibet,
ondulé et soyeux. — Et le secret, « la fumée
même doit s'exprimer par le trait », écrit le
maître. Enfin, le chef-d'œuvre, la famille Stamaty,
quatre personnages, dont un enfant divin — qui
pourrait bien avoir posé pour l'un des amours de
la Vénus — appuie au maternel giron sa joue ado-
rable, ainsi que le Cupido, la sienne, au genou de
Cypris. Et l'enfant, c'est Camille Stamaty, plus
tard célèbre pianiste.

Dans les cartons, ce sont La Fayette, Guillaume
Guillon-Lethière, Fourreau, Balze, le graveur
Forster, Mᵐᵉ Place, née Leblanc, Mᵐᵉ d'Haussonville en corsage montant, Mᵐᵉ Raoul Rochette,
celle-là en bandeaux d'un tour spécial, contournés
en corne à l'écart des tempes, et plus que tressés,
clissés au bout sous forme de deux oreillettes nattées
menu comme un chef-d'œuvre de vannerie. —
Une Bonaparte, sans doute, cette importante ma-
trone, en fleurs, en rubans, en cheveux, en
plumes. — Mᵐᵉ Ingres, née Ramel, un visage de
bonté placide, un corsage abondant, sous une de
ces guimpes en tissu transparent qu'affectionnait
le peintre; enfin, un curieux dessin, le seul où

s'accuse un peu de sénilité, porte cette mention de la main de l'auteur : *Baby offrant le pain bénit à la chapelle de la Vierge dans l'église de Meung, le 15 août 56.* C'est le portrait d'une de ses nièces. Les prunelles, les rubans, les souliers sont rehaussés, et quelque peu durement, de ce bleu bluet, cher à Ingres, le bleu du coussin de Mme Rivière et du manteau de ses vierges. — De beaux dessins d'études relient cette collection unique à la collection de Montauban. Mais j'en veux citer encore deux d'une autre famille. On sait que le maître, au début de ses portraits de femmes, avait coutume de se procurer un modèle à peu près de même acabit [1], et dont il étudiait le nu pour en bien rendre le caractère. Les deux dessins dont je parle ont été obtenus ainsi, l'un pour le portrait de Mme de B., l'autre pour celui de Mme de R. Ce dernier, une académie assise, a déjà revêtu le corsage décolleté qui figure dans le tableau ; et dans un coin de la feuille, Ingres a écrit : « Mlle Célin, cuisses et jambes admirables. »

La galerie de Montauban donne l'impression d'une magnifique magnanerie. Je veux dire que les papillons se sont envolés. Ce qui reste là ce sont les cocons d'où l'œuvre entière est sortie. Au musée de Sèvres il n'existe que fort peu de spécimens de pâte tendre ; déjeuners ébréchés, soucoupes raccommodées. Et c'est la gloire de cette fabrication dont s'est fleuri l'univers au point qu'il n'en reste au parterre originel qu'à peine quelques branches brisées. Donc, au musée Ingres, plusieurs

---

1. Bannir les mannequins. (Ingres.)

milliers de dessins d'études et de croquis offrent
aux artistes conscients un enseignement sans pair
et dont j'entendais M. Degas parler avec une émotion éloquente. Vingt variantes du même mouve-
ment, souvent sur la même feuille. Des orienta-
tions à une première séance de portrait[1]. Ainsi
d'un masque de Mme d'Haussonville. Quelques traits
et de l'écriture. Plusieurs notes pour chacun de
ces traits : amincir, enfler, etc. Cela tient d'une page
de musique, d'une démonstration scientifique, et
d'un brouillon de poésie. — Je citerai encore,
avant de conclure, un minuscule croquis, d'après
le portrait de Mme Récamier, dans l'atelier de David ;
une étonnante petite chose. On nous conteste ce
portrait qui ne serait, dit-on, plus celui de la divine
Juliette. Et pourtant sa coiffure, au reste sans
beauté, cette vermiculure frontale s'accorde bien
avec la nouvelle version du modèle acquise récemment par M. de Nolhac. Au pied d'un laurier falot,
une pauvre muse assez mal dessinée, et que la
vieille pensionnaire de l'Abbaye-au-Bois gardait en
sa chambre, jusqu'à la fin, du temps qu'elle s'attachait de nouveaux amoureux en leur distribuant
d'anciens billets doux de l'écriture de *René*. Bien
entendu, image sans nul autre rapport avec l'effigie
de David, elle-même si différente de celle de
Gérard, irritant plus encore s'il se peut que selon
cette habitude des portraits, et pour jamais, la
curiosité autour de Juliette.

Ajoutons encore que M. Chéramy représente cet

---

1. Il faut se pénétrer d'abord du visage que l'on veut peindre.

aimable collectionneur, lequel est le propriétaire
heureux *des pieds de l'Iliade.*

.*.

Une des plus saisissantes pièces des *Fleurs du mal*
est celle en laquelle Baudelaire évoque un paysage
singulier d'où le végétal serait exclu. Rien que
des édifices et des escaliers, parvis et parois polies,
miroirs, miroirs d'eau, portiques, galeries.

> Et tout, même la couleur noire
> Semblait fourbi, clair, irisé.

La population d'un pareil lieu devrait être le
peuple d'Ingres.

> Marbre, onyx, émail.

Le peintre ne semble-t-il pas avoir pris au pied
de la lettre un tel conseil de l'autre poète?
Ajoutez-y toutes les pierres dures, et les
ambres, et les burgaus et les porcelaines. Des
visages comme à de certains écrans où les Chinois les ont peints et rapportés, sur des pastilles
de nacre. Une mosaïque de Florence où tout se
rejoint sans se pénétrer ni se refléter, la mala-
chite à côté du lapis-lazuli ou de l'aventurine,
et dont il résulte de fantastiques et terrifiques
beautés pareilles à la Minerve de Phidias, laquelle
avait des yeux de saphyrs dans un facies d'ivoire.
D'autres n'atteignant qu'à cette figure de Grand-

ville en laquelle se juxtaposaient réellement le
corail des lèvres, les perles des dents, l'ébène des
cheveux, enfin tous les précieux matériaux des comparaisons de beautés hyperboliques. Personnages,
je le répète, créés à l'image de ce sphinx rencontré
par leur Œdipe en sa vingt-neuvième année.

Ingres-Œdipe, le voilà, faible et fort, doux et
irrité, savant et inculte. Il crée autour de lui l'air
raréfié, l'atmosphère d'altitude et l'irrespirable
milieu où le modèle et le spectateur sentent qu'ils
se pétrifient. Entendez-le s'écrier : « Il est beau
de noircir les paupières des vieillards... il est beau
de décolorer les paupières des femmes... » Tra-
duisez son propre visage d'Olympien au front bas,
habité et intérieurement heurté par l'emprisonne-
ment, là, de son aigle. Sur ses lèvres un *quos ego*,
à l'adresse de ceux qu'il se retient de nommer,
mais qu'il désigne ainsi : les grands *machinistes*. Un
artifice des poèmes orientaux consiste à employer le
pluriel lorsqu'on parle de l'amoureux, comme pour
l'amplifier, le grandir. Ingres fait de même, parlant de l'ennemi : « Ils veulent, ils nous opposent... »
Mais ce n'est ni Rubens, ni Van Dyck, ni Rembrandt, ni Murillo, ni même Géricault... c'est un
seul, l'innommable! Le bien nommé, selon la
loi de Balzac, n'est-ce pas lui, désigné de ce nom
à la sonorité nasillarde et griffue, pincée et rapace,
et dont la rime est avaricieuse. Ingres, un prophète encore : Moïse de l'art contemplant de loin
la Terre Promise des couleurs et des reflets ; Jonas
plein d'imprécations et de prédictions ruineuses.
Un autocrate inouï non content de la magnifique
part de vérité qu'il lui fut donné de formuler, et

qui exige impérieusement de régir tout l'art. Et pourtant tel est le secret de sa force et de sa beauté. C'est la forme stricte du sonnet infligeant au rêve contraint une attitude plus rare. C'est la culture japonaise étirant, repliant ses rameaux selon des courbes plus exquises. C'est l'eau transformée en gerbes et en jets par une puissante hydraulique, et qui fournira cette belle similitude au ·grand Dominique : « La lumière est comme l'eau, elle se fait bon gré mal gré sa place, et prend à l'instant son niveau. »

Un même amour de la Grèce l'assimile parfois à Chénier, une pareille volonté à Leconte de Lisle ; à Vigny, un dédain puissant qui fait rejaillir sur sa création la pâleur de sa *Tour d'Ivoire*.

Ingres s'est égalé au Créateur, non comme un Pygmalion s'en remettant à l'amour du soin de vivifier sa Galathée. Mais comme un Deucalion qui se fie à son orgueil du vouloir d'humaniser les pierres. Mais les pierres attendent en vain, en leurs attitudes rigides ; en leurs frigides veines, le sang des cornalines circule, seul, et la violette de la mort bleuit sur leurs lèvres d'améthystes. Punition d'avoir voulu exister sans la vie. Biblique châtiment pour un crime mythologique. L'autre, l'ennemi, le rival innomé a, lui, vraiment dérobé la flamme, afin d'en vivifier sa création toute brûlante de feux et de pourpre, d'étoffes d'or, de bijoux ardents, de crinières de lions et de chevelures de femmes. Le bûcher de Sardanapale en flamboie, Ingres le voit et en rougit, et l'*Incendie du Bourg* qu'il admirait ne lui cause pas tant d'envie. Or, sa Muse, pour l'avoir contemplé, se change en sel, — que dis-je? en ivoire. Et lui-même, autre Prométhée, expie un étrange forfait, éternellement enchaîné au rocher de son Angélique, et pour avoir volé — *le froid !*

———

II

A M. J. Rosny.

LE BUFFON DE L'HUMANITÉ

L'intérieur des Anges se manifeste
sur leurs faces.

SWEDENBORG.

Encore un Nancéien! — Avec Goncourt, Verlaine, Gyp, Gallé, Barrès. — Les bégonias et Bagard; les glaïeuls et Claude Gellée! — O ce menu Versailles de l'Est, et d'un Stanislas-Soleil! — Et chacun de s'exclamer au nouveau nom, comme à ce jeu tant de fois renouvelé et toujours fécond en étonnements, d'énumérer les contemporains qui n'ont pas été de l'Académie. — Et GRANDVILLE; un Nancéien, encore!

Et celui-là, non des moindres, entre les Nancéiens, les Français et les Maîtres. — De la race des *singuliers*, de ceux qui ne savent ou ne veulent plaire qu'à demi, interprètes qu'ils sont d'un commentaire inexprimé jusque-là de l'humanité ou de la nature; artistes de qui l'intention ne fut jamais entièrement pénétrée, et dont le malaise que leur œuvre inflige au public nonobstant forcé de les fêter, au moins de les admettre, se venge en les faisant célébrer pour ce qu'ils aiment le moins en eux, ou qui n'y fut jamais.

Certaine partielle fraternité m'apparaît tout de suite avec un de ces noms, entre tous chers et

précieux parmi nos modernes artistes lorrains :
Émile Gallé, qui lui-même m'a souvent exprimé
son admiration pour ce concitoyen ; sa reconnais-
sance, voire, et c'est beaucoup dire. Oui, les admirables filles-fleurs du maître-verrier, plantes gras-
ses de ce même cristal qui se tourne en volubilis
aux doigts de Kœpping, auraient pris naissance et
racine au cœur de l'album gracieux du résolu
déformateur de la race humaine. Et ce fut
de ce cruel aîné, homme-circé qui changeait les
hommes en bêtes, à ce sensible Benjamin, la
remontante façon de se transmettre le flambeau,
que de se tendre les cierges des lis et les candé-
labres des cactus, les veilleuses des iris et les
phares tournants des tournesols, les braises des
grenadiers et les tisons des géraniums, les feux
follets des crocus et les buissons ardents des
tulipes. Sans oublier l'éteignoir d'argent des liserons et la minuscule lanterne en papier des alké-
kenges. — La *superfétation* est l'éblouissant et
arachnéen fil de magnésium qui embrase de l'un
à l'autre le luminaire de ces deux autels pourtant
si dissemblables. Leurs prêtres appartenant à cette
rare famille d'esprits que j'appellerais volontiers :
esprits *graminées*, par opposition à d'autres qui
se pourraient étiqueter grimpants ou gras, et
comme on classifierait aisément l'esprit-roseau ou
l'esprit-chêne.

A ces *presbites* géniaux, le détail apparaît le premier, pullulant et envahissant ; non ce détail précis
et unique élu par un Ingres entre cent, parce qu'il
les résume tous, synthétise un caractère et le symbolise ; mais ces « petits importants » que le peintre

conseillait de « mettre à la raison » parce qu'ils embrouillent l'ensemble. Néanmoins des rapports cachés mais absolus, d'abord insaisissables pour le spectateur, puis secrètement rattachés à sa sensibilité ou à sa pensée, aboutissent à une harmonie de *pointillé*, insistante et irrésistible. Leurs travaux ressemblent à ces maisons de Balnibarbi que l'on commençait par la toiture.

L'analyse est leur fonctionnelle opération. Ils ont sur les yeux un microscope originel et une loupe native. Ils arrivent à vous faire entendre leur plan, et vous y entrez, avec l'étonnement de le trouver ordonné comme un intérieur de ruche. Le bourdonnement est devenu susurrement, les sucs se font miel et l'essaim rassemblé œuvre sous la royale direction d'une pensée-mère. Il est donc important de les laisser aller jusqu'au bout de leur intention, laquelle est aussi réseau d'araignée. Ariel danse sur ce fil, et quand le dernier jour en sera ourdi, il vous fera, sans se tromper, le décompte des mailles. Tapisserie aux gros points, vitraux aux plombs massifs, qui ne seront que pour s'exercer à peindre et à broder de cités et de pays l'émail cloisonné et le canevas brillanté d'une aile de libellule.

Je cite ces deux exemples à dessein, parce qu'ils sont communs à nos deux artistes, et que leur délicat réseau, de la rose de Grandville au souci de Gallé, se tend et s'envole, unissant les vases animés aux fleurs animées.

Encore, chez l'un la matière a fait obstacle au touffu concept; le cristal à des iridiums coûteux emprunte une valeur de gemmes. Un éclat ébrèche

un bijou; une fissure anéantit un camée. Cent
ménagements assurent seuls à l'objet cet air
inachevé qui en accroît le prix, et auquel les
ignorants se méprennent. Mais examinez un dessus
de table de Gallé; déchiffrez jusqu'au plus tendre
quart de soupir, la polyphonique orchestration de
cette musique ligneuse. Une nouvelle harmonie en
jaillira pour vos yeux, de chaque veine. Un pli de
terrain, un cours d'eau; et d'un nœud du bois,
un nuage. La marqueterie y concourt. La nigelle
de Damas a des astres d'un azur exquis. L'ancolie
agite de petits bonnets de fous, et les menus
cœurs rosés du dialytra ne sont pas sensibles. —
On devine, on sait les aveux qu'un ébéniste ainsi
fait, obtient du cœur d'un arbre abattu, et fait
raconter aux essences. On dirait que l'histoire de
la forêt chante d'elle-même en ces placages
nuancés, en ces mosaïques vaporeuses. Il y bouge
une ombre mouvante de nue, un reflet d'oiseaux
émigrants, et des tons y sont évanouis comme un
rêve interrompu de dryade... Pas un geste artiste
de ce Riesener, qui ne se subdivise en significative
fumée. Elle-même doit s'exprimer par le trait.
Ingres l'a dit, et c'est encore une parenté entre
Gallé et Grandville. Ouvrez une caisse où celui-là
met un bouquet de fête. Il n'en sortira ni roses ni
lilas, mais tous les désespoirs de tous les peintres.
Toute la capillarisation des cheveux violets et des
cheveux verts de la nigelle. Des ramuscules orne-
mentés de remuantes baies. Et ce seront des bêtes
à bon Dieu, ou tel insecte lumineux et priviligié, chacun parqué sur son rameau, que le donataire aurait
jugé incomplet si l'on n'y voyait errer son parasite!

Je possède de Gallé, un opusculet féerique. La description manuscrite de son envoi de cristaux pour un Salon; chaque page nuancée aux tons du vase décrit, avec un rappel de son décor. Et parmi tant de larmes éclairant le papier de leurs pleurs vitreux, et l'éparpillement aquarellé de brindilles, de folioles, une armée est en marche, un corps de cirons qui sont les caractères trotte-menu de la plus fine des écritures. Une lettre de l'auteur est un savant griffonnis, une promenade sur le feuillet, après un préalable bain dans l'encrier, de quelques milliers d'infusoires. Et, parmi, des dessins légers, croquis de buires ou de coupes.

Un soir que je soupais au royal et familial palais de ce grand ami, je fus un peu surpris, et pour un tel repas offert en mon nom, de voir l'élégant couvert strié des bouquets singuliers d'une fleur, modeste pour le moins. L'amphytrion y attachait ses regards avec prédilection, et comme sur le détail précis qui témoignât de son urbanité à mon endroit et d'un gracieux gré de ma visite. Et c'était le *Géranium Robertianum*.

. . . .

Ici se doit restreindre un parallèle entre Grandville et Gallé, ce *Nadir* et ce *Zénith* d'Hugo; le second voyant tout en beau, l'autre qui tout ravale et rabaisse. Amour des fleurs, langage des fleurs, insatiable appétit du détail qui les fait passer leur vie à considérer et à employer, ainsi que Gulliver, cette jeune Lilliputienne enfilant « une aiguille invisible avec une soie invisible ».

Mais en quelles distantes élucubrations se résout l'impalpable travail.

Toujours serein chez le second, même en des réseaux de douleur ou de rinceaux de mélancolie, il excelle aux peintures de Paradis, d'Edens perdus où les vergers n'arboraient que des savoirs bénévoles. L'autre a connu l'enfer, un enfer humain, qu'il nous retrace en de douteux portraits, des assemblages monstrueux, d'énigmatiques combinaisons, de brutales physiognomonies. Géhenne, où chacun de nous a vite rangé son voisin, lequel déjà lui avait marqué sa place.

Maintenant, Grandville fut-il un misanthrope, un Timon, un Diogène? — On nous le peint tranquille et doux, travaillant sans relâche en son intérieur paisible. Non. Seulement il avait reçu en partage le don malicieux de déchiffrer instantanément le butor dans l'homme grossier, le renard dans l'astucieux, la brebis dans le bonasse. Lavater nous apprend que les deux ressemblances animales, les plus rares à rencontrer chez l'homme, sont celles de l'éléphant et de l'écrevisse. Grandville savait les y démêler. La *belle tête* du fabuliste grec avait toujours pour lui une doublure de pelage ou de plumage; d'ours ou de lion, de cygne ou d'oie. Il en retournait le masque matois, féroce ou rusé, comme il aurait fait d'un gant, et l'on voyait apparaître le visage intérieur de Janus, le reflet des traits subis, le revers de l'expression simulée : un chat, un jaguar, une dinde. C'est en cela que l'œuvre de Grandville est *hiéroglyphique*, et se doit déchiffrer comme un obélisque.

De petits musées provinciaux ou étrangers nous présentent sérieusement ce phénomène naturaliste : une sirène momifiée. Prodige déconsidérant pour les compagnons d'Ulysse. Une queue de hareng ou de maquereau ajustée assez grossièrement à un buste de poupée aux traits calcinés; certes, désinence de poisson, mais difformité supérieure. Il y a dans l'œuvre que nous étudions, de ce macabre bibelot, de cette amusette scientifique. Récréer et recréer aurait pu être sa devise. Mais on pourrait augurer de cette création du seul aspect de son Adam et de son Ève, car l'auteur les a peints, dans ses. proverbes. Lui, un Gavarni, en veston d'atelier, cachant mal une nudité pauvre. Elle, une Musette dévêtue, ayant gardé sa capote, son *schall* et ses souliers à cothurnes. Le nu de Grandville est affreux, quand il s'efforce d'être beau, et n'atteint à une grandeur que par la reproduction d'un rachitisme. Et la laideur de sa *Vérité* s'explique ainsi par les horribles secrets qu'elle va nous dire.

Écoutez ceci : « L'homme ressemble aux animaux par les affections et les appétits de son naturel; il s'abandonne aux impulsions de cet appétit, et se rapproche des animaux avec lesquels il a le plus de correspondance et de rapport. C'est de là que, dans l'usage ordinaire, on le compare avec eux. Est-il d'un caractère doux, pacifique, on dit : c'est une brebis, un agneau. S'il est dur, impitoyable, cruel, il est qualifié d'ours, de tigre; est-il vorace, c'est un loup; gourmand, c'est un porc; rusé, c'est un renard, et ainsi de tant d'autres façons de parler, fondées sur les correspondances entre l'homme et les animaux; correspondances ou rapports connus, mais auxquels on ne fait pas toutes les réflexions, qui nous éclaireraient sur mille choses tant naturelles que spirituelles, que l'homme ignore.

« *Cette correspondance existe aussi avec le règne végétal.* »

Qui a écrit cela?... — Swedenborg, au paragraphe III des *Merveilles du Ciel.* — Ne dirait-on pas tout Grandville? — L'humanité, telle qu'elle nous apparaît dans ses dessins avant de plus constitutives déformations, est l'explication de toute son œuvre. S'il la voit ainsi qu'il nous la dépeint, c'est la réformer que la déformer. Plutôt il en accentue à dessein les travers, afin de nous préparer aux épreuves qu'il lui destine. Rentiers altiers, solliciteurs plats, juges gourmés, curés falots, risibles tourlourous, bohèmes crasseux, aveugles cornards, galants extravagants, dadais étriqués, excentriques dandies. A peine, et rarement, une gracieuse figure de grisette ou de lorette, une silhouette d'élégante ou de lionne, évoque une illustration de Musset ou Balzac, un décalque de Mimi Pinson, d'Esther ou de Mme Firmiani, en bandeau lisse, en couette, en *ringlett*, l'oiseau de paradis sur la capote, une casaque aux parements d'hermine. Furtive apparition impliquant, implorant une clémence en cette humaine création si près de s'animaliser, pour ces douces oies de Frère Philippe. Attestation, par cette relative intervention du gracieux, d'un choix, presque d'un goût pervers, dans le rendu constant des pires laideurs, et promesse d'un dédommagement, un jour, par une évasion dans le paradis des fleurs-femmes. Une page de masques, ainsi qu'en essaya Boilly, réunit, dans le Gulliver, une trentaine de

visages, tous représentatifs de disgrâces, d'infir-
mités, de sottises. Des ouvrages dans lesquels
l'humanité de Grandville se contente d'être caricaturale, sont, entre autres, un *Béranger*, ses *Proverbes*, parmi lesquels il en a ressuscité et illustré
de bien éloquents, ne serait-ce que celui-ci : « Un
brochet fait plus qu'une lettre de recommandation. »

La haine de Grandville pour l'humanité, avant
d'ouvrir à celle-ci l'oasis des fleurs, ou de la
traîner dans l'enfer des brutes, la devait étirer,
rabougrir et avilir sur les plus insolents des lits
de Procuste. Un ouvrage se rencontra qu'on eût
dit apprêté pour cette démonstration, et l'*habent
sua fata libelli* n'en réalisa jamais de plus probante.
Le Gulliver, avec ses géants, ses pygmées et ses
yahous, offrait au dessinateur les plus extrêmes
occasions de railler les fausses grandeurs, les bas-
sesses et les petitesses. Il en fit son chef-d'œuvre.
Vraiment, Swift, qui malmène les commentateurs
en son pays de Glubbduldrib, ne pouvait trouver
un auxiliaire plus convaincu et mieux adapté, et
dut lui faire fête aux funèbres rives. Lilliput est
le plus réjouissant, avec les graves évolutions
de son petit peuple en turbans, fourmilière de
mamamouchis policés et doctes. Tous les ébats de
cette population termite, à l'entour de son débonnaire géant, qui tout à l'heure, à son tour, se re-
fera nain, fournissent à d'impayables vignettes.
C'est l'assemblée des dames de la cour, cirons en
paniers et sous leurs voiles de sultane ; épingles
habillées et réunies en sénat de femmes, autour
des deux seuls pieds de Gulliver, dont le soulier

en tiendrait quatre. La tabatière, les gants et les poches du voyageur, sa montre, son peigne et son pistolet, autant de monstrueux objets et de pièges profonds, où s'exerce et se perd l'agile curiosité de ces humains bacilles.

Leur nombre suffit à victimer l'homme infirme même et surtout chez ces homunculets d'une humiliante perfection et dont il se venge en pissant sur eux, par un dégoûtant bienfait et pour sauver du feu leurs Tuileries !

Devenu le Lilliputien de Brobdignac, le même Gulliver se voit à demi croqué par le marmot et perdu par les filles d'honneur dans les replis de leur monumentale personne ; égaré dans la cavité d'un os, noyé dans un bol de lait, dévoré par une mouche, écrasé par une pomme, enlizé dans l'océan d'une bouse de vache. Et Grandville accompagne sarcastiquement un si risible petit christ à travers toutes les caricaturales stations de sa passion grotesque.

Mais d'être trahi par les siens, quelles que puissent être leurs dimensions, c'est une aventure assez naturelle à l'homme. Il y faudrait un peu plus de ragoût ; et n'en serait-ce pas un que sa domestication par l'animal qui lui est le plus soumis : le cheval ? Et tel est, on le sait, le sujet du voyage au pays des Houyhnhms ; une race de sages coursiers, qui s'est asservi une humanité avilie. Une telle matière apprête une double carrière à ce mépris de son semblable et à cet amour des animaux, dont semble s'être alimenté le talent de Grandville. C'est en ce livre que, d'accord avec son auteur, et le secondant avec un zèle supé-

rieur, il a mis le cheval debout et Adam à quatre
pattes. Acte significatif, renversement de la création, dont son œuvre entier ne sera plus que la
paraphrase.

Autant de grâce noble à ces Houyhnhms, de
qui l'œil est pensif et à leurs juments dont ils
peignent les crins, ainsi que des cheveux de
femmes ; autant d'ignominie à ces hideux Yahous,
sortes de Nabuchodonosors, dont il infinise les
hideurs en des dessins épouvantables. Mais ce
n'est point assez ; les récits de Gulliver, reconnu
pour un Yahou, d'une plus ignoble et dangereuse
espèce, acèrent pour l'illustrateur de nouveaux
moyens de déconsidérer ses frères. Peindre
l'homme affreux ne lui suffit plus, il le fera bossu
et ivrogne, expectorant un vomitif ou accroupi
sur sa chaise percée. Un tel délire d'avilissement
tourne au cauchemar. Un Yahou grignotant une
racine laxative ou dévorant un rat, les amours et
les rixes de ces hommes *meilleurs* sont d'effrayantes
figures. Il en est une plus horrible encore. Et
le Yahou léchant les pieds de son roi est d'une
bassesse appliquée, où le rire a dès longtemps
expiré en une frissonnante nausée. Une prédilection signalée de la laideur, fertile en curieux
effets, le goût drôlatique et souvent amusant du
scatologique détail, vont parfois jusqu'à l'égare-
ment en ces pages. Le jeune mâle de trois ans
conchiant les habits de Gulliver, aurait arrêté
d'autres crayons, non moins que le puant baiser
du savant Laputien qui faisait « retourner les
déjections à leur primitive nature alimentaire ».
Je n'aime pas non plus le pied du voyageur

écrasant un crucifix. Sa majesté japonaise, il fallait en faire autant pour le lecteur, ayant relevé Gulliver de cette formalité blasphématoire.

Ces vignettes, d'une originale conception, d'un surprenant fini, reproduisent des dessins miniaturés à la plume. — Où gisent-ils? Je ne sais. Ils sont rares sur le marché les originaux de Grandville. Un de mes amis en possède un. Deux monstres, naturellement. Tout Brobdignac et tout Lilliput, en deux personnages : une géante et une naine, au champ de foire. Une Thierret en forme de tonne d'Heidelberg, soulève comme un rideau le côté de sa jupe au-dessus de la colonne de son petit mollet treillagé d'un cothurne. C'est « la tétonnière de la troupe foraine » ; ses « appas, façonnés aux bouches des Titans », ballonnent et ballottent dans son corsage décolleté à berthe. Et le berret à gland, la toque à plumes des troubadours, surmonte le masque aux traits noyés dans le gras fondu et d'une tête presque sans crâne. Elle porte un collier, qu'on dirait un chapelet de saucisses, des bracelets qui font boudiner sa chair, une broche qui est une bouse ; et d'un geste bénisseur et toiseur, tend son bras de phoque à la menotte gonflée et courte, au-dessus de la non moins monstrueuse Ménine. Celle-ci, une tête de gouvernante ou de vieille poétesse anglaise, sous une coiffure à couettes et un vaste peigne espagnol, la taille serrée en un corselet de velours au-dessous d'un abondant buste de poupée, des bras ballants et des gambilles de pantin, au jupon de ballerine, aux pieds en dehors sur son tabouret de paille. Et le front étroit de la femme colosse, et le front large et bas de sa compagne gentiment abominable, sont tous les deux étoilés d'un bijou, cerclés d'une ferronnière.

Celles de ces estampes, imitant simplement des objets d'usage, ne sont pas les moins attachantes. Casanier, privé de modèle, en son labeur incessant, Grandville se devait appliquer à cette sorte de figuration de ce qui lui tombait sous les yeux, sous la main, ou lui venait à l'esprit avec une patience souvent heureuse. Des livres ouverts ou fermés, un encrier, des rouleaux de papier, des plumes d'oie ; un compas et son ombre portée ; une enveloppe, un cachet, un bâton de cire ; un mortier, des plumeaux et des balais, une ficelle, un tricorne, une lanterne magique, un plat d'asperges. Des natures mortes : une somptueuse desserte, un jeu de trictrac, des armes. Ceux de ces accessoires qui sont usuels, qui ont posé, en héritent un attrait de vérité ; les autres n'ont qu'un faste sans grâce. L'amour du difficultueux induit encore Grandville à tenter par une infinité de petits traits, des clairs vifs et des noirs profonds, le rendu des surfaces brillantes. Un miroir, la lame d'un rasoir, une carafe, un verre plein d'eau, des pièces d'argent, un cabochon, une lentille. Ces petits tours de force exécutés, la *folle du logis* entre en danse. On dirait qu'une vie invisible anime soudain ces choses. Les volumes s'échafaudent comme des tours, les coquetiers s'arcboutent sur leurs pieds léonins, les mouillettes ont des visages. Enfin, et comme pour illustrer le *Ludovic* d'Hello, un affreux Mammon se fait de trois sacs d'or une panse et deux jambes. L'anneau du coffre est son bandeau royal, sa serrure un rictus. Et deux pièces, au métallique regard, complètent le redoutable aspect de cet autre ange du bizarre.

Qu'ils nous introduisent, tous deux, aux enfers des animaux humanisés, de l'humanité bêtifiée. Une série de croquis faits pour un journal illustré nous en révèlent le procédé de damnation analytico-synthétique. Un visage d'homme se transforme en museau de singe par de successives déformations à peine perceptibles, lesquelles ramènent dans l'autre sens le macaque ainsi effectué à son primitif miroir d'âme. Le ressort une fois démontré donne le branle à la comédie humano-bestiale. Interminable défilé de caméléons politiciens, d'éléphants académiciens, de pies-femmes savantes. Celle-ci, un poignard à la ceinture, un cigare en une pince d'argent, le pied sur le tabouret des préjugés, laisse s'écrouler le pot de Chrysale. Une souris ronge la laine du bas qu'elle lui tricotait; et le sexe d'un hercule Farnèse symbolique, en guise de dieu Lare, est à peine caché par l'éventail de la pécore. Un bouc hirsute est un rapin, un agneau bêlant, un bon jeune homme. La cigogne au clystériforme bec est un matassin; un espadon, un chirurgien; une fouine, un douanier; un lézard, un lazzarone; un colporteur, une tortue; un serpent jouera du serpent, ou d'une clef de coffret pendue à un col sifflera la pièce à la mode. On n'en finirait pas d'énumérer les intentions et les indications dont le burin traduit incessamment la spontanée et germinante complication d'une si foisonnante pensée. Les accessoires en sont complices. L'écriture s'y mêle et souligne une interprétation, sur une affiche, sur un mur, sur l'étiquette d'un pot de pommade. Il n'est jusqu'au monogramme de l'artiste qui ne joue un rôle d'enchevêtrement en ces ensembles fourmillants, aux laines d'un tapis, aux lignes d'un arrêté, à la panse d'un ballot, aux tortils d'une ferronnerie. Quelques-uns sont parfaits de ces petits tableaux d'animalité piétée. Du reste Grandville excelle aux groupements qu'Ingres proclamait si malaisés, et des vides toujours si difficiles à déterminer aèrent avec goût ces juxtapositions touffues. Et ne pourrait-on pas affirmer que par cette recherche, autant que par le dessin précis et scrupuleux qui lui faisait aussi linéamenter jusqu'à la fumée, il fut l'Ingres vétilleux de tant de nouveaux échantillons de la bête humaine? Ses réunions d'animaux debout ou assis s'étagent savamment, selon leurs tailles et leurs proportions, à l'imitation des poissons extasiés écoutant saint François d'Assise. La grâce qui l'évitait — ou qu'il fuyait — dans la représentation directe de son personnel ennemi, l'homme, à présent rythme agréablement ces mouvements empruntés à divers règnes. Une chatte anglaise menant à l'école deux souriceaux, deux hyménoptères-marmots que tient en lisière un insecte nounou, font de réjouissantes lettrines.

Les noces de la libellule sont un triomphe. Grandville dessine les papillons comme Pisano ou Abraham Mignon, comme Van Huysum ou le Jésuite d'Anvers. Et j'ai souvent songé aux miracles de botanique en délire et d'histoire naturelle à la torture que nous aurait valu la collaboration de Grandville illustrant Hugo et sa chapelle végétale [1]. Si l'artiste n'eut pas connaissance de ce poème, une correspondance secrète dut l'en avertir et inspirer son concert d'insectes dont les lanternes sont des grelots de muguet et les cristaux du lustre, des gouttes de rosée. Les bras de lumières sont portés par des vers luisants. Les cuivres, autant de cobœas ou de campanules. Une couronne impériale est un chapeau chinois, et le pistil plumeux d'un œillet, le manche recourbé des citoles.

Les *fleurs animées* sont en germe dans cette composition et dans les vignettes voisines. Car si Grandville nous apparaît comme le Buffon de l'humanité, il en sera le Linné aussi. Les cœurs de la pâquerette, du primevère, du myosotis sont des visages déjà, entre la collerette ou la cornette de leurs pétales. Un lis a sous le toquet de son pistil un petit visage de fou autour duquel la blanche fleur se découpe ainsi qu'une garniture de marotte. Une rose arrondit la crinoline de ses feuillages verts; d'autres feuilles évasent autour de ses bras, des manches pagodes; la tige de sa taille est hérissée d'épines au-dessous de deux boutons fermes et pleins qui sont ses deux seins. Un frais visage s'épanouit au cœur du bouffant bonnet fait de toute la fleur dont les folioles sont les barbes. Une autre saynète du même conte, en laquelle on admire un char d'escargots, une sauterelle voiturée par des écrevisses et un lièvre à califourchon sur une tortue, donne aussi à imaginer l'équipage qu'un tel carrossier aurait cons-

---

1. *Chansons des rues et des bois.*

truit pour la reine Mab, avec pour cochers et pour
piqueurs, messieurs Fleur-des-pois, Toile d'araignée et Grain de moutarde, autres comparses de
Shakspeare. — Au reste qu'était-ce autre chose
qu'une procession de grains de mil déguisés, cette
queue leu-leu d'écoliers de Blefuscu sous la conduite de leur pédagogue? — C'est encore un beau
rassemblement que celui du conseil représentatif
des chevaux à l'équinoxe d'automne : croupes
lisses, ébrouements contenus, piaffements contournés en puissantes courbes. Et maints autres
conventicules et sanhédrins de bêtes raisonneuses;
se pavanant au foyer, sifflant au parterre où de
retardaires écrevisses applaudissent ostensiblement
à grand renfort de leurs pinces.

Le *La Fontaine*, le plus connu des ouvrages de
Grandville, arrange et dérange cent variantes de
cette manière, à cette fondamentale différence
près, j'y insiste, qu'en ces scènes de la vie animale,
il semble que les animaux se soient humanisés,
tandis que c'est en hommes bêtifiés que l'illustrateur paraît avoir transformé les héros du fabuliste. Ce sont ses *moralités* que l'artiste a illustrées,
bien plutôt que ses fables, et si c'est une trahison,
Grandville en est puni dans le monde souterrain
comme il est stipulé au chapitre VII du voyage à
Laputa, sauf intervention de Swift, dont il a plus
fidèlement servi les allégories.

Nous avons signalé aux *Aventures d'un papillon*,
la germination des filles-fleurs, dont voici l'épanouissement dans les *Fleurs animées*. Ceci c'est
l'Éden de Grandville. Éden tourmenté encore —
qui ne l'est en ce bizarre génie? mais Éden, et qui

dut suggérer à Wagner les jardins de Klingsor
et ses végétales Floramyes. Certes c'est de ces bonnets de pivoines ou de pavots qu'elles vont s'affubler pour mieux séduire Parsifal. Et la grande
Materna en se retirant a remporté son grand art
dans les plis d'une robe brodée de rinceaux ordonnés
par Wagner et sans nul doute agencés sur les
dessins de Grandville. Ne saurait-on saluer déjà
quelque chose de leur visée, en ce trop célèbre
Printemps de Botticelli, à la tunique fleurie? —
Moins encore que celle d'Élizabeth, dans le portrait de Zucchero qui ose, lui, percher des oiseaux
parmi les rameaux épanouis de cette chemise
royale.

Feuilletons l'aimable gynécologie botaniste. Voici
le Bluet et le Coquelicot courant les champs au
crincrin du cricri et à la crécelle de la cigale; le
Lis fleurdelysé; la Pensée au regard pensif, le Tabac
qu'avoisine un bouquet de pipes; la sultane
Tulipe au jupon bariolé; la reine Rose, au sceptre
épineux, aux boutons clos de ses deux seins, au
bouton épanoui de sa couronne, à la cour de ses
scarabées. Le Narcisse au bord de son eau, la
Violette, à l'abri de ses feuilles, modeste fleur à
genoux, embrassant une cassolette. Le chèvre-
feuille, qu'aimait William Morris, au point d'en
avoir choisi le nom pour sa désignation européenne.
La *Dame aux Camélias* avant Dumas, la Marguerite
effeuillant sa fleur, et la fleur du Lin filant sa quenouille. Le Volubilis aux bas vrillés comme ses
boutons de fleurs; l'Œillet au visage à peine distinct des papillons fleuris comme lui-même. La
Ciguë, étrange Circé, le Tournesol ressemblant à

Coquelin Cadet, le Pavot versant le sommeil aux insectes. La Fleur d'oranger, pudique et tentante. Le Chardon agaçant un baudet, et la Capucine en prières. La Guimauve gentille garde-malade au chevet d'une sauterelle. Le Pois de senteur buvant à même l'arrosoir. Le Cactus, beau comme la baronne de Poilly, de qui nous aimions ces atours de pourpre. Le Dahlia au bonnet tuyauté ; la Sensitive qu'un hanneton, grossier fumeur, incommode de ses bouffées. Le Pêcher grelottant sous son paillis ; l'Aubépine en proie au sécateur, que bien entendu Grandville a aiguisé en crocodile à la gueule ouverte. La Vigne et sa grive, soûles, toutes deux ; le Myosotis s'agitant pour des adieux tendres. La Scabieuse veuve et ses orphelins ; le Souci, maîtresse abandonnée. La Couronne impériale de Napoléon ; l'Hortensia de la reine Hortense : le Jasmin, parfumeuse aux savantes frictions ; la Giroflée, arrachée au vieux mur, par un vieux botaniste ; le Thé et le Café deux exotiques. La Tubéreuse et la Jonquille, se baisant. — Les Fleurs au marché, captives dans leurs pots, attendant l'acheteur, frileuses et grelottantes. — Les fleurs au bal, muguet-Grisi, fuchsia-Taglioni, pied d'alouette-Essler. — Et dans un final défilé, la réapparition de toutes ces fleurs, portant leurs symboles.

J'ai le bonheur de posséder l'aquarelle originale de la *Pensée* animée. Sorte de miniature aux yeux mélancoliquement levés, au corsage de velours enveloppant deux seins voluptueux sous ses pétales violets, aux ailes qui sont des fleurs délicatement veinées. Et sa tige part de son cerveau, tout enivré d'elle-même. Personnage de Balzac

et d'Eugène Lami, combiné et sublimé, Louise de
Mortsauf arrachée aux bouquets que lui compo-
sait Félix de Vandenesse.

L'anglais Walter Crane a traité depuis le même
sujet, mais avec moins de saveur et un peu de
fadeur.

A sa jeune femme qu'il aimait, dont il prenait et
suivait les avis, Grandville aurait dû dédier ce plus
doux livre. Elle eut sur ses travaux une heureuse
influence. Et l'on aime à s'imaginer qu'elle a
reflété de beauté certains types féminins, dans
l'œuvre amère. Faute de pouvoir la payer de sa collaboration par le don de coûteux bijoux, on sait
qu'il enrichissait de rinceaux tumultueux et de
fantaisistes dessins le papier de ses papillotes.

Mais l'amour, pour ce que j'appelle ce Paradis
de Grandville, restera toujours restreint; et l'artiste, pour la curiosité des enfants et la confusion
des parents, demeurera surtout l'étrange fabricant
d'hommes-loups et d'hommes-chiens, l'illustrateur
de La Fontaine. Et de fait, nul n'a jamais réussi
comme Grandville à affubler une fourmi d'un tablier et d'un fichu, à enfiler à la patte d'une cigale
un réticule vide; à mettre des lunettes à un corbeau, une épingle de cravate et un gilet blanc à
une grenouille; des souliers à un âne, des guêtres
à un chien, une fanchon à une hirondelle; une
toque à un singe, et, à un loup, une défroque de
Robert Macaire; une camisole à une lice, un cha-
peron à un aigle, un manteau royal à un lion, un
gilet de velours à un coq, une cape à une laie, un
tartan à une chatte; — une calotte à une cigogne
et une capote à une grue; une escarcelle à un

bélier, un bonnet de Cauchoise à une fourmi, un
panache à une belette, un mantelet à une chouette,
une capeline à une alouette, un bourrelet à un
oisillon, une résille à un vautour, une brassière à
un petit grand-duc, une pèlerine à un chaton, une
robe de chambre à un carlin, un capuchon à un
rat, un habit à la française à un renard, un mouchoir à une mouche; un bonnet grec à un éléphant, un veston à une taupe, un faux col à un
castor, un habit noir à un caïman, une livrée à
un dogue, un jabot à une grue, une cravate à un
phoque, un rabbat à une corneille, une culotte à
un mulot, une casquette à un martin-pêcheur, une
ferronnière à une louve et une ceinture à une
carpe; des sabots à un lapin, un cachemire à une
perruche et un châle-tapis à une musaraigne; une
perruque Louis XIV à un ouistiti, un catogan à
un batracien, un chapelet à un chat, un voile de
veuve à une lionne, un turban à un léopard, des
falbalas à une chèvre, un tablier à une écrevisse,
un bonnet de garde-malade à une pie et un bonnet
de coton à un poulet d'Inde.

· · · · · · · · · · · · · · · ·

Mais le châtiment approchait de ce grand déformateur qui devait lui-même être déformé à son
tour.

Du temps qu'il allait encore au bal, il emma-
gasinait, à regarder les danseurs, de quoi portraiturer le lendemain, une bique empanachée au bras
d'un porc ou d'un terre-neuve. Puis il en vint à
dessiner en de justes et bizarres raccourcis, des
passants vus du cinquième étage. Et ce fut tout.
L'image de la femme se refusait à de nouvelles

mutilations. Ni bête, ni fleur. Alors, il fit ce monstre : l'assemblage de tous les éléments des comparaisons hyperboliques de la beauté : les cheveux,
deux rideaux d'ébène, les lèvres, un arc de corail,
des yeux de jais, des dents de perles, un cou de
cygne, et de menues flèches, et de petits cupidos
allant percer et embraser d'amour pour ces fols
attraits qui les rayonnent et les dardent, des
cœurs suspendus autour de l'idole. — C'était le
prélude du cauchemar; il s'y enfonça, le dessinant
— devançant Odilon Redon dans l'empire du
songe.

A propos de Grandville et de ses travaux, j'ai
parlé de Géhenne, et d'Eden, à dessein. Et je le
tiendrais volontiers pour un Dante joujou, dont
le *Purgatoire* serait son humanité, l'*Enfer* ses
hommes-animaux, et le *Paradis*, ses fleurs animées. Et je conclurai, en la lui attribuant, sur
cette observation d'un apologiste du grand mystique suédois : « Si on exige que je dise sincèrement et précisément en quoi je pense qu'il a péché,
j'userai d'une comparaison. Je me rappelle un
homme qui avait passé sa vie à chercher, à travailler pour préparer une eau dissolvante de tous
les êtres de la nature et de l'art, et qui n'avait pas
pensé qu'aucun vase ne se rencontrerait capable
de contenir et de conserver une préparation ainsi
dissolvante... »

III

– A M. Victorien Sardou.

LES SEPT CHATEAUX DE L'OMBRE

DESSINS MÉDIUMNIQUES.

Et invisibilium.

« L'imperceptible et vaste humanité » éprouve de temps à autre, le besoin de se retourner sur son lit de douleur et d'ennui. Il lui semble que ce transbordement doit soulager son mal, consoler son chagrin, rafraîchir sa fièvre. Or, il s'effectue, d'un bout à l'autre du monde, avec un colossal gémissement, en un tressaillement de montagne qui accouche. Et, durant un peu de temps, ainsi qu'au malade apaisé par la fraîcheur fine d'un drap, rajeuni du souffle floral d'un vaporisateur, de l'efficace imposition d'une magnétique main, du baiser d'une pure haleine, il paraît au genre humain palpitant que son sanglot s'est amorti, que sa souffrance s'est enchantée.

L'*Invisible* est un de ces souffles ailés dont s'évente ainsi le front pesant de tout l'homme, et la secousse qui se propage au long de son vaste flanc, au long de son organisme entier, est galvanique et obscure.

Les années 50 ont marqué pour nos parents

cet an mil du Spiritisme. Il faut l'appeler ainsi,
comme ils l'avaient dénommé, tel que M. Sardou
vient de le présenter pour la première fois au
public, en une tentative mal récompensée. Il me
semble que la cause a été mal entendue; qu'on
a déplacé la question, comme il arrive fréquemment, et qu'on est venu écouter à la Renaissance
tout autre chose que ce que l'auteur avait voulu
dire. Ceux qui connaissent la brillante netteté de
son esprit, savent pourtant toute la grâce lucide
dont il sait rendre ses démonstrations nettes et
pénétrantes. — Il est certain que la moindre
phrase de M. Mœterlinck contient plus de mystérieux, est plus essentiellement et phonétiquement
spirite que toute la pièce de M. Sardou, dont à
vrai dire le mystère ne revêt pas l'œuvre et ne
constitue pas l'essence. Le public, formé par
MM. Antoine et Lugné-Poé, a pris des habitudes
d'enveloppement graduel par un milieu d'envoul-
tante fascination, par une phraséologie, autour de
sujets souvent moins mystérieux, qui l'ont fait se
tenir pour mystifié en présence du peu de mystérieux de cette comédie de mystère. —Je soupçonne
donc — et ses interviews ne nous l'ont-elles pas
laissé entrevoir? — l'auteur de *Spiritisme*, si subtilement et expérimentalement au courant de son
sujet, d'avoir, par le choix actuel de la thèse,
et la représentation d'une telle comédie, désiré
prendre rang dramatique en une question devenue
d'ordre scientifique, tout comme, imbu des préceptes de Henri Favre, Dumas avait pris ce pas
dans une question ethnographique : l'antisémi-
tisme, en certaines tirades de la *Femme de Claude.*

Et ce rang dramatique est si jalousé, qu'il n'y a pas plus d'une année, Edmond de Goncourt a tenu à tirer une pièce de sa Manette Salomon, pour bien témoigner que si eux, les Goncourt, l'avaient voulu, Dumas n'aurait pas été le premier à porter cette théorie à la scène.

Or, le Spiritisme revêt deux aspects bien distincts; l'ancienne nécromancie dont se doivent tout d'abord dégager les savants qui le veulent introduire en leur domaine. Ainsi procède le livre si important de William Crookes, dont l'épisode de Katie-King n'est qu'un merveilleux corollaire. — Puis, la série de phénomènes d'ordres divers, de dérogations aux lois matérielles, dont l'observation doit constituer la nouvelle science. — C'est sous cette seconde et plus moderne face que M. Sardou a voulu présenter le Spiritisme non à des adeptes, mais au public, et la sécheresse même du schéma de ses trois actes en exagérait le côté scolaire. Il s'agissait d'une part, de doter le drame d'un élément nouveau, lequel n'aurait pas été l'élément fantasmatique, employé par Shakspeare avec une terrifique magnificence qui ne sera pas égalée; mais des personnages de 1850, en proie aux premières manifestations spirites, telles que les contemporains nous les ont transmises ; de renouveler le magasin des accessoires par la table tournante, et de relayer par l'esprit frappeur le tonnerre dans la coulisse.

D'autre part, il pouvait sembler important de résumer publiquement et fictivement le procès, et de faire assister une salle à l'exposé historique et net, à la discussion verbeuse et documentée de ce

débat non résumé encore. Cela M. Sardou l'a mis
en scène fort éloquemment en sa discussion entre
les deux savants, le novateur hardi et renseigné,
et l'éternel retardataire enragé et furieux, dont on
lit déjà le portrait dans le grand ancêtre spirite :
« J'ai parlé avec plusieurs de ces prétendus savants
qui se sont fait un nom célèbre dans le monde pendant leur vie. Je les trouvai si stupides qu'à peine
pouvaient-ils concevoir une vérité *communément
reconnue par le peuple;* leur intelligence était si obs-
curcie et leur esprit si bouché, que cette obscurité
paraissait répandue jusque sur leur extérieur. Le
faux les affectait plus agréablement que le vrai ;
ils rejetaient la vérité avec dédain, et s'impré-
gnaient de l'erreur avec autant de facilité que
l'éponge s'imbibe d'eau. On eût dit en les voyant
que leur crâne était d'ébène. »

Mais, je le répète, et pour en finir sur le cas particulier de cette récente pièce, il y a eu pétition
de principe. Les spectateurs désireux moins d'être
instruits que de s'en retourner étonnés, venus pour
voir, pour entendre autre chose, se sont déclarés
déçus et mal satisfaits. C'est ainsi qu'en une récente
et sensationnelle séance, deux généraux suédois
accourus dans l'espoir d'ailleurs touchant de voir
apparaître des parents défunts, ont manifesté leur
mécontentement pour n'avoir assisté qu'à ce phénomène pourtant digne d'attention d'un médium
momentanément réduit à l'état de torse; oui, dé-
possédé de ses deux jambes !

* *
*

Nos parents furent moins exigeants. Ils firent

bien. Leurs récits étaient charmants, et, sans nul
doute, véridiques. De tels miracles sont devenus
assez fréquents pour être aisément constatés par
tous ceux dont le crâne n'est pas d'ébène. Mon
enfance s'ébahit à les entendre conter, et leur merveilleux illustrait pour moi *La Princesse Carpillon*
ou *Serpentin Vert*. — Il s'agissait, tout d'abord, bien
entendu, d'écritures et de frappements — en ce
temps là, encore prestigieux ; un *Esprit* attentif,
décent et discret, disant se nommer Espérance
(comme, depuis, le médium d'Helsingfors) s'était
épris de la plus gracieuse de nos jeunes cousines.
Il la venait visiter sous forme de table ou de crayon
avec régularité, et lui maintint son sage conseil
à travers toutes les circonstances de sa vie. Mais
ce n'était pas tout. Je vois encore — et quelqu'un
des nôtres l'a conservé — un médaillier plein de
monnaies d'ailleurs sans valeur, qu'on n'avait eu
qu'à recueillir dans l'air, à la portée de la main,
comme des grêlons métalliques. Enfin, et c'était le
comble, une caisse de fruits exotiques demandés
à l'Espérance avait été trouvée, un matin, dans
certain petit fumoir voisin de la bibliothèque, et
dans lequel j'allai souvent y rêver, non sans violent
désir de voir se renouveler l'apport savoureux ;
oui, une caisse de bananes et d'ananas, d'oranges
et de cédrats, malheureusement mangés... avant
ma naissance ! — Il n'était jusqu'aux serviteurs
qui ne se réunissent pour faire tourner des soucoupes, le soir, en remontant à leur chambre. Et
les soucoupes tournaient. Je crois bien même qu'il
y eut dans le voisinage un cas de possession avec
exorcisme, dont on demeura vaguement fier.

Ce témoins *avaient vu* et même goûté! C'était leur supériorité et leur excuse. A ce point de vue la question n'a pas fait un pas. Pour la plupart tout se borne encore à ceci. Avoir — ou n'avoir pas — *vu!* « Oh que je voudrais voir! » s'exclament ingénument les âmes de bonne volonté; et de ce fait, plus près de leur postulatum qu'elles ne croient. Quant aux savants, tant qu'ils ne sont pas eux-mêmes animés de cet esprit, ainsi que le devint Crookes, le plus savant de tous, pour composer son beau livre, ils restent les crânes d'ébène. Et dans leurs graves investigations (c'est leur métier, et à vrai dire la garantie finale de leurs assertions), ils se montrent irrévérencieux, en cas d'hypothèse, même admise par eux, d'esprits présents, qui vraiment auraient droit à plus d'égards. Et ce serait vraiment pour de jeunes mortes inconnues qui daigneraient se manifester, un étrange remerciement de leur complaisance d'outre-tombe que d'entendre exiger d'elles, et dès la première séance — par de tels galants expérimentaux, de se laisser prendre et presser la taille, passer la main dans les cheveux et autres privautés qu'ils n'oseraient solliciter de la femme de leur meilleur ami, après des relations assez longues. Hamlet en agit autrement avec son père. Mais Katie King issue de Miss Cook, Yolande ou Léila issues de Mlle d'Espérance, Estelle, issue de Kate Fox, n'ont pas droit au *Noli me tangere,* pour prix de leur complaisance de nous prouver la durée, et de cesser en notre faveur, un instant, d'être mortes. Il leur faut couper de l'étoffe de leurs vêtements pour donner et *laisser* un témoignage de la réalité de ces tissus, et permettre à tous ces

Thomas de passer leurs doigts sur ces trous instantanément réparés, de leurs draperies.

C'est que le matérialisme est un couvercle épais,
qui ne laisse filtrer aucun jour d'en haut. Il refuse
toute extérieure clarté, qui l'abandonne aux siennes
propres. Ceux qui se sont fait une sombre loi de
demeurer sous cette voûte, s'y creusent des cellules,
ou approfondissent des palais, arpentant leurs ca-
veaux souvent spacieux, parfois éclairés magnifiquement de lumières factices. Ils n'en connaissent
et reconnaissent pas d'autre. Qu'un jour pourtant
s'entr'ouvre dans la voûte, laissant filtrer sur le sol
étonné le plus faible rayon de la bleue lumière
éparse et vibrante au-dessus, l'éclairage, si incan-
descent soit-il, du souterrain, y semblera fumeux
et roussâtre. — Mais Swedenborg l'affirme : « Dans
le stage qui suit la mort, nul n'aperçoit l'entrée du
ciel ou de l'enfer, que ceux que leur sort destine à
l'un ou à l'autre. » De même dans le matérialiste
sous-sol, ceux-là seuls ont un vague instinct de la
pure atmosphère qui s'irradie en dehors de leur
cachot, qui doivent un jour s'enivrer de la pure
lueur. — Et quand ils en jouissent pleinement,
c'est un caractéristique privilège de ce changement
d'état, de ne se plus pouvoir représenter la forme
ancienne de leurs tâtonnements, comment ils s'en
pouvaient contenter, où ce qui les empêchait de
briser d'un effort la carapace épaissie.

Ce désir de voir est donc un prodrome privilégié,
une significative distinction, un avant-coureur
reflet de perspectives aérées. J'en fus moi-même
fortement imbu, et je note les perceptibles sursauts
de ces présentations à l'Invisible. — Le premier

8

se rencontra fortuitement sous un crayon mû par deux amis de bonne foi, exercés à ces communications écrites. Je m'étais, ce jour-là, rendu en un cimetière ; nul ne s'en pouvait douter. Et comme je demandais si l'on savait où j'avais passé la journée, je reçus cette réponse : « *Chez les momies.* » — Je la cite parce qu'elle est caractéristique du ton bref, du tour oraculaire et déroutant, à la fois simple et singulier qu'elles affectent quand elles sont curieuses. Je l'ai souvent remarqué depuis. Le *timbre* de ces paroles écrites a quelque chose d'inconnu. Elles élisent pour formuler les faits d'autres locutions que celles que nous choisirions, comme pour bien attester qu'elles viennent d'ailleurs, mais sans jamais tomber dans l'afféterie, au contraire ; on dirait des *paroles nues.* Elles n'ont d'équivalent que dans certains propos d'enfants dont la profondeur calme fait parfois tressaillir et semble réfléchir des passages invisibles d'anges ; encore dans certaines poésies de femmes, dénuées de réthorique et de fioritures, mais aussi presque d'humanité, et saisissant dextrement pour nous la transmettre en sa fleur, l'idée au lieu même de son origine ineffable.

Swedenborg rapporte qu'un envoyé d'une autre terre, ayant adressé la parole fort élégamment aux habitants de Mercure, ceux-ci trouvèrent son discours ampoulé et affectant les oreilles plutôt que l'âme. Ainsi doivent juger de nos propos les esprits dont le langage expressif est comme dépouillé. En voici quelques exemples empruntés à des communications inédites : « Je suis une parcelle de l'océan des âmes. — Je hante avec

durée les maisons où je me suis plu une fois. —
Je ne crois pas au bonheur sur la terre, *parce
qu'il s'éteint dès qu'il arrive.* — L'ingratitude est un
détachement qui vient de la faiblesse. Avec de
l'énergie, on est moins disposé à l'ingratitude,
parce que le lien étant plus fort, est plus durable.
Ne demandez pas de durée aux sentiments d'une
âme faible. Elle ne peut être constante que par
habitude. Interrompez les relations et le sentiment s'en ira comme une évaporation. — Le mal
est dans les intervalles de la vertu. Il est où la
vertu est absente. Il n'est pas un principe, il n'est
pas un être. C'est un néant qui fait contraste
avec la réalité du bien dont il est le contraire. Le
bien existe par lui-même ; le mal, pour ainsi dire,
n'existe pas ; il n'est représenté par aucun être,
par aucun esprit ; il n'est que le résultat de l'absence de son contraire. Si la vertu existait toujours sans repos, sans intervalle, le mal ne serait
nulle part. — Les âmes des méchants emportent
avec elles ce qu'elles sont ; c'est assez pour
souffrir. »

Enfin, celle-ci, saisissante et belle sur le sujet
de la responsabilité en la précision de sa comparaison familière : « Sachez qu'il existe un *compteur sublime,* auquel pas une bonne action n'é-
chappe. » — Je passe d'autres surnaturelles ini-
tiations assez indécises. — Une décisive eut lieu,
dans l'Engadine, sous les auspices de lady Ar-
chibald Campbell. Le nom de la belle interprète
et intelligente créatrice des pastorales de Coombe
est, d'autre part, trop mêlé en Angleterre aux
études psychiques, pour qu'il y ait lieu de le taire

ici. Ses enfants et un medium constituaient le
petit groupe spirite auquel je vins me joindre
sur les neuf heures du soir, par le plus formidable
cataclysme atmosphérique dont je fus jamais
témoin. On eût dit que tous les démons de la pluie
et de la poix de la tempête montagnarde s'étaient
conjurés contre notre expérience ; ou pour en
augmenter le prestige. — J'arrivai enfin et je vis,
j'entendis en parfaite lucidité et vérification dé-
fiante. *Raps*, transfert d'objets volumineux, mise
en jeu et en mouvements violents et *voltigeants* à
travers la chambre — d'une boîte à musique, logée
dans un vaste chalet suisse en bois sculpté, lequel
pesait plusieurs livres. Apparition errante de ces
flammes, que Tissot a pittoresquement définies :
clair de lune râpé; enfin ce qui suffit à convaincre d'une dérogation aux lois, un cerveau
non d'ébène, — car cela suffit. L'Écriture l'écrit :
« Que celui qui a des oreilles pour entendre, en-
tende. »

Le tort des spirites est de vouloir persuader.
Le prosélytisme presque toujours inutile et indis-
cret, en ces matières, devient coupable. On peut,
on doit, quand on en éprouve le désir et que de
favorables occasions s'en rencontrent, faire cette
preuve de l'au-delà ; mais s'en ouvrir à son voisin,
tranquille ou entêté dans ses convictions, serait
d'une intrusion périlleuse et répréhensible. Force
psychique ou ecténique, communication télépa-
thique ou télécinétique, il n'est pas sans danger de
déranger ces grands mots, même sans soupçon-
ner leur existence ou en bien connaître le sens.
Longtemps avant leur invention, Swedenborg

signalait cet écueil : « Il est rare aujourd'hui
que l'on converse avec les esprits, et il est *très
périlleux* de le faire... » — Les cornes et la queue
du diable ne sont pas loin. Ceux qui, pour avoir
communiqué à une table une vie ainsi artificielle
et mystérieuse, se voient ensuite sommés par
d'honnêtes propriétaires affolés de venir rétablir
la paix dans leur immeuble où le guéridon s'obs-
tine, après le départ des soi-disant magiciens, à
réclamer les conversations interrompues — et
jusqu'à ce qu'on ait pris le parti de le réduire en
poudre — ceux-là ne révoquent plus en doute la
lévitation à distance, et n'ont plus rien de commun
avec le néophyte malin des séances de famille, qui
affirme que son voisin a *poussé* le meuble, ou telle
autre facétie.

Non, ceux-là *ont vu* et leur discrétion fort différente de tout le bavardage qui s'exerce d'ordinaire
autour des médiumnités plus ou moins authentiques — en sera le meilleur gage. Tout juste
en pourra-t-on tirer une autre preuve, de certaine
flamme qui leur serait demeurée dans les yeux et
qu'une après-dînée démêla dans ceux de son
maître, la jardinière de M. de Swedenborg. — Ce
propos de Hartmann est prépondérant : « La question de coopération des esprits ne peut être résolue que sur la base du contenu intellectuel des
manifestations. » — Cette preuve, une fois faite
pour soi, le plus sage sera de retourner s'asseoir
à l'ombre du chemin, selon le conseil du poète.
De telles communications n'ont nul rapport avec
les évocations dont les piteux résultats sont de
faire faire des vers faux à Alfred de Vigny,

commettre des injustices à saint Louis, des im-
piétés à saint François de Sales et dire des bêtises
à Rivarol ou à Champfort. Aucun espoir non plus
de ces indications de trésors ou de ces découvertes
de secrets d'État ou de famille dont l'appât forme
pour les bénêts la plus nette attraction du spiri-
time. Non, le trésor de la fable, c'était le travail ;
celui de cette religion, c'est une espérance. Écoutez Victor Hugo, dans une lettre à Mme de Girardin : « Nous vivons dans un horizon mystérieux
qui change la perspective de l'exil — et nous pen-
sons à vous à qui nous devons cette *fenêtre ouverte*.
Les tables nous commandent le silence et le secret. Vous ne trouverez donc, dans les *Contemplations*, rien qui vienne des tables, à deux détails
près, très importants, il est vrai, *pour lesquels j'ai
demandé permission* et que j'indiquerai par une
note. » — « Continuation d'un phénomène étrange,
auquel j'ai assisté plusieurs fois, c'est le phénomène du trépied antique. Une table à trois pieds
dicte des vers par des frappements, et des stro-
phes sortent de l'ombre. Il va sans dire que je
n'ai jamais mêlé à mes vers un seul de ces vers
venus du mystère ; je les ai toujours religieuse-
ment laissés à l'inconnu qui en est l'unique auteur.
Je n'en ai même pas admis le reflet, j'en ai écarté
jusqu'à l'influence. *Le travail du cerveau humain doit
rester à part et ne rien emprunter aux phénomènes.
Les manifestations extérieures de l'invisible sont un
fait et les créations intérieures de la pensée en sont un
autre.* La muraille qui sépare les deux doit être
maintenue dans l'intérêt de la science. On ne doit
lui faire aucune brèche. A côté de la science qui le

défend, on sent aussi la religion, la grande, la vraie... qui l'interdit ! C'est donc, je le répète, autant par conscience religieuse que par conscience littéraire, par respect pour le phénomène même, que je m'en suis isolé, ayant pour loi de n'admettre aucun mélange dans mon inspiration, et voulant maintenir mon œuvre, telle qu'elle vit, absolument mienne et personnelle[1]. »

Voilà de belles paroles, et qui, bien qu'en dise le Maître, ne sont pas tout à fait étrangères, tout au moins à l'inspiration de *ce que dit la bouche d'ombre*.

Une fissure peut s'ouvrir d'elle-même dans le matérialiste caveau, une *fenêtre* voire, mais aucune *brèche* ne doit être faite. Là est peut-être le vrai, et la cause des lents progrès du spiritisme en tant que science.

Il en est de même de l'Aviation, que Léonard de Vinci — qui avait des raisons pour ne pas se tromper — proclame avoir trouvée. Et le manuscrit qu'il en a légué, avec les figures et la démonstration, attend encore l'exécution du rêve d'Icare.

De certains empiètements ne sont pas permis, s'interdisent à eux-mêmes leur réalisation.

On rapporte qu'un spécimen de verre incassable fut apporté à un prince ancien. Il le fit jeter en un lieu inabordable et, avec lui, l'inventeur, témoignant ainsi du crime qu'il y aurait eu à priver pour jamais de sa fragilité — le verre ! — Qu'un sage Prince n'en a-t-il agi ainsi envers l'inventeur de la pâte dure de Sèvres !

1. Janvier 1855.

Un autre motif d'éloignement des soi-disant
expériences, pour ceux qui ont acquis de nobles et
sérieuses certitudes de leur vérité, c'est la *fungi-
bilité* des facultés médianimiques. Je veux dire
qu'elles se consument par l'usage. Or, une nécessaire condition de certitude fort rare à rencontrer,
l'usage d'un médium privé et non salarié, en rend
la nouvelle trouvaille presque inespérée.

Fort déplaisant et dérangeant, ce point de la
supercherie des médiums n'a rien qui doive attenter à la foi en ce phénomène. Pas plus que les
faux Rembrandt ne nuisent à la réalité de la
Ronde de nuit ou à la beauté de la *Leçon d'anatomie*.
Il est même parfaitement inadmissible que la voie
la plus ouverte à la falsification ne tente pas de
nombreux farceurs. Le plus fâcheux est que les
plus redoutables parmi ces farceurs, quand ils se
mettent à simuler le phénomène, sont les plus
indiscutables des médiums, eux-mêmes. Faut-il en
induire que la médiumnité est blagueuse, ainsi
que l'hystérie est mensongère? — Absolument,
non. Seulement la quantité de fluide nerveux dont
dispose le médium ne pouvant suffire qu'à un
nombre restreint d'expériences, s'il y a obligation
pour lui d'aller au delà, il se verra induit à duper
les assistants plutôt que de les mal satisfaire. Le
célèbre Home — qui fut le médium de Crookes et
dont le pouvoir était extraordinaire, eut, on le
sait, beaucoup de crédit aux Tuileries. La nécessité de soutenir une brillante et méritée réputation
le força plusieurs fois à des gabegies de ce genre.
Je tiens celle-ci de source certaine. Un soir de
séance au Palais, Mme de X..., qui était enceinte,

demanda à entrer en communication avec son père défunt. Home la pria de placer sa main sous la table, au grand mécontentement du mari de la jeune femme, inquiet pour elle, et dans un tel état, de ces impressionnantes fantaisies. Aussi, ne manqua-t-il pas de s'emparer d'une main froide que Mᵐᵉ de X... déclarait se poser sur la sienne. Et ladite main entraînée par lui, derrière un paravent, avec tout le corps auquel elle appartenait, se trouva être la plante du pied de Home, nue en un escarpin fort libre dont il la sortait en cas de besoin pour simuler les mains mortes. — Tel est le danger d'avoir recours aux médiums « simoniaques de leur don » selon l'expression d'Henri Favre. Il faudrait pourtant se garder, même en ces coupables mais en une mesure, explicables subterfuges, de les confondre avec les macabres prestidigitateurs, qui se trompent seulement d'adresse et feraient recette en des théâtres d'exhibition. On se souvient de cette Américaine qui vint il y a tantôt deux ans, faire consacrer à Paris une grande et lucrative réputation acquise aux Etats-Unis dans la double profession d'évocatrice et de thaumaturge. Elle opérait en public dans une demi-obscurité et faisait en effet apparaître à volonté quantité de vieillards, d'adultes et d'enfants, en lesquels chacun reconnaissait tant bien que mal un fantôme requis. Mais la pythie avait compté sans le zèle mal gracieux, ou trop galant, des spirites français, lequel les ayant poussés à faire inopinément la lumière dans la salle et à s'emparer du spectre, se trouvèrent saisir malgré ses sauts de carpe et ses hauts cris, l'opératrice

elle-même et ses robustes formes en maillot noir,
sous une vaste traîne de velours en laquelle elle
cachait les fausses barbes et les faux nez qui lui
servaient à jouer sa funèbre comédie.

Je cite ces deux exemples typiques, l'un de
médiumnité feinte, en une période d'impuissance
médianimique, par un médium d'incontestable
pouvoir ; l'autre de grossière rouerie. Ils n'infir-
ment en rien, redisons-le, la vérité d'expérimenta-
tions sincères. — Ce serait même une niaiserie de
tirer, comme on le fait souvent, des circonstances
d'obscurité dans lesquelles elles se produisent la
plupart du temps, des raisons de doute ou de plai-
santerie. Ce qui est vraiment plaisant, c'est l'obligation faite à des phénomènes encore mal définis,
de se manifester hors des conditions qui sont peut-
être constitutives de leur effection même. Autant
suspecter la réalité des développements photogra-
phiques, parce qu'ils ne peuvent avoir lieu que
dans la chambre noire, ou parce qu'elle n'apparaît
pas en plein midi, d'une écriture phosphorescente.

De telles exigences envers ces sortes de faits
nous apparaissent un peu puériles. Elles hérissent
de détails falots des compte rendus qui devraient
se montrer à la fois plus sérieux et plus sereins.
Qu'est-ce que tous ces expérimentateurs occupés
à tenir les membres, à fixer les cuisses d'Eusapia
Paladino (rien de l'ex-danseuse de l'Eden), en des
bizarres attitudes que nous transmet la photographie transcendantale, et qui tiennent d'une reproduction d'opération chirurgicale en même temps
que d'indécentes fins de souper où « faire le pied »
ne suffit plus aux convives ? — Il n'est vraiment

pas si malaisé de se rendre compte, à trois ou quatre hommes attentifs, des agissements d'un médium dans la pénombre. — Lorsque la photographie fait défaut et qu'elle est remplacée par un plan, celui-ci ne se présente pas de façon moins désavantageuse. Il s'agit d'obtenir le moulage en paraffine d'une main matérialisée. Deux récipients, l'un d'eau chaude, l'autre d'eau froide, sont nécessaires à l'épreuve. La scène est à quatre personnages, mentionnés ainsi : « M. Eglinton. — Docteur Friese. — *Les deux Seaux.* » — Ailleurs, c'est M. le Conseiller d'Etat qui, pour plus de sûreté, se fait initier aux secrets « d'un genre si nouveau pour lui » de la toilette « façon princesse » de Mlle Hjelt ; laquelle lui explique obligeamment « que cette robe ne se déboutonne ni par devant, ni par derrière, mais qu'elle doit être enfilée par le haut — et qu'elle nécessite un dessous complet en calicot presque collant. » Tout cela est d'une sincère investigation, mais un peu risible.

Au reste, la trame de ces volumes, hors celui de Crookes, se compose trop uniformément d'attestations exagérément nombreuses, accueillies sans assez de contrôle. On dirait une nouvelle guérison opérée par la Tisane des Shakers, ou quelqu'une de ces panacées dont Beresford a drôlement parodié les apologies, en une lettre au Dr Cercueil, inventeur des pilules antiscorbutiques, laquelle se termine ainsi : « Qu'il me suffise de vous déclarer, monsieur, que je me croirai toujours redevable à la Providence, *secondée par vos pilules,* de la félicité dont je jouis, etc. » Voici quelques-uns de ces traits. Un mort américain vient prier les siens de payer dix dollars dus après décès pour une paire de bottines. L'ombre d'une femme de chambre russe revient affirmer qu'elle s'est empoisonnée avec des allumettes. Elle en avait absorbé une dizaine de boîtes, sans compter une tasse de pétrole. D'autres faits sont spécifiés ainsi : Transport d'une photographie de Londres à Lowestoft, à une distance de 175 kilomètres. — Transport d'une mèche de cheveux de Portsmouth à Londres, par une force inconnue. Un nourrisson de neuf jours prend l'expression qu'avait son grand-père en mourant. Une « Illinoise qui ne sait pas du tout l'écossais » s'exprime en cette langue.

Combien Swedenborg est plus éloquent et plus explicite : « Le 13 décembre 1759, sur les huit heures du soir, Dieu, par une grâce spéciale, permit que j'eusse une conférence avec Louis XIV, aïeul de Louis XV à présent régnant en France. Lorsqu'il était vivant sur la terre, il lisait la Sainte Ecriture, adorait sincèrement le Seigneur, et reconnaisait le Pape pour premier chef de l'Eglise ; c'est pourquoi il est élevé en dignité dans le Royaume spirituel et y gouverne une très bonne société de Français. Il me parut descendre à moi sur des gradins, et me dit qu'il lui semblait être à Versailles. Il se fit ensuite un silence d'environ deux heures, après lequel il dit qu'il avait parlé à l'esprit de Louis XV de la Bulle *Unigenitus*, et lui avait dit de renoncer au dessein qu'il avait eu et de l'accepter, et d'en ordonner l'acceptation ; parce qu'elle occasionnait beaucoup de troubles dans la nation française et lui causerait beaucoup de dommages ; il ajouta que cet avis avait fait beaucoup d'impression sur son petit-fils. »

Il n'est jusqu'au chapitre des *Femmes électriques*, en dépit de sa gravité et peut-être à cause d'elle, qui n'apprête à sourire. Il y est parlé de nouveau-nés torpilles, donnant des commotions à l'accoucheur ; d'autres naissent environnés de lueurs. Faut-il donc en conclure que Nonia Celsa, femme de l'empereur Macrin, et mère d'Antonin *Diadumène*, était une femme électrique ? — On y voit encore une demoiselle Singer, dont les doigts avaient l'étrange et merveilleuse propriété d'attirer les clefs, les porte-cigares, les montres, les cuillers, les anneaux et tout particulièrement les pièces d'or et d'argent qu'on ne pouvait ensuite arracher sans lui causer de la douleur. -- Ne croirait-on pas vraiment lire quelques-uns de ces précis historiques, dont le résumé incohérent et succinct laisse plein de rêverie : « On a remarqué que la vie et la mort de Louis II de Hongrie eurent quelque chose d'extraordinaire. Il naquit sans peau ; il eut de la barbe à quinze ans, devint gris à dix-huit et se noya dans un marais. » Enfin les titres des ouvrages cités et recommandés ont eux-mêmes quelque chose d'extraordinaire. Je ne parle que pour mémoire du *Traité sur le cheval blanc dont il est parlé dans l'Apocalypse*, par Emmanuel Swedenborg. Mais en voici de plus modernes : *La Pendule sonne trois heures*, par le révérend Watson ; *L'Action à distance des mourants*, par le professeur Perty ; enfin ce livre de Robert Dale Owen : *Echo de pas sur les frontières d'une autre vie.*

9

* *

Les médiums, on le sait, sont doués de qualités différentes en chacun d'eux. Les uns fournissant aux matérialisations, d'autres, écrivains ou typtologues. Ceux qui font mouvoir la plume ou le crayon écrivent de façons fort diverses et jusqu'en boustrophédon ! D'autres enfin, inhabiles au dessin, en produisent tout d'un coup d'extraordinaires. L'œuvre surprenant de William Blake est un composé d'art et de spiritisme. Hors de sa médiumnité, l'homme restait un artiste habile et curieux. Son cas est donc exceptionnel et mélangé. Je parle de ses travaux et de lui-même en un chapitre d'un autre volume. Une dame Egoroff exposait, il n'y a pas longtemps, des dessins ainsi obtenus par elle.

De gauches, mais assez nobles figurines, gra-duellement développées, paraissent s'acheminer à un lent perfectionnement, à travers des pétrifica-tions et des gangues qui les emprisonnent et retiennent ainsi que des Daphnés ou des femmes de Loth en cours interrompu de leur mue.

Certaine ascension de Sarah Bernhardt sous son beau costume oriental, en un décor rocheux de Nana-Sahib, offrait une impression similaire. L'opaque milieu, fleurs et feuillages durcis, des conques, des minerais, de tournoyantes ammonites, de pierreuses spires. D'embryonnaires enfante-ments, des échanges de règnes. Les accessoires, des chars, des voiles, des symboles chrétiens, des bustes de perles.

Les hybrides productions de Blake étant écartées pour la raison de double et trouble origine que j'ai dite, les plus curieux dessins médianimiques restent donc ceux de Victorien Sardou. En voici la genèse.

C'était en 1855. Encore indécis sur l'emploi de ses brillantes facultés, Sardou projetait d'écrire un grand roman d'aventures, sous la forme satirique d'un voyage au monde astral et dont la fantastique idéalité devait s'épanouir sous mille formes en opposition aux plates ou désastreuses réalités de l'existence humaine. Un ouvrage qui tiendrait à la fois du *Candide* de Voltaire, du *Voyage à Laputa* de Swifft, de l'*Histoire des Etats et Empires de la Lune et du Soleil* de Cyrano de Bergerac, de la *Civitas Solis* de Campanella, de l'*Ile d'Utopie* de Thomas Morus, et sans doute aussi de rêves de cet étrange Cardan qui vit un jour entrer chez lui deux habitants de la Lune. — Le héros du récit s'appelait Carlin. — Bernard Palissy, lui, était le héros de trois actes en vers, auxquels travaillait dans le même temps le futur auteur de *Rabagas*. Ce fut, nous l'avons dit, une ère de manifestations spirites. *In illo tempore*, Rivaille transformait son nom en celui d'Allan Kardec, et Sardou souhaitait ardemment de documenter son travail sur quelques communications de l'invisible. Après quelques infructueux essais, elles commencèrent d'abord sous forme d'écrits, puis le nouvel initié obtint de rares manifestations dont je ne citerai que celle-ci. Un jour, il était seul chez lui, en pleine lumière du jour ; le piano, fermé, se mit à jouer de petits airs d'Haydn qu'il reconnut pour les avoir entendus jouer à deux de ses sœurs.

mortes en bas âge. S'étant alors approché de l'instrument, il l'ouvrit, en exprimant son désir d'entendre à nouveau la suave musique. Une heure s'écoula. Le concert reprit et, détail fort important dans la notation du phénomène, l'attentif et on ne peut plus lucide auditeur constata que les touches du clavier s'abaissaient et se relevaient.

Vers la même époque, appliqué un jour à écrire médianimiquement, Sardou sentit se préciser, s'accentuer l'étreinte convulsive sous laquelle sa main traçait les caractères. Ce fut, selon son expression, comme un gant tiède et vivant qui lui saisit le poignet, et le dirigeant, lui fit exécuter son premier dessin, sans repentirs et sans reprises. On sait que Fra Angelico travaillait de même, et tenait si expressément sa main pour mue par une surnaturelle inspiration qu'il aurait considéré la moindre retouche comme sacrilège. C'est à ce scrupule qu'on attribue encore aujourd'hui la fraîcheur de ses peintures.

Dieu me garde de comparer que pour ce détail, Fra Angelico à M. Sardou qui obtint donc ainsi la série de dessins que j'appelle ici *les sept châteaux de l'ombre;* — assez improprement puisque l'ombre en est formellement exclue; mais par rapport à leur origine et mystérieuse confraternité avec ces demeures intérieures de l'âme ou la Sainte d'Avila nous promène.

L'esprit humain est fort épris de relations, d'analogies, de correspondances. Quels que soient le spectacle qu'il a sous les yeux, la sensation qu'il analyse, des comparaisons s'imposent à lui, qu'il saisit comme des liens avec des connaissances dès

longtemps acquises. Aussi est-ce avec une sorte
de malaise, motif du lent avènement des œuvres
vraiment nouvelles, qu'il se trouve en présence
d'un objet sans rapport avec rien de ce qui lui est
familier, distant de tout repère. Des parfums, des
saveurs donnent cette impression de non respiré,
de non perçu. La tubéreuse, la jacinthe, la fleur
d'oranger, le daphné ont des aromes répondants;
mais ne serait-il pas malaisé de faire pressentir à
qui n'en aurait jamais goûté, le goût, par exemple,
du thé, ou de la banane? — On en pourrait dire
autant de certaines œuvres d'art, lesquelles ont
alors une façon de nous saisir captieuse et trou-
blante. C'est autre chose qu'un art excellent —
lequel y peut néanmoins participer — qui leur
confère ce sceau singulier. Les dessins d'Ingres,
ceux de Durer ou d'Holbein sont sans nul doute
des dessins plus parfaits que ceux de Victor Hugo,
qui régla souvent, dit-on, le contour des siens sur
les cristallisations du givre. Une naturelle étran-
geté leur en est restée qui apprête mieux à rêver
que des ordonnances plus savantes. Certaines
œuvres de Gustave Moreau dégagent de ce surnaturel influx. Des dessins de Bresdin, encore. De
fort curieuses planches imprimées très anciennement chez Rittner et Goupil et signées Martin
et Lucas, sont venues en ma possession. Mais je
n'ai pu en dégager l'histoire. Elles sont pleines
d'infini révélé et représentent des cataclysmes : le
Déluge, Josué arrêtant le soleil, le Passage de la
mer Rouge et le Dernier jour de Pompéi. Ce sont
sous des noirs profonds et déchirés par de fulgu-
rants zigzags d'astres voilés et pleins de pluies

ignées ou ténébreuses, des paysages apparus, des
architectures, des divisions d'eaux aux remous
balayés et sinistres; et fuyant parmi de sulfureuses
éruptions et d'incandescents cyclones, des myriades d'êtres humains en proie à la divine protection ou au céleste courroux, entre d'humides montagnes debout ou des colonnades croulantes. Une
monstrueuse magnificence est dans ces tableaux
dont émane une horreur splendide. Quelle que soit
leur mystérieuse origine, elle vient de loin, et
Martin et Lucas ont commandé aux éléments et
manié la foudre. Une peinture de mon cabinet
contient encore du divin caché. Celle-là est d'Otto
Venius, le maître de Rubens, et reproduit la Tour
de Babel. Une gigantesque ruche grisâtre aux
alvéoles pleines de susurrements, contradictoires
déjà, se perd dans le bleu d'un ciel de turquoise
noyée. Mille mains transportent des matériaux et
les utilisent. C'est sur ce petit panneau plein de
pourpre et d'azur qui contient un des plus fourmillants épisodes de l'histoire du monde, un
grouillement organisé, un pullulement régi qui va
presque jusqu'à faire percevoir le bourdonnement
confus des idiomes en déroute. — Plus spéciaux,
plus spécieux encore que ces peintures de l'orage
et du vent, du ciel menacé, de la terre vaincue,
nous apparaissent les sept châteaux legers et iné-
narrables. Ceux-là portent bien vraiment le caractère du non-vu. Je ne sais qu'une toute petite
chose qui m'y fasse penser; et cela est assez naturel; à la fin du bal des fleurs de Grandville, un
coin apparu au fond du dessin final, d'un kiosque
délicat servant d'asile à leur fée. Ces dessins, pour

leur faire, imaginez des dessins en cheveux, sans
nul rapport avec les capillaires tableaux exposés
par les artistes en ces sortes d'ouvrages. On pourrait encore les penser faits par des cirons de génie
ayant pris un bain dans un encrier et courant ensuite sur une feuille de papier selon des courbes
eurythmiques. — Avant d'y pénétrer, faisons-
nous renseigner un peu par certain guide de l'em-
pyrée. — Allan Kardec a décrit des résidences
d'esprit ainsi que leurs vestiaires. Mais Allan
Kardec n'est qu'un Swedenborg bourgeois. Nous
consulterons donc encore le grand visionnaire du
Nord. Cinq sénateurs et cinq comtes, Leurs Excel-
lences le comte de Tessin, le comte Hopken, le
comte Bonde, le comte d'Eklebad et le comte de
Bjelke ont certifié de la vérité de sa parole. Or
Swedenborg, « après avoir vu très nettement depuis
tant d'années ce qui existe dans le Monde des
Esprits », affirme nettement que ce monde contient,
tout comme le nôtre, des hauteurs et des plaines,
des terres et des eaux, des jardins et des palais ;
qu'à l'arrivée des âmes dans l'autre monde, leurs
amis les promènent parmi ces parterres et dans ces
demeures ayant l'éclat de l'or, de l'argent et des
pierreries, et qu'il n'est pas rare de voir habitées
par ceux qui ont fait ici-bas un bon usage de leurs
richesses. Je cite intégralement ces deux passages :
« J'ai vu dans le ciel des palais si magnifiques et si
superbes, qu'il n'est pas possible à un mortel d'en
faire la description. Le haut semblait être fait de
l'or le plus poli et le plus brillant, et le bas, formé
de pierres précieuses. L'intérieur des appartements
était décoré de tout ce qu'il est possible d'imaginer

de plus beau. A l'aspect du midi étaient les jardins et les parterres, où tout brillait d'un éclat éblouissant, les feuilles de quelques arbres paraissaient être d'argent, et les fruits d'or le plus poli. Chaque fleur avait les couleurs et l'éclat de l'Iris; et pour points de vue, on avait des palais d'une beauté ravissante. »

Ailleurs : « Pour les construire, ils ne coupent pas les arbres : il les plantent jeunes et en disposent les plans, de manière qu'en coupant et arrangeant les branches, elles s'entrelacent en croissant; elles forment un portique, une nef et des côtés bornés par les arbres qui tiennent lieu de murailles; des branches entrelacées forment le pavé ou sol, et d'autres courbées et artistement entrelacées dans le haut, composent le toit en forme de voûte : ils disposent aussi des branches au moyen desquelles on monte jusqu'au haut, et on descend comme sur les marches d'un escalier. Ils y font des décorations en dedans et en dehors, en ajustant les petits rameaux et leurs feuilles pour qu'il en résulte diverses figures agréables à la vue : *il y a des bois entiers arrangés en temple de cette sorte*[1]. J'avoue n'en avoir vu que les dehors, mais ces esprits me dirent qu'on pratiquait des ouvertures d'espace en espace, pour tenir lieu de fenêtres, et y donner entrée à la lumière; qu'on adaptait des chrystaux dans ces ouvertures qui, en transmettant les rayons de lumière, les colorent *de manière à représenter des arcs-en-ciel sur le mur opposé* : la couleur bleue et l'orangée sont celles qui leur plaisent le plus[2]. »

1. Comparez avec *la Maison du Christ* (Medium Sardou).
2. Troisième terre astrale.

Voilà bien le texte qu'il convient d'illustrer de nos sept châteaux dont je ne puis que tenter une vague description de mes notes insuffisantes.

I. — Maison de Bernard Palissy. (L'esprit agissant. A tout seigneur, tout honneur.) Le dessin est signé de lui, d'une écriture historiée de calligraphe ; mais sans pleins ni déliés, comme tout le trait atone et inexpressif qui trace cette architecturale fantasmagorie.

Une façade débordée en haut à gauche par une sorte de gargouille de ferronnerie vaguement allemande. L'aspect général de la paroi est celui d'un fragment de châle de ſcachemire. Dans le détail, l'édifice tient de la Mosquée et de l'Alhambra, d'une maison de Crespel[1] de l'Idéal, de par l'incohérent et néanmoins harmonique percement de ses ouvertures. La première, à gauche, évidant presque le mur du haut en bas, est découpée en forme de palmier. Les trois suivantes sont superposées : une lucarne à côtes obliques de coquillage ; une autre surmontée d'un trèfle, et, au-dessous, la porte close brodée d'un décor symétrique de tulipes. Quatre autres menues baies varient encore des silhouettes lointaines d'insectes et de fleurs. Enfin de deux plus grandes, d'un dessin semblable à la première et presque d'égales dimensions, la plus haute dépasse le toit, de tout son ornement feuillu. A l'extrémité droite, le profil du mur apparaît ombré. Et toute la façade est comme filigranée de vrilles de vignes ou de volubilis, de clochettes, de fleurettes, d'étoiles...

1. Voir Hoffmann.

II. — LA MAISON DE ZOROASTRE. — Celle-ci plus considérable. Deux murs se rejoignent en angle obtus. On dirait d'une maison ciselée dans du liége. Dans le mur de droite, six évidures étroites et hautes, empanachées diversement de feuilles de cactus pointantes et frisées. L'épaisseur de la paroi est de trois millimètres. Tout le mur est décoré symétriquement de la fleurette du lilas détachée de son corymbe et vue de face, en sa formule décorative. La même fleur répétée en diminutif, dans les intervalles. Le faîtage du mur est historié d'un fouillis de rinceaux qui s'unissent à l'angle en une fleur de rinceaux plus amples, plus compliqués, épanouis en tigelles à grelots d'avoine. Une lucarne ronde est garnie circulairement de pétales de tournesol. Une autre ouverture est une grande et belle rosace d'un gothique vraiment fleuri et comme végétal. De nouvelles ouvertures sont, les unes, évidées totalement, les autres fermées de ferronneries et surmontées de nouveaux et toujours variés contournements de végétaux épineux, présentant des combinaisons de fleurs en coquillages et de ces épingles de coiffures que les bijoutiers chinois composent artistement avec des plumes de martins-pêcheurs.

III. — MAISON DE MON GRAND-PÈRE. — L'autel d'un reposoir. Un soubassement percé au centre, de deux portes en forme de lettre onciale; à droite et à gauche, de deux jours pareils à ceux du point de Venise, et découpés sur des silhouettes, l'un d'insecte, l'autre de fleur. Le fond en ornements de damiers et de fleurs de lilas historiées.

— Au centre du reposoir, une sorte d'M majuscule en broderie, entouré de dessins filiformes et asymétriques offrant un aspect régulier. — Au sommet du toit des deux côtés étagé en six degrés d'un caprice chinois à la Bérain, sur lesquels sont perchés douze oiseaux fabuleux, colibris de pierreries, paons de profil — s'ouvre une rosace de fleurs disposée comme la rose des vents, ou certains astrolabes.

IV. — Un autre reposoir. Peut-être le plus curieux de tous ces dessins. L'iconostase des insectes. — Une base de rinceaux hérissés, de plantes et de lianes, parmi lesquels un simulacre de clef de sol, se noue et se répète. — Au-dessus, la façade, en myriades d'insectes ajourés comme une image à dentelle. Deux ouvertures ont encore des aspects de croix de chasuble. L'une d'elles ailée de deux ailerons de pétase, et de pétales répétés au sommet d'une hampe centrale. — Ces pétales qui tiennent à la fois de la plume, du coquillage et de la gousse entr'ouverte, font pourtant presque partout place aux insectes multipliés à l'infini : mouches, moucherons, abeilles, papillons, libellules, sauterelles, coléoptères — et jusqu'à un mystérieux insecte en forme de chauve-souris, tantôt grands, les ailes closes ou déployées, évidées en grillages fins, en mailles inégales ; tantôt menus ou presque invisibles ; de face ou profilés, isolés, ou enfilés par chapelets, suspendus en bouquets, accrochés, perchés, combinés en fourmillantes et tourbillonnantes pléïades.

V. — La maison de Mozart. — La musique du dessin. Le dessin de la musique. Dans l'ensemble, toujours cette dentelle faite avec des cheveux, représentant, cette fois, comme la boutique d'un luthier de l'azur ; le corps astral des instruments, la spiritualisation de leurs éléments et de leurs formes. Dans le détail, un labarum, qui est un buffet d'orgues ; une mandore qui est un colossal grillon ; des *blanches* et des *noires* géantes, qui sont des fusées et des fleurs, et d'où tombent des averses de notes. Et des clefs de sol épanouies en rosaces, alignées en frises, érigées en girouettes.

VI. — AUTRE MAISON DE ZOROASTRE. — Signée, celle-là, Zoroastre et Bernard Palissy, — et dont le symbole paraît être l'étoile, sous toutes ses formes stellaires, depuis l'astre jusqu'à l'actinie. Seul, de tous ces éthéréens palais, celui-ci s'approfondit, se creuse en perspectives d'appartements moins inhabitables. Des portes, des escaliers en fer fleuri, et aux sinuosités de tapis, mènent à des colonnades en troncs de palmiers, à des loges, à des balcons par des rampes et des degrés aux marches bordées diversement et ornées de vases. Les fenêtres aussi s'ouvrent en rayonnantes étoiles de ciel ou de mer, et dont les rayons sont étoilés eux-mêmes. — Etoiles, la frise et tout le décor, parmi lequel des fils tournés en queues de cerfs-volants, portent des étoiles. — La hampe centrale — comme à toutes ces maisons — se revêt, celle-ci, d'une villosité de cactée ; elle est cernée de bracelets étoilés ; et, vers le milieu de sa hauteur, libres dans trois anneaux ailés, trois boules enflammées.

VII. — LA MAISON D'ÉLIE. — Une grille de chœur dans une cathédrale espagnole de l'Inconnaissable.

La hampe qui dans chacun de ces dessins porte l'emblème qui le symbolise est ici un palmier dont le feuillage, autour du régime de son fruit, s'ébouriffe en mèches chevelues. La grille tient de la ferronnerie, du filigrane, du point de Hongrie : rosaces végétales, feuilles et pétales acérés, arrondis — ou en hélice, ainsi qu'aux pervenches, clématites, elliptiques tournesols, cactus et lotus, poivriers, tulipes; gousses en forme de treillis ligneux, fucus rubannés qui se gaufrent en séchant, fleurs en pommes de pin ou en coquilles. Fonds pointillés, noués, cloisonnés comme un cœur de grenade. — L'eau sur laquelle ouvre cette grille en s'y reflétant, s'éplore de roseaux, s'étoile de nénuphars.

Quatre autres dessins complètent la série. Une autre petite façade d'un moindre intérêt. Puis, une Église, LA MAISON DU CHRIST, d'un lisible et édifiant symbole : la vigne du divin vendangeur, une cage de pampres. Et, pour clocher, une lanterne en épis, le pain et le vin de la transsubstantiation où réside le Dieu; et comme le chante le beau vers de Verlaine :

La chair et le sang pour le calice et l'hostie.

— Ensuite, un kiosque ¹ dont la porte découpée en entrée de serrure est surmontée d'une fleur tripartite. Deux similaires fleurs sont les deux fenêtres. Un kiosque en forme de bonnet d'âne ayant pour oreilles dentelées deux plumes pointues. Un bijou le surmonte. De deux ailes un peu

1. Le premier dessin obtenu.

10

pareilles à des harpes, les cercles sont des fils de myosotis. — Et pour que rien ne manque à la bizarrerie d'un tel cabinet, il s'intitule ainsi : *Pavillon de jardin chez Hahnemann.*

— Enfin, le QUARTIER DES ANIMAUX CHEZ ZOROASTRE commente deux dessins précédents. C'est le divertissement de l'œuvre. On dirait d'un bizarre Bérain. Une fantastique séance de gymnastique dont les clowns tiennent de l'homme volant de Vinci et des créations de Blake. Des Ariel, des Auriol, des Léotard, des frères Zemganno plus ou moins voisins de l'homme ; facies humain à oreilles de chat ou de kanguroo, têtes de cerf, queue de singe, antennes d'insectes ; acrobates papillonnants ou suspendus en d'aériennes voltiges d'escarpolettes, d'échelles de cordes, de trapèzes ; debout sur des tabourets historiés, étendus sur des tricliniums découpés, assis en des rocking-chairs baroques ; sous des volums, ou dans des hamacs, eux-mêmes accrochés à des arbustes dont un même tronc porte plusieurs genres de feuillages. Jeux de quilles dont la boule est en forme d'anneau ; grimaces, désarticulations, culbutes, croppetons, jambes rebindaines. Le tout à l'abri transparent d'une hampe ombellifère.

Je suis loin de m'illusionner sur l'insuffisante inanité d'une telle description de l'indescriptible ; sur la saugrenuité de familières comparaisons, dont je laisse à juger l'approximation ou l'exactitude. Il eût fallu à ces spirites *instantanés* de l'invisible un commentaire pareillement spirite. Or celui recueilli par l'illustre médium privé de son surnaturel pouvoir après le dernier dessin (la maison d'Élie), se borne à ces trois indications d'ailleurs précieuses. La première sur les matériaux employés aux dites constructions : « fleurs et feuillages pétrifiés rehaussés d'incrustations et conservant leurs couleurs. » — La seconde au sujet des portes d'entrée de ces domiciles, toujours ajourées selon des découpages acérés : « Les corps fluidiques n'ont pas à en souffrir, se modelant sur toutes sinuosités, épousant angles et courbes. » — La troisième à propos de l'emblème aisément déchiffrable, arboré par chaque maison, lui servant d'enseigne révélatrice de son hôte : La vigne pour le céleste vigneron, le palmier pour le prophète du désert, le feu pour l'embrasé Parsi, et pour le génial musicien, une lyre ailée.

Le préventif et permanent commentateur de ces prestigieux rinceaux que je voudrais voir reproduits en fils d'or sur un velours blanc, à la grandeur d'un panneau de salon pour, s'il s'en rencontrait, une ingénieuse millionnaire, demeurera l'ineffable Swedenborg, l'ange de Stockholm « qui vécut en commerce de société avec les Anges et les Esprits, et qui l'a prouvé à la Cour et à la Ville », — l'écrivain averti qui daigna nous faire bénéficier des uniques secrets à lui confiés sur les plages du ciel, les angéliques ajustements et les célestes mariages ; sur l'état des Anglais dans le monde spirituel, des Hollandais et généralement de chaque peuple et toute confession, sans oublier les Quaquers et les Moraves ou Herrenhuites, l'auteur entre autres, et enfin de ce délicieux chapitre sur l'état des enfants dans la vie future. « Les enfants font le tiers du ciel ; »

enregistre le scribe élu, d'une constatation triste
et jolie. Ces gentils *célicoles* portent des bouquets
et des bracelets fleuris ; et de divins guignols leur
sont expliqués par des anges féminins, montreurs
d'augustes marionnettes.

Quelques notes touchant ce spirite transcendantal
nous édifient agréablement sur ses mœurs et son
caractère. Il était fils d'un Esper Swedberg, évêque
de Skara en Westerogothie. Fait gentilhomme
ainsi qu'il est d'usage pour ces fils de prélats,
Emmanuel Swedberg devint de Swedenborg. Et
son nom se trouva divinement changé comme
l'avait été celui d'Abraham en Abram, et le nom
de Céphas en celui de Pierre.

« Il possédait une maison dans le faubourg du Sud. Elle
fut bâtie et distribuée selon son goût, et ses appartements,
bornés pour le nombre, n'étaient commodes que pour lui.
Tout joignant sa maison était un jardin assez vaste, au
milieu duquel il avait fait construire un cabinet : quatre
portes, qu'il avait fait pratiquer, en formaient un quarré ;
au moyen de quatre autres portes ajoutées, dans un
instant il en faisait un octogone. Une de ces portes
fermées, à secret, étant ouverte, découvrait une porte
vitrée en glaces, placée vis-à-vis d'un berceau, sous lequel
on voyait un oiseau en cage. Ce spectacle, nouveau pour
celui qui ouvrait cette porte, produisait l'agréable surprise
de l'apparence d'un second jardin, que M. de Swedenborg
disait être plus beau que le premier. A l'entrée de celui-ci
on trouvait un parterre émaillé de fleurs : Il les aimait
beaucoup. Un des coins de ce jardin était occupé par une
espèce de labyrinthe planté exprès pour amuser longtemps
les personnes qui lui faisaient visite. Au reste il ne tirait
aucun autre avantage de ce jardin ; car il en abandonnait
tout le produit au jardinier chargé de son entretien ; ainsi
que d'une fort jolie orangerie où il se plaisait.

« Ce jardinier et sa femme étaient ses uniques domestiques, il les garda jusqu'à sa mort. Celle-ci faisait son lit, lui portait de l'eau, et la déposait dans son antichambre. Il faisait lui-même son café, en prenait beaucoup, et le sucrait abondamment. Chez lui, il ne vivait guère que de lait, dans lequel il trempait des biscuits, et ne faisait alors usage ni de vin, ni d'aucune autre liqueur spiritueuse : hors de chez lui il était extrêmement sobre pour la boisson et pour la nourriture ; mais il y portait toujours une humeur égale et assez enjouée.

« Sa garde-robe était très simple, mais propre. Pendant l'hiver il portait une pelisse de peau de rhennes ; en été il était chez lui en robe de chambre. Le seul meuble remarquable qu'il eût dans sa salle de parade était une table de marbre noir, sur laquelle on aurait pensé, au premier coup d'œil, qu'on avait jeté négligemment un jeu de cartes, tant elles étaient bien imitées. Il fit présent de cette table au Collège des mines, qui la conserve avec beaucoup de soin[1]. »

« Notre Swedenborg ne fut jamais marié et je ne prétends pas lui en faire un mérite. S'il ne se lia pas par les nœuds du mariage, ce ne fut pas par froideur ou indifférence pour le sexe ; car il compta la société d'une femme jolie et spirituelle au nombre des plaisirs les plus recherchés ; mais ses grands travaux, ses occupations profondes exigeaient une tranquillité de son goût, *tant le jour que la nuit* ; c'est pourquoi il fut solitaire, mais jamais triste. Il jouit d'une santé robuste, au point qu'il n'éprouva jamais aucune indisposition. Toujours content au dedans de lui-même, dans toutes les circonstances il posséda son âme en paix, et mena une vie heureuse au plus haut degré jusqu'au moment où la nature reprit ses droits. Pendant son dernier voyage il eut une attaque d'apoplexie, à Londres, le 24 décembre de l'année dernière, et mourut de la mort la plus douce, le 29 mars de l'année précédente[1], à l'âge de quatre-vingt-cinq ans, riche de marques honorables de souvenir qu'il a laissées, rassasié de la vie terrestre de ce monde, *et satisfait de l'état de métamorphose où il allait entrer.* »

— ... « Malgré la quantité de visites qu'il recevait des personnes de toutes les conditions, il ne voulut jamais en rece-

1. Ce passage est tiré de son éloge funèbre. Les deux autres, de commentaires contemporains.

voir de particulières, surtout des personnes du sexe, sans
qu'un de ses domestiques n'y fût présent, et qu'on y parlât
toujours la langue du pays; parce que, disait-il, je veux
avoir des témoins de mes discours et de ma conduite, pour
ôter tout prétexte à la médisance et à la calomnie. »

Oh! le Sage charmant, l'égoïste privilégié,
diurne et nocturne célibataire; raisonnable Saint
préparant son café et le sucrant fort, en son cabinet alternativement carré ou octogone; recevant
les anges en son privé, mais faisant surveiller les
visites; les prolongeant, au reste, familièrement,
et les égayant autour d'un praticable ou d'une
cage de serins dont le pensionnaire alternait pour
lui avec l'*ombre heureuse*.

Tel est le vrai commentateur du médium Sardou, qui lui-même devient le seul illustrateur de
Swedenborg; — voyants unis en cette spirite
exégèse. Le Suédois a vu, transposées au monde
des esprits, la Bourse de Londres; et ces maisons
basses des Hollandais, « disposées ainsi, pour ré-
pondre à leur méfiance ». Il a visité Jupiter — où
Sardou voulait conduire son Carlin — et les appartements de ses habitants qui les tapissent d'un bleu
de ciel où des points blancs figurent les étoiles.

Et ces Jupitériens lui ont montré leurs couvre-
chef dont la forme (prépondérante en cette question du chapeau) était celle d'un bonnet *élevé en
tour* — et de couleur brune. Donc là aussi, et
déjà! le tuyau de poêle! — Mais l'autre, le Français, a dessiné les résidences de Palissy et de Mozart,
de Hahnemann et de Zoroastre; architectures cor-
respondantes à ces palais que Swedenborg voyait
vitrés « de treillis en fils de gramen, qui laissent une

entrée à la lumière »; et dont il a proprement décrit les habitants mages ou musiciens, homœo-
pathes ou céramistes, quand il traça ce gentil
couplet.: « Un matin, je vis, à une petite distance,
une troupe d'esprits que je reconnus bientôt pour
être des Chinois, parce qu'ils avaient avec eux une
espèce de bouc dont le poil ressemblait à de la
laine; de la bouillie de millet, une cuiller d'ébène,
et représentaient à mes yeux une ville flottante. »

IV

A une Élizabeth.

UNE DIADUMÈNE

(QUEEN ELIZABETH.)

*Que mon pays était gou-
verné par une femelle de
notre espèce que nous appe-
lions la Reine.*

SWIFT.

Celle-là est *le plus étonnant de tous*; la plus surprenante de toutes. Car c'est un des traits distinc-
tifs de son personnage, cette bissexualité : avoir
cumulé Vénus et Mars, Louis XIV et Catherine,
Jésabel, Sémiramis et Bathylle; Hermaphrodite,
la chevalière d'Eon, et la papesse Jeanne! — Oui,
certains de ses commentateurs en durent venir à
cette extrémité pour expliquer son magnifique et
énigmatique personnage. Ce serait aussi quelque
peu compliquer le rôle de ses favoris, s'il n'était
pas bien entendu que — ni plus ni moins que
Mlle Cormon! (à cette différence près que celle-ci
ne s'en consolait pas!) c'est bien véritablement
qu'elle mourut vierge. Et je n'en veux d'autre
preuve que la parole qu'elle en donnait par écrit
en 1559, exigeant que cela fût non seulement cru,
mais gravé sur le marbre, en 1603 — et dans la
suite des siècles — ainsi soit-il.

Il faudrait donc se garder d'omettre Salomé parmi les ancêtres de cette Reine danseuse, surtout depuis la récente et curieuse interprétation de cette héroïne biblique. Selon certain poète, en effet, ce que fort jalouse de sa propre virginité, poursuivait dans le prophète la fille d'Hérodiade, c'était l'idée, qu'il se faisait de Salomé, l'image qu'il en osait garder, pour l'avoir entrevue, un jour, au bord d'une terrasse. Aussi, ne se sentit-elle intacte, reconquise, et de nouveau profondément vierge, qu'au suprême instant, où elle tint entre ses mains le chef détaché dans lequel s'était ébauchée une vision d'elle. — Ce fut sans doute en une extrémité de cette sorte, et pour un motif aussi virginal, qu'Elizabeth dut exiger la décollation de Marie — et surtout celle d'Essex, dont la tête pouvait bien contenir, à son endroit, des images attentatoires à une virginité si chatouilleuse.

Une autre assurance, non moins péremptoire, de ladite virginité d'Elizabeth, c'est que cette princesse naquit dans une chambre qu'on appelait *la Vierge*, parce que personne n'y avait jamais logé, et qui était ornée de quantité de riches tableaux de vierges saintes. Ce qui fit dire à Anne de Boleyn « qu'on pouvait désormais avec raison appeler cette chambre *la Vierge* — puisqu'une vierge y venait de naître » — et de quel calibre ! — « au propre jour que l'Église romaine célèbre la Nativité de la Vierge. » Irréfutable prodrome.

Catherine d'Aragon (il sied de l'ajouter) raisonna d'une autre manière sur la naissance d'Elizabeth, de laquelle elle dit *qu'étant le fruit d'un adultère abominable, et venue au monde* par un coup de la malé-

diction de Dieu, elle ne pouvait être qu'un monstre terrible contre l'Église. » — Simples caquets
de l'accouchée. Enfin, l'on n'ignore point sous
quel patronage en 1584, un des treize États primitifs de l'Union fut appelé la Virginie.

Cela dit, nous ne ferons nulle difficulté d'avouer
que, sûre de la foi universelle en *ce qu'elle avait
édicté*, pour être gravé sur le marbre, cette vierge
offrit quelque prise à la médisance ; jusque-là de
loger son favori Dudley dans une chambre conti-
guë à la sienne sous prétexte qu'il en occupait une
malsaine, et de demeurer renfermée à clef avec
Essex dans le temps que deux ambassadeurs de-
mandaient à l'entretenir, qui se consolèrent en se
congratulant de tenir, l'un *la chandelle*, et l'autre
la mule.

Elizabeth, reine à l'écriture « florio » ainsi que
la barbe de Charlemagne, à la signature historiée
et anguleuse où son caractère tout en cruauté et
en décors se révèle aux graphologues. Ce qui me
plaît en cette femme, précisément, c'est ce féminisme aigu, cette coquetterie de vieille fille, et
parfois de vieille folle devant laquelle tout dispa-
raît et dont elle nous donne de si extraordinaires
preuves. Car des singuliers procès que cette double nature se livre continuellement à elle-même,
le *quære mulierem* est le ressort secret. Le « c'est
que j'ai les deux sexes peut-être » que nous donne
plus tard un grand romancier, pour clef de son
arcane de producteur, est peut-être aussi celui de
ce grand politique ; mais c'est toujours la femme
incluse en son hybride composé, qui le meut.

Tu pousses par le bras, l'homme : il se lève armé.

11

Cette ligue offensive et défensive a lieu en elle-même. Trois des plus grands événements de sa vie : la défaite de l'Armada, la mort de Marie, la mort d'Essex résultent de cette double alliance. La haine de Philippe n'est qu'un amour contrarié, un amour dangereux — elle le répète sans cesse. Essex lui tourne, un jour, le dos avec mépris. La beauté de la reine d'Écosse est l'incessant objet de comparaison qu'elle enrage de ne point surpasser, jouant au naturel et par avance le loup et l'agneau, avec une vérité que le grand fabuliste aurait pu, dans la suite, prendre pour modèle. Agnelle, à vrai dire assez rougeoyante elle-même, mais dont les grâces et la dignité sous le couteau font une sœur préventive d'Antoinette, attrayantes victimes immortelles. Tous les charmes, les séductions de sa sœur d'Écosse sont tour à tour le sujet de son étude et de son envie. Et, c'est une contrainte fort ambiguë pour les ambassadeurs, se tirer de ce pas douteux, satisfaire cette aigre émulation, savoir enfin, et sans rabaisser leur souveraine, donner le pas à l'insidieux questionnaire. Laquelle joue le mieux des *virginals?* Sans doute encore en faveur de la virginité d'Élizabeth, ce nom de l'épinette qui lui fut chère. — Certes, la reine d'Angleterre l'emporte sur le *virginal*. — Laquelle des deux est la plus belle? — Marie en Écosse, Élizabeth en Angleterre, fait le rusé interlocuteur. — La plus grande? — Et comme il faut cette fois rendre justice à Marie : « Elle est trop grande alors, — conclut la jalouse, — car ma taille est celle qui convient. » — Mais le souple Melville ne se doute pas qu'il vient de pro-

noncer l'arrêt de sa souveraine et que, pour en finir
avec cette primauté, la plus petite des deux a déjà
résolu, dans son cœur, de raccourcir l'autre d'une
tête !

C'est une curieuse phase de cette lutte de loup
et d'agneau, d'araignée et de libellule que, tout
d'abord, la vaine tentative d'enlèvement des vaisseaux de Marie au retour de son *plaisant pays
de France ;* puis, et pour n'en rien laisser paraître,
l'ambassade de félicitations d'Élizabeth ; enfin la
réponse de] Marie, envoyant à sa parente un fort
gros diamant, en forme de cœur, gage de sa foi,
plus ferme que le diamant.

C'est une légendaire tradition, d'une poignante
poésie, celle qui veut que le même anneau donné
dans la suite par Élizabeth à son favori lui ait été
retourné vainement par le condamné implorant sa
grâce.

Cette ruse entre nous encor, c'est la dernière !

Ruse sans effet, car la bague ne fut pas remise.
Consciente de sa propre cruauté, l'inexorable
s'était assurée contre elle-même, jurant de s'at-
tendrir à l'aspect de cet anneau. Mais ce ne fut
qu'à l'heure même de son propre trépas qu'elle
connut la vérité, moins encore d'une dame d'atours
repentante que de la légion de spectres qui hantait
son lit, l'en chassant des semaines, sur un siège
entre des coussins, la forçant à mourir debout !
qu'elle connut, que son propre cœur, étreint par
l'anneau, avait vengé le cœur de Marie.

Amour de l'étude et de la propreté dans les

habits. Tel est le signalement qui nous est donné
de la jeune princesse et dès son adolescence. Et
c'est avant l'âge de quatre ans, qu'elle écrit à
Jeanne Seymour une longue lettre sur la grossesse
avancée de cette reine, se promettant de battre le
nouveau-né, s'il n'est enfanté sans faire souffrir la
mère.

La femme savante ne ment point à ce début du
petit prodige. Elle parle cinq langues, répond en
grec à un discours de l'Université de Cambridge,
et, vertement, en latin, à l'ambassadeur de Pologne.
C'est encore pour l'amour du grec, qu'elle écrit un
commentaire sur Platon, traduit le Nouveau
Testament; puis deux harangues d'Isocrate, une
pièce d'Euripide, le *Hieron* de Xénophon, et le
Traité de Plutarque *Sur la curiosité*, qui put l'ins-
truire. Du latin, elle traduit le *De bello Jugurthino*,
de Salluste, l'*Art poétique* d'Horace, le *De Consola-
tione philosophiæ* de Boèce, des œuvres de Cicéron,
et de Sénèque.

Les *cosmétiques* d'Ovide eussent été de son
ressort. Mais elle préférait les mettre en pratique.
C'était le temps où Edouard de Vere rapportait
d'Italie les premiers gants parfumés, les éventails
et ces boules de senteur portatives, qu'on tenait en
main et qui faisaient office de bouquet, de flacon
et de cassolette. Il y avait aussi les perles odorifé-
rantes; et c'est un collier de cette nature que
Marie Stuart ôta de son col avant de le tendre à
la hache. Des gants d'Élizabeth, sorte de fines
moufles en velours noir semé de fleurs de couleur
et d'ornements d'or, sont exposés à Kensington,
auprès de sa Bible. Lord Hatfield possède de ses

bas de soie à jours avec son chapeau d'été en réseau étoilé de guipure. Ses perruques, tout hérissées de papillotes métalliques, ne durent pas le céder en nombre à celles dont nous étonna le duc de Brunswick qui en changeait chaque jour; l'envolée de leurs boucles à l'italienne et d'un jaune tirant sur le rouge ne semble pas avoir fait illusion aux spectateurs dont plusieurs notent la fausseté et décrivent l'échafaudage. L'élégance plus discrète de Marie avait mieux donné le change sur ses artifices, car l'arrachement de sa perruque à la tête décapitée de Fotheringay fut une des hideuses surprises de cette scène. La rareté et la noirceur des dents de la reine vierge, et cela d'assez bonne heure, est encore un point sur lequel s'accordent les contemporains, et il y a de quoi surprendre. Les dents artificielles, que n'ignorait pas Rome antique, sont un accessoire falot, qui n'eût pas déplu dans notre héroïne; non plus que ces épaules de cire que revêtit plus tard la docte et coquette Augusta qui fut sa sœur impériale. Et certes la mesure n'eût pas été arbitraire. Mais ce ne furent sans doute que détours et traîtrises de sa coquetterie. S'illusionnant elle-même sur l'éclat de ses dents et la fraîcheur de son teint, d'accord avec les hyperboliques louanges qui la faisaient : « monter à cheval comme Alexandre, chasser comme Diane, marcher comme Vénus, chanter comme un ange, jouer de la lyre comme Orphée », proclamaient enfin que sa face offrait l'insoutenable éclat du soleil!

Ce qui était insoutenable, c'était l'aspect de cette gorge flétrie, *bosom uncovered*, qu'elle étalait et

11.

tapotait, comme le fait la duchesse de Saxe, dans
les mémoires de la margrave de Bareith. Elizabeth,
à soixante-cinq ans, se décolletait encore jusqu'au
nombril ! entr'ouvrant pour cela des corps si chargés
et chamarrés de gemmes qu'on eût dit des tests
de joyaux, des carapaces de pierreries. Elle semble
affectionner la gaze d'argent, les rinceaux brodés
en argent sur des damas blancs, fleur de pêcher,
ou sombres. Elle porte la grande fraise circulaire
appelée ruff, mais avec toutes sortes de variantes :
*frill ruff, radiating ruff, circular ruff, open in front,
joined in front, unbroken.* Des ailerons de gaze s'en
dégagent, et la gigantesque chérusque encadre sa
tête comme entre deux valves.

On peut juger de ce que fut sa propre parure,
le jour de son couronnement qui fut retardé pour
donner le temps de préparer les habits magnifiques,
par ce détail, qu'elle passa la nuit entière (quoique
les nuits fussent alors bien longues) [1] à se faire
ajuster pour la cérémonie. Rien ne manqua du
reste à son éclat, fut-ce que cette fatidique date
du treize qui la rehausse encore comme d'une
amulette bizarre. Cent carrosses, découverts et
pleins de dames parées; quatre cents chevaux,
harnais et housses de pierreries. Char de triomphe entouré de quarante jeunes gentilshommes
en habits de page blanc et écarlate. Un ange des-
cendant du sommet d'un arc et comme en volant,
pour offrir une bible à la jeune reine. Enfin, et
pour mieux donner le change sur de futurs desseins, un évêque catholique, Ovier Ogilthorpe,

1. Janvier.

évêque de Carlile. Ce qui n'empêcha pas la nouvelle ointe de crier à ses dames de *ne pas trop s'approcher de peur que cette huile puante ne les fit devenir malades.* Quant aux assistants, « ceux qui firent le plus de dépense furent les mieux reçus, en sorte que tout était superbement habillé dans la ville, jusqu'aux petits enfants. On avait fait venir des Flandres tout ce qui se put trouver de pierreries de louage ».

On remarqua pourtant que la jeune reine qui tant dépensait en bals et festins ne fit ni largesses au peuple, ni aumônes aux pauvres.

Deux circonstances entre autres lui procurèrent encore de s'attifer bravement. D'abord cet extraordinaire parrainage du fils de la marquise de Baden laquelle était venue, ainsi que la reine de Saba au-devant de Salomon, admirer de près la reine des reines. La visiteuse n'eut qu'à se louer d'une marraine qui lui trouva de l'esprit, mit une robe d'or pour le baptême et y dépensa vingt mille livres. La réception du duc de Biron fut aussi prétexte à de grands apparats. Plus de cent personnes travaillèrent nuit et jour, pendant trois semaines, à couvrir d'or, d'argent, de perles et de diamants, la toilette royale.

La mesure n'était pas aisée à observer, en cette question de l'ajustement, pour les courtisans soucieux de ne pas déplaire. Lady Howard, pour avoir osé paraître au bal avec un trop luxueux manteau, se le vit arracher. Elizabeth le revêtit et fit, avec, le tour de la fête, demandant à chacun comment il lui allait. Interrogée à son tour, celle à qui il appartenait l'ayant déclaré trop court,

« Eh bien! pour vous, il est trop grand, » répliqua la reine. — Quant à sir Matthew, ce fut un crachat royal, au milieu des broderies de son trop magnifique vêtement, qui vint le rappeler à l'ordre.

Cette mascarade dura cinquante ans; car la jeune fille avait été plus modeste. Mais de la sexagénaire, les ambassadeurs purent écrire qu'elle s'habillait telle qu'une jeunesse, et que si elle montrait moins d'ardeur aux affaires c'est que tout ce qui lui restait de forces n'était pas de trop pour supporter le poids de ses ornements et de ses pierres. Or, l'évêque de Londres ayant osé y faire allusion, la vieille coquette affirma qu'au prochain sermon elle enverrait directement au ciel ce nouvel Elie. La mort seule vint mettre fin à ce quaresme prenant; et quand elle éventra les coffres et les bahuts, les armoires et les buffets, les garde-robes et les cabinets, où ces défroques s'étaient entassées, ce fut comme si la vallée de Josaphat des godrons et des vertugadins s'était ouverte pour donner passage au *triste collège* des corsages vides et des jupons quittés, et dont il défila jusqu'à trois mille!

Pas beaucoup moindre le nombre des portraits, peintures, miniatures, gravures, médailles, monnaies, gemmes, sceaux et statues appelés à perpétuer les beautés et les vertus, célébrer les mérites et les charmes, exalter les grâces et les gloires du modèle; lequel par un trait entre tous insigne de cette hésitation tyrannique et de ce despotisme irrésolu dont il était le composé extravagant, se prit à édicter sa beauté, comme il avait promulgué sa virginité naguère. Et il fut proclamé au peuple anglais la ressemblance exacte de sa souveraine, accompagnée des peines non moins exactes encourues par quiconque oserait en reconnaître une autre. Heureusement une si juste indignation contre ses déformations picturales, lesquelles se bornaient d'ailleurs à faire disparaître toutes les rides, n'allèrent pas jusqu'à l'exigence d'un auto-da-fé qui nous eût privé de tant et de si extraordinaires images. Ce dut être pour tous ces peintres une épreuve comparable à celles de nos photographes qui se voient contraints de pousser les retouches jusqu'à livrer pour ceux des mamans les clichés de leurs fillettes. La crainte d'une ombre sur son visage révéla le plein air à Elizabeth. Le miniaturiste Hilliard, qu'elle en avait averti, la satisfit sur ce point, et y ajouta cette galanterie de peindre le portrait sur le revers d'une carte à jouer qui n'était autre que la dame de cœur. C'est une croyance des musulmans que l'homme qui eut l'impiété de laisser faire son portrait devra revenir après sa mort pour vivifier cette image. Tel est peut-être le châtiment de la vanité d'Elizabeth : Danaïde de l'effigie, revenir à travers tant de cadres et de médaillons, animer d'une existence aussi longue que fut la sienne, chacune de ces figurations et de ces portraitures; toutes ces parques aux ravages mitigés, arrogantes sous leur ruff et dans leur *farthingale*, gigognes criblées de joyaux, avec, pour accessoires normaux et habituels, le sceptre et le globe. Écoutant des poètes, priant son dieu, ordonnant des supplices, montée sur des tortues, apprivoisant des

phénix et des pélicans, des hermines et des anges,
symboles de sa magnificence et de sa piété, de sa
vertu et de sa grâce. Des banderolles sortent de sa
bouche qui contiennent des louanges au Seigneur
pour l'avoir ornée de tant de dons, récompensée
de si justes triomphes. Des envoyés célestes.
viennent la régaler de ce compliment : « Beaucoup
de filles ont bien fait; mais vous les avez toutes
surpassées. » Et des sabliers sont brisés devant sa
jeunesse éternelle. Mais ces mythes ne sont assez
galants et il faut déjuger jusqu'au jugement de
Paris, pour contenter l'insatiable ogresse. C'est,
en un curieux tableau, les trois déesses épouvantées
et admiratives : Junon dont le paon s'effare, laisse,
elle, choir sa sandale et son sceptre; Minerve,
qui s'extasie, à peine retient son drapeau; et les
roses de Vénus jonchent le sol au-devant de la
Tudor vierge. — Elle, du haut de son perron, du
bout de ses minces lèvres de pimbêche rechignée,
triomphe sans gaîté de cet olympe de carton dont
les plis envolés contrastent avec le ballonnement
rigide et l'engoncement de cette nouvelle Vénus.
La pomme crucifère qu'elle tient à la main n'est
autre que la boule du monde.

> Adfuit Elizabeth, Juno perculsa refugit;
> Obstupuitque Pallas, erubuitque Venus.

Mais Vénus cède la place à Diane, aux Dianes
qui sont en nombre. La plus curieuse est ce portrait en *fancy-dress*, attribué à Zuccharo ou à
L. d'Heere. Je l'appelle la *Primavera* de l'horrible.
Toute la fascinante séduction, la grâce captivante

de la figure de Botticelli se révèlent ici en la phé-
nomale gaucherie presque touchante vraiment
d'une royale chienlit au masque bilieux de vieille
fille sous un bonnet pointu, brodé de pensées,
hybridé de tiare et d'éteignoir, d'un personnage
dessexué, tenant du mamamouchi et d'un pape
décolleté, debout dans une chemise à fleurs et
oiseaux, et sur des souliers emperlés d'Héliogabale.

Cette figure, vraiment plus extraordinaire que
la Pragmatique Sanction ou toute autre des imagi-
nations graphiques de Rabelais, s'accoude aux bois
d'un cerf, s'abrite sous un arbre fruitier qui ne
saurait être que celui de la science du mal et
dont le tronc se cisèle de devises. Un cartouche
enferme une poésie attribuée à cette Diane elle-
même.

Car il faut encore fixer cette similitude avec
Marie, obtenir cette suprématie. Rimer comme
elle, mieux qu'elle, importe plus que « jouer de la
lyre comme Orphée ».

Il s'en faut de peu qu'on ne confonde la Reine
Vierge avec la Sainte Vierge dans cette procession
aux *Blackfriars* où Élizabeth nous apparaît en un
palanquin fleuri sous un dais emplumé, portée à
bras au travers de la ville par des chevaliers de la
Jarretière.

Et pourtant ces portraits ne seront pas les plus
étonnants, voici le *rainbow* qui s'irise. Hilliard
l'avait couronnée d'une auréole de clarté, d'un
nimbe d'étoiles; mais ce n'est point assez; il faut
plus encore. Assez de ces accessoires mesquins,
dernières bagatelles de la mode florentine, écrans
de plumes, éventails, gants parfumés, joujoux de

demoiselles, non insignes de déesse. Et Zuccharo la peindra dans ce manteau bisensuel et omniscient tout brodé d'yeux et d'oreilles. Avec, en main, et pour bibelot enfin digne d'elle, l'arc-en-ciel! et *non sine sole iris*, pour devise.

Ce n'est pas tout. Voici le portrait de Ditchley, suprêmement, superbement bizarre. Sur un ciel orageux tout zigzagué de foudre et d'éclairs, imaginez un vaste paon blanc ocellé d'yeux sombres. La rose piquée au ruff, l'éventail, les gants, fémininités sans importance; mais la tête de vieux paon encore, dont les rhingraves font la roue. Du paon aussi, les deux pieds visibles et vains de se piéter et la mettre debout *sur la carte du monde!*

C'est en présence de cette étrange effigie, Élizabeth, que me revient ce propos qu'on tenait alors de vous : que votre chair était comme celle des paons, qui devient coriace en vieillissant, tandis que leurs plumes embellissent.

Une autre peinture encore, peut-être de ce Marc Gheeraerds, le seul qui ait osé rendre ce vieux miroir de l'âme, tel que sans nul doute il fut, comme élimé, éraillé, égratigné au diamant, substitue au paon, un vampire paré, une chauve-souris en habit de gala, et sous une grêle de perles. Et c'est l'oiseau de nuit qui nous guide à cette dernière représentation de notre vieille amazone, à son allongement sur sa tombe de Westminster, la main encore crispée autour du *mound*, cette longue main qu'elle déclarait utile aux Princes.

La sienne se tendait aisément et non sans rapacité vers les cadeaux, pas seulement de bouquets, d'éventails et de bijoux, mais encore de meubles, de vêtements, de linge et de numéraire. Et quand le don se faisait attendre elle en précipitait l'accomplissement. C'est ainsi qu'elle s'appropria fort étrangement un couvert d'agate et certaine salière.

Mais si elle avait la main longue et preste pour ordonner et souffleter, recevoir et prendre, ses pieds n'étaient pas moins diligents. Toiles et brocarts, costumes et portraits, cependant *duodecim millia signata*, le cèdent aux rigodons et aux pirouettes. Et c'est aussi en cela que l'agile fille d'Henri VIII s'apparente à la fille d'Hérodiade.

Outre de l'épinette et quelques chansons, sept ou huit *courantes*, tous les matins, forment son exercice ordinaire. Elle daigne faire sa partie dans cette danse, au cours d'un de ces bals qui réunissent quotidiennement autour d'elle la jeune noblesse de sa cour, avec le duc de Nevers qui lui baise le pied, quand elle lui montre sa jambe. Et elle est dans sa soixante-neuvième année. N'est-elle pas magnifiquement caricaturale, cette scène dont les vers *sur une nymphe macabre*,

> Ta jambe musculeuse et sèche
> Sait danser en haut des volcans.

seraient la rubrique naturelle, à laquelle on pourrait ajouter :

> Un baiser libertin de la maigre Adeline.

La dame, du reste, ne s'en tient pas là, *se plaît à mille propos galants* avec son danseur, et affecte les manières les plus gracieuses.

Anus dum ludit, mortis delicias facit, conclut

l'antiquité latine. « Une vieille femme qui badine réjouit la mort. » Les filles d'honneur avec lesquelles la souveraine en use de main si leste se détournent bien pour pouffer ; mais leur maîtresse, et quoi qu'elle en dise, — folâtre encore sincèrement. La plus petite louange la trouve sensible — peut-être reconnaissante ! — La nasarde la moins déguisée ne la trouve pas incrédule. Habitude des prosternements. Partout où ses regards se posaient les spectateurs tombaient immédiatement à genoux — disent les chroniques. Seul le vieil et fidèle trésorier Cecil fut jamais autorisé à s'asseoir devant elle. Ainsi en agit plus tard Louis XIV avec son Le Nôtre. A table, le gentilhomme chargé de disposer le couvert, faisait trois génuflexions en mettant la nappe. Ce que Dante appelle *la dannosa colpa della gola* ne semble pourtant pas avoir été le péché mignon d'Élisabeth ; il y a d'une monacale grandeur dans le jeûne forcé de son dernier menu, ce petit pain blanc et ce vert potage à la chicorée dont s'alimentèrent plus que frugalement les dernières semaines de sa vie.

Nous voici donc en présence de cette mirifique et grimaçante donzelle. Oui, péronnelle s'il en fut, et quoi qu'il en ait pu être de cette virginité dont nous dirons avec un vieil historien que nous ne l'avons pas visitée, et qu'après tout il nous importe peu, comme à Montaigne que son cuisinier fût bon parent, mais qu'il fît de bonnes sauces. Pie-grièche dont les maigres ébats et les aigres baisers, de par l'incohérente loi de contraste qui la régissait spontanément, durent être de saveur cruelle. Mise à mal par un seigneur anglais qui lui avait promis mieux, une jeune et belle Française, Élisabeth de Dameron, conquit la royale et virginale protection par une réplique hardie. « Il est vrai que je ne suis plus vierge, dit-elle hardiment ; mais je suis encore Élisabeth. »

Nell amore humano talenti angelici, disait la reine, d'un de ses galants, d'une de ces exclamations de femme savante qui lui étaient coutumières. Et celle-ci sent bien sa prude. Mais elle change souvent de ton. On lui parle de *Gabrielle* d'Estrées. Elle répond : « Je savais bien qu'il y eut un ange de ce nom-là ; mais je ne lui connaissais pas de femelle ! » — Une de ses plaisanteries favorites était celle de son mariage avec Sixte-Quint, *afin de procréer un Alexandre !* — « Mais, ajoutait-elle drôlatiquement, ne serait-ce pas un double crime d'épouser un grand prêtre, et une grande barbe ? » — N'était-ce point la tiare qui la fascinait ? — Elle en dut-être jalouse. Ce fut une satisfaction qu'elle ne dissimula pas de recevoir un portrait du Saint Père (il la devait bientôt excommunier) dénuée enfin de la coiffure qui osait s'élever au-dessus de la sienne et lui portait ombrage. « Ah ! s'écriat-elle avec soulagement — que je l'aime mieux ainsi ! et sans cette couronne d'un pied de haut sur la tête ! »

Oui, c'est bien elle, la femelle du *Héros* selon Carlyle : l'*Héroïne* du *Surhomme*, selon Nietzche : la *Surfemme*.

> Si blanche qu'on peut la croire
> Femelle du Saint-Esprit.

écrivait Victor Hugo, de la Maintenon.

La colombe de ce pigeon guerrier : ce titre allait bien à l'amazone. Femelle de notre Louis XIV encor, née ainsi que lui, en septembre, et de qui le *nec pluribus impar* s'ajuste bien au *non sine sole iris*. C'est toute bottée et tout éperonnée aussi qu'elle entre au Parlement de ses chers milords pour les exhorter contre l'*Invincible*.

Ici le spectacle grandit et se fait vraiment extraordinaire. L'océan se couvre de pataches et de galions, de galères, de galéasses. Ces dernières semblent des palais de roi, où il y a des tours et des chambres, des chapelles et des autels, et jusqu'à des chaires de prédicateurs et *mille autres ornements et commodités*. Chacune d'elle porte trois cents forçats; et les armes d'Espagne s'y relèvent en broderie sur des pavillons, bannières et étendards de si magnifiques étoffes que le vent ne les peut soulever. Les armes sont des canons de toutes grosseurs, des arquebuses et des mousquets, des hallebardes, des pertuisanes. Pour la bouche on emporte « cent soixante mille trente quintaux de biscuit, quatre cent soixante sacs de farine, pour faire du pain frais, mil six cents tonneaux de vin, outre une infinité d'autres liqueurs, sept mille quintaux de fromage, de l'huile, du vinaigre, des fèves, du riz et autres légumes en abondance, et une très grande provision d'eau excellente ». Il y avait encore « un nombre infini de flambeaux, de chandelles, de lanternes, de toiles, de la poix, du plomb, pour fermer les trous que pourrait faire le canon ennemi », et par-dessus tout cela cette défense de Philippe : « A peine de la vie, à tous ceux de la Flotte, de quelque qualité et condition

qu'ils fussent, de mener aucune femme, non pas
même les plus proches parentes, ni leurs propres
femmes, ni aucun jeune garçon soupçonné. » Il fit
mettre *au contraire* dans les vaisseaux quantité de
reliques de saints et de saintes, de crucifix,
d'images qu'il fit bénir par le nonce en la place du
Pape. Les soldats qui d'ordinaire ne font pas
grand cas de ces sortes de choses disaient que le
roi les voulait faire vivre en hermites. Aussi
chaque vaisseau était comme une église; on y
disait la messe tous les matins, et vêpres en musique tous les soirs.

Tout sur terre appartient aux princes, — hors le vent!

Le poète le devait écrire plus tard, de ce
désastre inouï. La flotte qui paraissait sur les
vagues « comme une ville mouvante, toute bâtie
de citadelles, de tours et de châteaux », — et dont
on ne savait « si c'était là une mer couverte de
vaisseaux ou une grande ville sur la mer » — fut
irrémissiblement culbutée. Et la victorieuse Élizabeth, « cette reine hérétique qui avait tous les
diables à son commandement », put monter sur un
charriot d'or pavé de joyaux, toute gemmée elle-
même pour chanter, *venit, ivit et fugit* en une
heure de triomphal enivrement vraiment supra-
humaine.

Un regard de Louis enfantait des Corneille,

écrivit Boileau. Il aurait pu ajouter : celui d'Élizabeth enfantait des Shakspeare. Et c'est une

similitude encore avec le siècle de Versailles que le rayonnement de ce nom de femme sur toute une géniale production qui en prit le nom d'*Éliza-bethaine*, comme tout ce qui brilla contemporainement fut dit *Élizabethain*.

Femelle aussi de ce Louis II, qu'un subtil poète intitule le *Roi-Vierge*. Et, dans le lointain, femelle de Salomon, reine de Saba selon la formule d'un de nos maîtres. Ce n'est pas seulement à travers les émeraudes qu'elle regarde le soleil, comme la Balkis de Flaubert, comme le Néron de l'*Antechrist*; mais à travers l'oriental écrin d'Ali-Baba et des *Mille et une nuits* tout entières. Et comme à la Reine de la *Tentation, un singe qui porte la queue de sa robe la soulève* — et nous laisse voir cette jambe si alerte à danser la *courante*, cette jambe de soixante-neuf ans que baisa le duc de Nevers. Et cette robe qui est un *farthingale* géant a tout l'aspect enrubanné et balourd d'une cloche qu'on baptise.

Femelle d'Hérode car elle danse, et elle danse pour avoir des têtes ! Et les têtes tombent comme les fruits de l'arbre du mal sous lequel en ce diabolique portrait de Zuccharo, s'abritait la royale baladine.

Et quand la tête de Marie a roulé, ce n'est pas le moindre de nos étonnements d'entendre Jacques le fils de la décapitée, et le successeur de la meurtrière écrire et s'écrier et jusqu'à la fin des temps, en une épitaphe marmoréenne : « *A l'éternelle mémoire de celle qui, toujours sage et prudente, toujours victorieuse et triomphante, toujours heureuse et toujours pieuse, surpassa son sexe, et même tous les princes, en toutes sortes de belles qualités du corps et de royales vertus, incomparable en toutes choses!* »

V

A MADAME HOWLAND.

BÉCANES ET BRODERIES

(APERÇUS FÉMINISTES)

Ce qu'après beaucoup de chroniques aux aperçus ingénieux on peut encore écrire de la bicyclette, c'est qu'elle est *inévitable*. L'ange mécanique qui préside à ses destinées se rit du mépris ou des imprécations des plus réfractaires. Beaucoup de ceux d'entre nous qui pédalent aujourd'hui avec le plus d'ardeur auraient tenu pour dément le moderne Nostradamus métissé de Pierre Petit qui, par la vertu d'un instantané préventif, leur eût donné par avance à s'extasier de leur future silhouette en maillots de vélo et en mollets de recordam.

« Ces gens qui croient agir, et qui ne font que se ridiculiser ! » C'est l'auteur de cet irrévérencieux jugement sur ses confrères au pied léger, c'est, dis-je, M. Maurice Barrès qui se joue aujourd'hui des plus ardues des buttes du Cœur-Volant et de Picardie.

Tous y viendront. La bicyclette a vaincu. Tout comme de « Ces deux moitiés de Dieu, le Pape et l'Empereur », l'on peut écrire d'elle : *elle est parce qu'elle est.*

Oui, le pneu a ce rapport avec l'Académie que

nombre des Quarante ont, avant d'y pénétrer,
décoché tout au moins un quatrain ironique à la
docte corporation dont ils devaient plus tard s'ho-
norer de faire partie.

Quant aux considérants hygiéniques ou autres
auxquels peut donner lieu cette double roue de
fortune, ils sont inépuisables. Et quelle plus pas-
sionnante question de costume féminin que celle
où joutèrent avec alacrité Mmes Daudet et Dieulafoy, se vit jamais soumise aux arbitrages du
Sénat de femmes d'Héliogabale?

J'y rêvais. Un souvenir net et pourtant presque
incrédule me faisait me remémorer de ces dis-
tinctions (alors très scrupuleusement observées)
entre les coiffures de femmes dites *chapeaux ronds*
et chapeaux fermés; coiffes aux attributions spé-
ciales dont les premières, il y a trente ans, ne pouvaient guère sans scandale, franchir le parvis de
nos temples. — Aujourd'hui nos dévotes les mieux
cotées vont à la messe en chapeaux d'Incroyables;
que dis-je? s'approchent des sacrements sous des
chefs-d'œuvre de Virot qui naguère auraient paru
propres à coiffer Mme de la Houspignolle en quelque féerie extravagante.

De plus radicales révolutions s'apprêtent. L'habitude, comme toujours, y prévaudra. C'est l'édi-
fication qu'éveille en nos esprits la rencontre ino-
pinée des surprenantes cornettes de nos religieuses
de Saint-Vincent, lesquelles, dans Piccadilly,
feraient émeute. Et les bas jaunes des pension-
naires du collège d'Edouard VI, entrés là-bas,
dans les mœurs, ameutent aux trousses du *blue-coat*
égaré dans Paris, à l'occasion de quelques

vacances, la presque hostilité des curieux.

C'est au milieu d'une quasi-indifférence que circulent aujourd'hui sur nos agoras, bien plus aisément mêlées à nos mouvements politiques ou sociaux, maintes féminines culottes. D'honnêtes bourgeoises en sont candidement... dévêtues. Un ami nous le contait récemment, une veuve s'est déjà rencontrée obscurcissant la machine de tout le noir de son crêpe anglais, et qu'on a vue mettre pied à terre au seuil d'un mausolée, auquel s'accotait... sa bécane.

Or la dévotion n'est aucunement incompatible avec les mœurs de nos dames cyclistes. Et le temps n'est peut-être pas loin où, plutôt que d'éloigner du saint des saints, ces âmes pieuses mais véloces, un clergé éclairé — sans que j'ose prévoir des premières communions aux mousselines divisées et inattendues — tolérera du moins la présence au sanctuaire et l'agenouillement au prie-dieu, de dames de charité en knicherbockers de Redfern, et à casquettes de touring-club.

*
* *

Ces graves révolutions s'accomplissent insensiblement, par d'inattendues transpositions, des transitions mystérieuses. Dans ce cas ce fut le pied qui se prit à faire l'office de la main ; le gentil dé protecteur des doigts devint un accessoire relégué et dénué de sens ; les diligentes couturières s'assirent à des tables, comme des bureaucrates, et la pédale de la *Silencieuse-Singer* fut le premier *pas* de la bicyclette.

Et pourtant, je me le suis souvent demandé, si le sel perd sa force, avec quoi salera-t-on? — Si la femme perd sa grâce, avec quoi brodera-t-on? — Car nous ne pouvons nous mettre, avec certain personnage de Flaubert, à assister nos sœurs dans la confection des tableaux en perles. Passe encore pour les tableaux en perles, dont la suppression n'ébrancherait pas de son plus regrettable rameau cette délicate, cette délicieuse floraison des arts de la femme, douce plate-bande bien négligée, depuis que nos sœurs — sans parler de celles qui ne cultivent plus que le vélo — se sont faites les jardinières de bouquets obliques, déshonneur des thermomètres et des calendriers, des abat-jour et des éventails, les impardonnables fautrices de vernis-martin pleins de pensées sans pensers et de myosotis sans tendresse — pour tout dire, d'odieuses peintresses égarées dans l'imitation de Mme Lebrun, et la parodie de Mme Lemaire.

Sur l'échelon d'en bas de l'échelle d'amour.

Qui nous rendra les *réticules* étoilés de guirlandes en minuscules rubans arcenciélés pareils à ceux des signets, les *pochettes* aux fleurs en chenille? et ces ténus canevas de soie aux fonds demeurés nus et que l'Empire montait ingénieusement en guise d'encriers ou d'écrans, de garnitures de vermeil ou de zéphyres de bronze.

Non, il n'éclosait pas sous les doigts de nos grand'mamans que des volubis en laine magenta dans une mousse verte faite de jarretières détricotées. Certes, les dames du château dont Cham juge bien l'ouvrage quand il représente vêtus de pantalons en manches de vestes, les pauvres habillés par elles — eurent aussi à se reprocher la mise au jour de printemps terriblement factices. Je me souviens de roses bleues que ma mère fabriquait pour des bouquets d'autel, en compagnie des bonnes sœurs du village, et qui durent faire bien peur à la Sainte Vierge.

Mais ce labeur léger suscitait un attirail vétilleux qui faisait réfléchir l'enfance. Le papier Joseph dont s'entortillait le fil de fer des tiges était d'un bien tendre vert, et j'ai dans l'oreille le froissement que faisaient en se *coquillant* sous la pression d'une boule de buis les appuyant sur une pelote, les étroites et longues bandes de papier de soie dentelé qui devaient tout à l'heure se contourner en roses à cent feuilles. Toute une botanique succincte s'énonçait pour nous dans ces appellations de calices et d'étamines, d'anthères et de pistils, de pétales et de pétioles, dont ces gauches représentations auraient apprêté à rire à Flore.

Il y avait surtout une fabrication de dahlias falots que mes parentes boursouflaient artistement d'une ouate de soie rapportée de Chine par des missionnaires. L'impossible description de ces monstrueux pompons m'a souvent tenté. Un jour que je m'efforçais laborieusement d'en donner l'idée à M. de Goncourt : « Ah! mon ami, ne nous racontez plus jamais cela! » — conclut-il avec épouvante.

Je ne voudrais pourtant pas manquer de mentionner encore ici certain truc de décoration d'autel qui consistait à fabriquer avec de fins duvets de dindons blancs des lys fallacieux et révolutionnaires. Nos dames toujours si fort appliquées à déshonorer innocemment le culte de leurs autels par des ornementations incroyables, lasses de croix au *frottis*, parmi lesquelles d'indécentes pêches ressemblaient à des derrières de poupées, — produisaient encore maintes chasubles en tapisserie. Une Mlle Justin, qui m'a, depuis, confessé avoir dû changer de profession *à la suite des décrets* — en fournissait de tout échantillonnées. Et toutes les chambrières de la maison s'en partageaient les *petits morceaux*, remplissant les fonds, qui, d'une étole ou d'un brassart; qui, d'un voile ou d'une bourse. Et je vois encore l'armée des *plombs* qui couvrait la table; ces pesants cubes dont on fixait au bord du meuble l'extrémité d'une bande de broderie, et qui, plus ou moins frustes ou historiés, sortis de chez Tahan ou improvisés au village, s'ornaient tantôt d'une miniature de la famille d'Orléans sous l'étreinte de deux mains, en bronze doré formant poignée; tantôt d'un chiffon de vieille brocatelle.

Balzac et Delphine Gay ont fait justice de la tapisserie de salon en ses fâcheux spécimens; lui, parlant de ce mobilier en cours d'exécution durant tout le *Lys dans la Vallée*, et dont Mme de Mortsauf avait mouillé chaque point d'une de ses larmes; — elle, décrivant un fauteuil dont le travail représentait les adieux de Louis XIV et de Mme de la Vallière en pleurs : « deux points gris! » décochait le vicomte de Launay aux naïves brodeuses.

Mais à côté de ces risibles et touchants exemples

dont il fallait déblayer et justifier le sujet, que de
magnifiques poèmes tramés; que d'éblouissantes
pages de soie et d'or tracées par des mains féminines? Certes, les Gobelins sont beaux, les Arrazzi
admirables. Peu d'objets d'art sont aussi impo-
sants que cette série de Verteuil en laquelle se
déroule sur six parois une chasse offerte par un
seigneur de la Rochefoucauld à sa Dame. — Quel
gibier sera poursuivi? Le choix s'en débat sur le
bord d'une fontaine dont la claire surface berce
encore après des siècles le reflet doré d'un faisan
qui s'y mire. — Ce ne sera ce quatorze-cors ni
ces lapins, l'hyène ou le loup dont les pelages successivement présentés aux chasseurs hésitants
entraîneront ces levriers sinueux, ces varlets
bariolés, ces compagnons discoureurs sur leurs
traces odorantes. Car le sort est tombé sur la bête
au vêtement lacté, sur la candide licorne. On l'ar-
rête, on l'arrache à cette natale source sous bois,
dont sa corne purifiait les ondes. Et des blessures
s'ouvrent, telle que des bouches à la salive de
rubis, dans le satin étincelant de sa robe. Débu-
chée, harcelée, traquée, en proie aux morsures et
aux abois des chiens, aux nasillards appels des
cornes, aux piques, aux mousquets et aux arquebuses, elle agonise, douce image de la vertu per-
sécutée et honnie. Mais le paradis des licornes
s'ouvre pour l'innocent animal pantelant et navré
dont la blanche apparence ressuscite en un parc
fleuri, entre les mille étoiles des œillets, les
pétales flamboyants et les feuillages gladiolés des
iris, les pensées aux visages clignotants et les
petits bonnets de fous des ancolies.

Mais la tapisserie au point possède aussi ses trésors; et qui n'a pas vu, chez le marquis de Breteuil ou au château de Vaux, certains lits Louis XIV, aux lambrequins, aux rideaux, aux courtines, aux courtes-pointes fleuris de guirlandes où s'ébattent des écureuils et des oiseaux, des cupidos et des nymphes, ignore jusqu'où peut s'élever son art non moins fécond dans la splendeur charmante.

Mme Sand, en quelqu'un de ces agréables volumes où se consignent de ses observations personnelles, préconise le tricot du soir comme reposant pour l'esprit; et j'imagine qu'elle dut affliger bien des indigents berrichons de glorieux tricots, vilains *romans* de lainages. — Ce souvenir m'est cher. Il évoque pour moi la mémoire d'une aimable grand' mère que sa cécité réduisait à ce grossier travail. Ses corbeilles étaient toujours pleines de pelotons, hérissées d'aiguilles d'ivoire, d'écaille ou de buis, souvent veuves de leurs boules, que remplaçaient de rouges et noirs agrégats de cire à cacheter, pareils à des baies automnales.

Mais, je le répète, que ces fils velus se font parfois prestigieusement ténus aux doigts de certaines Parques! La princesse de Bauveau, née Ludmille de Komar, régissait des ateliers de broderie où se miniaturaient des visages de saints qui eussent fait envie à l'Angelico. Et ce fut une gracieuse et noble invention que cette vaste tenture treillagée d'or sur laquelle elle fit mystiquement courir en tous les tons sombres ou pimpants de leurs mystères joyeux ou douloureux, toutes les roses de saint Dominique. Moi-même je possède un panneau de broderie moins délicat, mais peut-être plus puissant, qui m'a toujours paru constituer le plus insigne fond pour le portrait d'une jolie femme ou pour une agonie de poète. La toile représente un rosier, un seul rosier, lequel fait penser à ce rosier d'Hildesdeim, aujourd'hui encore vivant, et qui fut planté par saint Bernard. Le tronc de l'arbuste occupe le milieu de l'espace tout entier fleuri de centaines de roses, de face, de revers, de profil, telles que des visages parfumés qui s'érigent ou se penchent.

M{ᴵᴵᵉ} Dugrenot tient encore boutique de secrets précieux dont il n'est que temps de les apprendre à nos filles si nous ne voulons pas qu'ils deviennent lettre morte. Ils leur enseigneront à faire de ces historiques réseaux sur lesquels la reine Mathilde faisait courir tout le récit de son temps, et qui vivent encore. Je connais un poète de quatorze ans, une fillette, qui a écrit ces deux vers élus :

> Comme le canevas ne change jamais d'âge,
> Et tient dans ses réseaux les dessins prisonniers.

Je sais peu d'objets aussi attendrissants que ce tapis de la collection Reiset, et dont les roses au gros point, les lourds liserons et les soucis mélancoliques furent l'œuvre de Marie-Antoinette et de M{ᵐᵉ} Elisabeth, au Temple. Balzac nous parle des pleurs que perlait la Louise de Félix de Vandenesse sur ses métiers de Cloche gourde. Les semis du tapis au fond noir durent s'humecter de plus douloureuses rosées.

Un menu carré qui m'appartient me raconte toute une existence de vieille fille. Il est divisé en vingt compartiments de diverses grandeurs, où se varient et marient des coloris et des points inconnus de nos *sœurs Filandières*. Et la Suissesse qui l'a ourdi sous la fine lumière versée par les carreaux bombés ne permettant pas de voir au dehors, et dont Michelet écrit qu'ils donnent une haute idée de la vertu des Engadinaises, en était fière. Elle l'a signé de son nom, en bleu sur rose : Maddalena de Besch, anno 1706.

J'ai gardé pour la fin le portrait d'une curieuse et séduisante figure. Celle-là une mienne cousine éloignée. Elle habitait un faubourg de Paris, une provinciale maison, pleine de souvenirs, et dans la verdure.

Agée, ne sortant plus guère, une de ses suprêmes promenades fut, je crois bien, en pousse-pousse, à l'avant-dernière exposition, pour voir les japonaiseries qu'elle aimait et dont elle avait, l'une des premières, goûté les savants enfantillages. Mais elle vécut encore après cela pendant quinze ans, enfermée en la personnelle oasis d'un *home* pensif, d'un chez-soi intense et intime. Une chaise à porteurs meublait le bas de son escalier. Elle s'y faisait quelquefois mener par ses gens à des réunions voisines. Mais y étant montée une fois, pour assister aux derniers moments de l'un des siens, la chaise à brancards, depuis resta inoccupée.

Elle se tenait tout au fond de son appartement, dans un atelier fort clair dont la fenêtre s'encapuchonnait d'aristoloches. On accédait à cette pièce par nombre de chambres à l'ameublement vieillot, qu'égayait en automne cette étrange floraison des colchiques dont les bulbes dispersés sans terre et sans eau éparpillaient comme des bouffettes de rubans sur le marbre miroitant des commodes. Et c'était une grâce de la trouver là, amplement drapée de crêpes ondulants, qu'elle se faisait envoyer du Japon, pour leur enveloppement caressant, leurs tons distingués et neutres.

Un jour, elle m'apparut ensevelie sous des écheveaux de soie de tous les tons de l'océan et de la forêt. Non de ces maussades soies dites d'Alger, éteintes et maniables, mais des soies de Chine, comme trempées de soleil et reluisantes de rosée. Des cartons à compartiments superposés ressemblant à de vastes inrôs[1] étalaient sur le sol la mosaïque de leurs casiers ouverts, laissaient traîner comme des chevelures de tritons et d'hamadryades.

Il y en avait des verts aigres du péridot, des verts laiteux de la chrysoprase et des verts aqueux de l'aigue-marine. Et comme je la considérais sous l'échevèlement enharmonique de ces écheveaux d'algues, de ces couronnes de chêne et de myrte, de ces ruissellement d'olivines et d'émeraudes, elle s'excusa ainsi bien simplement : « Mon cousin, vous me trouvez en train de ranger mes soies vertes. »

D'autres fois, c'était dans sa chambre à coucher qu'elle recevait, chambrette simple et singulière. Un bizarre kiosque chinois rejointoyé de fragments coloriés et dorés en occupait un des angles.

---

1. Boîtes à médecine japonaises.

Nul autre que la dame n'y pénétrait jamais. Elle
y conservait comme en un féerique tabernacle,
custode, de tendresse et de souvenir, des reliques
de sa jeunesse, qui avait été belle et admirée. Au
fond de son alcôve, qu'elle voulait gaie pour y
passer sans ennui les jours de malaise, et pour y
mourir dans la foi et dans le rêve, fraternisaient
sur une étagère de l'Extrême-Orient, les deux
ouvrages qu'elle préférait: les *Confessions de
Saint-Augustin*, et les *Mille et une nuits*. Et, sur
une tablette, un oiselet en blanc de Chine, répé-
tait le blanc crémeux des rideaux de damas dont
s'encadrait l'élégante ruelle.

D'un réel talent de peinture, naguère déployé
dans des aquarelles sans roueries, elle exerçait
encore ce qu'en requéraient ses ouvrages de femme,
ses travaux à l'aiguille et sans aiguille, dessinant
des cahiers entiers de ces mains aux attitudes
compliquées, et qui enseignent en vingt figures
toutes les. phases d'un point de crochet, d'une
roue de *frivolité*, d'un nœud de ganse. Il y avait
un album complet démontrant la confection de ces
nœuds plats qui pendent à l'extrémité des écrans
japonais et qui retiennent dans le treillis de leur
cordonnet clissé, des perles pareilles à des boules
de gui et de la couleur de ces bulles de savon dans
lesquelles on emprisonne de la fumée. Et les
mains se faisaient à mesure plus démonstratives,
hérissées de doigts nerveux et crispés dans le geste
d'une opération ou d'un accouchement, comme à
l'entour d'un ténia élégant, d'un cordon ombilical
minuscule. Et, de la suprême, jaillissait enfin le
chef-d'œuvre accompli, la rosette de cordelette,

semblable à un papillon de mercerie et pas plus
épaisse qu'une fleur d'althœa séchée en un livre.

Toutes les plus inimitables broderies des pays
lointains, l'artiste s'en était assimilé les procédés
et la facture. Lasse de la plus féerique réalisation,
sitôt accomplie, elle semblait en vouloir doubler le
prix, ne la répétant jamais, et courait à d'autres
miracles. On la vit reconstituer ainsi tous les
points perdus, sur des canevas et sur des filets,
les passementeries et les macramés, passant de
l'agilité de la navette au cliquetis de la bobine, et
du métier des demoiselles de Saint-Cyr au tambour
des dentellières. Ces *jours* du point de Venise qui
sont le prodige d'Arachné et s'appliquent à ne se
renouveler jamais dans tout le cours d'une garniture, elle en avait dépisté les neigeux secrets sur
des collerettes défaites patiemment et dans d'in-
trouvables livres. Les symétriques rosaces dont
le givre étoile les vitres, que Rodenbach a décrites
savamment et qui sont d'évanescentes guipures,
la fée les eût faites ; et le soleil leurré par leurs
imitatives irradiations, se serait appliqué à les
fondre.

A la fin, on eût dit que les instruments la
gênaient, qu'elle mettait une coquetterie et une
fierté à ne plus user que de ses doigts, créant véritablement *ex nihilo* d'aranéeuses merveilles. « Ce
qu'il y a de joli, disait-elle, c'est qu'il n'y a que
du fil. » Et le seul burin de Whistler eût paru
habile à reproduire l'ouvrage qu'elle me tendait
et qui débordait comme un duvet de cygne ou des
perles de muguet hors de ses mains fragiles. Or
c'étaient en effet des prodiges en fil, de fabuleux

glands à suspendre aux deux bouts des cordons
d'une *aube*, fleurettes qui jaillissent en se multi-
pliant, faites de petits nœuds accumulés et qui
pullulent. « Je me suis amusée à les compter —
il y en a six mille ! » Or elle me disait cela
d'une seule paire. Et comme amusée de mon
admiration, elle me décrivait d'autres de ces glands
qu'elle avait faits et donnés ; je m'étonnais d'autant plus de ce cadeau exagéré offert à un prêtre
du quartier, que ma voisine, je ne l'ignorais point,
était de l'église réformée. « Que voulez-vous,
mon cousin, répliqua-t-elle finement, *on n'aime
qu'un curé dans sa vie !* »

. . . .

Et pourtant cette aimable femme, cette brodeuse
sans pair, eut une rivale entre mes parentes.

Cette dernière, née aux Indes, en avait sans
doute gardé dans ses doigts de longs atavismes de
décor inné, des résorptions de couleurs et de contours. Or on la vit un jour s'appliquer à con-
fectionner une de ces enfantines balles qui se font
en tournant des brins de laine autour d'un disque
de carton évidé au centre. Une fois un tel anneau
complètement garni de ces brins serrés et redou-
blés, un coup de ciseau donné au bord transforme
le tout en une haute-lice de forme sphérique où
les courants de pourpre et d'indigo font des veines
agréables. Mais quand l'attentive ouvrière acheva
son travail, quelle ne fut pas la surprise des assistants de voir que cette fois, et de par une
incroyable mathématique de l'ornementation, le
final coup de ciseau faisait s'épanouir des fleurs et
s'envoler des papillons sur la ballotte merveilleuse !

VI

A Émile Gallé.

LE MOBILIER LIBRE

Il me faut *du nouveau* n en fût-il plus au monde!

avait écrit Lafontaine.

Au fond de l'inconnu pour trouver *du nouveau!*

s'écriait Baudelaire.

Tel n'est pas l'avis de certaine critique grincheuse et d'une compétence plus ou moins sûre cherchant noise à M. Bing au sujet de l'appellation d'*art nouveau* qui désigne le caravansérail d'art, le bazar, dirai-je la bagarre d'esthétique, dont il a dérangé tant d'impériales chimères que nous nous étions fait une douce coutume de voir rouler leurs yeux d'or et de gemmes sous les vitrines de la rue de Provence.

On a toujours beau jeu de chicaner les titres et de chipoter sur ce qu'ils intitulent. Quant à nous, celui d'Art nouveau, non seulement ne nous semble ni choquant ni mal venu, mais au contraire bien et cursivement approprié à la tentative dont il est la synthèse nominale. En effet, il n'est pas une élogieuse épithète, pas un adjectif louangeur, pas un substantif décoratif à l'adresse d'un *chercheur* de tout ordre, qui, le félicitant de sa *trouvaille,* n'im-

14

plique l'idée de nouveauté pour sa *découverte*.
Toute l'apologétique à l'usage des savants et des
artistes, des *inventeurs*, est composée de ces mots
qui les assimilent à des pionniers ou à des vigies,
décernant de ce fait le titre de nouveaux aux
mondes qu'ils nous révèlent.

> Dieu cacha, l'homme trouva,

dit Victor Hugo. Et Balzac a beau prétendre plaisamment que, sur un point quelconque de l'océan
retiré, la rencontre quelque jour d'une machine
à vapeur et d'un appareil électrique prouvera que,
dès la plus haute antiquité, ces *nouveautés* fonc-
tionnaient, — ce n'en est pas moins une science
nouvelle dont nous dotèrent Papin et Franklin.
En art, des expressions comme celle d'*antiquité
moyen âge*, *renaissance*, entraînent la nouveauté
pour ce que ces époques amènent et qui leur succède. Dites à un poète qu'il réédite à son insu
même Eschyle ou Shakespeare, à un compositeur
qu'il ressuscite voire Beethoven, à un statuaire
qu'il reproduit fût-ce Michel-Ange, vous aurez tôt
fait d'induire ces artistes à jeter la lyre, briser le
clavecin, anéantir l'ébauchoir.

Je me souviens, en substance, d'un texte de
M. Zola définissant l'œuvre d'art : un coin de la
création vu à travers un tempéremment. C'est
précisément cette nouveauté dans la vision d'une
chose invariable qui vaut que le producteur œuvre
et que le spectateur admire. C'est elle qui sacre
les artistes. La parenté, la consanguinité se peut
et doit sentir. Mais c'est le quoi que ce soit de
nouveau par lequel cette chose est elle-même, qui

en constitue la raison d'être, comme à ces visages d'enfants dans lesquels la ressemblance des époux se voit fondue en une physionomie similaire et pourtant nouvelle.

Être autre, c'est être neuf. Le temps et la distance n'y font rien. Dans le paysage, Corot sait encore être nouveau, si longtemps après Ruysdaël; et Monet nous apparaître encore neuf, si vite après Corot.

Edgar Poë, qui a écrit une très curieuse *Philosophie de l'Ameublement*, affirme que l'une des quatre conditions du bonheur est *la création d'un beau nouveau*.

Enfin Victor Hugo, mis pour la première fois en présence de la surprenante muse de Baudelaire, le sacra de cette phrase illustre : *Vous avez inventé un frisson nouveau*.

* *
*

Mais il n'est pas ici question d'oiseuses querelles de mots; il s'agit d'une intéressante évolution d'art, d'une importante innovation dans le décor.

Certes, l'intérêt de la manifestation est dans son *in fieri*, beaucoup plus que dans la réalité même des plus remarquables d'entre les œuvres exposées sous la rubrique nouvelle.

Celles-là ne font ni doute ni défaut partout où se rencontrent des noms tels que ceux, entre autres, de MM. Rodin et Gallé. Mais je ne veux décrire que cette luxuriante et ingénieuse décoration de M. Besnard dont les paysages et les ciels se synthétisent, presque se symbolisent en une formule ensemble familière et grandiose au-dessous de l'exquis plafond qu'est cette ronde, cette rotonde de nymphes circulairement envolées ainsi que de féminines campanules, des clochettes de liserons qui ballent, une farandole de lys, de daturas et d'azalées.

Il y a, dans le ravissant trompe-l'œil de cette vivante coupole, de la grâce moins rigide de certaines frises de guéridon Empire; de l'esprit de telles fleurs animées de Grandville, du mystère de quelques-unes des conceptions humano-florales de Blake. Mais il y a surtout de la magie d'Albert Besnard, le peintre trismégiste des ors fusibles et des gemmes liquéfiées.

C'est cela et autre chose encore qui rend respectable et alléchant un essai de cette sorte. La plus outrancière des laides choses, des inventions bizarres ou des réminiscences bigarrées qui éclatent ou se disloquent, émerveillent ou scandalisent au long de telles galeries, joue un rôle peut-être plus prépondérant dans cette mobilière genèse.

Il en faudra recevoir beaucoup de plus déroutantes et de pires. Ce ne sont pas celles-là qui subsisteront, mais elles auront à leur heure ouvert les voies à coups de bombarde; elles auront joué pour des Bertrand, mieux préparés et plus habiles, le rôle d'un Raton sacrifié, mais pour cela valable; d'un phénix brûlé pour renaître plus pur; d'un antechrist enfin précédant quelque messie.

Ce ne sont ni les plus puissants ni les plus délicats qui font les barricades. Il y faut encore des gavroches et des bravaches, quelques batailleurs et certains braillards. La révolution dès longtemps inaugurée contre ce qu'un de nos amis, le clair et génial pastelliste Helleu, appelle le *chat noir* en matière d'ameublement, les halls encombrés de peluches et de pelleteries, entre lesquelles des latanias, pas toujours verts, ombragent de leurs doigts desséchés des chevalets drapés et obliques, la guerre sainte contre les capitons et festons des tapissiers prennent une forme plus accusée et se préparent à jouer leur grand va-tout. Et l'inauguration d'un champ de leurs expériences et de leurs luttes a l'importance d'un serment du Jeu de Paume du meuble, d'un club des Jacobins du style.

Mais, pour parler de plus modernes mouvements — et d'art aussi, ceux-là, — ce que le fauteur d'une pareille réforme, s'il réussit, se sera institué de par ce geste dont c'est l'explication, le sens et la loi, c'est l'*Antoine* de l'ameublement; ce qu'il aura constitué, c'est le *Théâtre-Libre* du décor.

Certes, toutes les pièces représentées par M. Antoine n'étaient pas des chefs-d'œuvre; mais toutes s'efforçaient d'une pareille tendance en une semblable visée et vers un même but qu'elles ont fini par atteindre non pour elles-mêmes, mais pour ceux qu'elles prophétisaient, et dont l'avènement final ne doit pas méconnaître ses protagonistes exaltés et exagérés qui ont joué leur partie à leur heure, effectifs oubliés, méritantes et militantes sentinelles tuées aux avant-postes. Il faut de rudes catapultes, d'incohérentes et parfois risibles balistes pour s'attaquer à des préjugés ancrés, saper des institutions philistines et bourgeoises. Le rire déchaîné sur les engins qui les menacent est déjà de bon augure. Il s'oriente par la suite, s'éclaire, et, résonnant enfin du côté du plus beau devenu le plus fort, finit par rendre à chacun selon ses mérites et apprécier à leur taux juste des valeurs tout à l'heure interverties.

Ce n'était pas telles scènes impudiques ou violentes qu'il s'agissait de faire réussir et durer au Théâtre-Libre. Non. Mais celles-là avaient pourtant leur mission qu'elles accomplissaient en mourant, telles que les abeilles de Virgile : *animas in vulnere ponunt*. Or, par la brèche qu'elles avaient heureusement pratiquée s'apprêtait le couronnement d'un théâtre vraiment nouveau sans rupture ouverte de traditions avec l'ancien, et pourtant plein de nouveautés délicates et ingénieuses. Voyez la pièce de M. Donnay. La voilà découpée en cinq actes qui ne se déroulent pas moins du salon au jardin et au fumoir que les actions d'avant-hier. Mais à travers combien de péripéties ingénieusement renouvelées !

Ne fût-ce que ce réveil si naturel de l'action après la scène qui sans doute naguère eût servi de tragique dénouement à cette œuvre légère avec autorité, profonde, avec charme.

Comme elle nous apparaît pourtant plus poignante qu'à l'acte précédent, où ses larmes la défiguraient en l'abluant, cette héroïne survivant à son amour, sous ses atours redorés, sous sa gaieté en apparence reparue, si conforme à la définition de Musset : plante brisée,

Humide encor de pluie et couverte de fleurs,

sépulcre blanchi de la passion consumée.

Fût-ce encore ces fins d'actes si véridiques et vitales, lesquelles évoquent l'idée de ces peintures s'achevant sur l'anatomie morcelée d'un personnage qui semble disparaître sous le cadre.

Mais ceci n'est rien. La vraie nouveauté, la transformation totale, savamment préparée et magistralement accomplie par MM. de Goncourt, Daudet, Becque, de Porto-Riche, Lemaître, Hervieu, Lavedan et de Curel, c'est l'esprit devenu sensible au lieu de se faire visible, l'esprit circulant comme un courant sous l'action et le dialogue qu'il sert à créer souples et forts, mais enfin dépouillé de ces cabochons de mots, de ces facettes aveuglantes de traits par lesquels tant de bonnes pièces ont été gâtées. Au point que, parfois, quand se fait jour une inévitable saillie, elle résonne un peu faux dans ce nouveau récitatif parlé, comme un pronom possessif en un récit impersonnel.

Ainsi peuvent passer pour non avenus, en tant que réussites définitives, bien des objets exposés à l'Art nouveau, que justifie pourtant leur qualité de précurseurs, d'annonciateurs de ceux qui viendront, dégagés de gongorisme ou de pauvretés, quand tant d'éléments hybrides et hétérogènes et d'influences étrangères se seront répartis en un objet ou fondus en un style.

Je voyais l'autre jour M. Catulle Mendès en une intéressante revue du Théâtre-Libre, reprocher généreusement à M. Antoine de s'être parfois écarté de son programme, d'avoir représenté telles pièces excellentes, mais de formule déjà connue. C'est, pour terminer et conclure ce parallèle, un reproche contraire qu'il faudrait, à mon sens, adresser à « ce que j'ai nommé le mobilier libre : celui de n'avoir pas fait une part à *l'objet ancien* dans son cours de décoration. Il y a là une erreur.

Certes, une entreprise de cette sorte ne doit pas procéder d'un musée d'art décoratif; mais elle a des enseignements à lui demander. On ne saurait, en effet, imaginer une seule des personnes que ces essais touchent ou concernent, ne tenant pas de sa famille ou de ses acquisitions personnelles, quelqu'une de ces nobles alluvions des âges écoulés, tentures ou bibelots authentiques.

L'art de l'ameublement consistera donc *au moins autant dans le groupement subtil et disert* de ces choses, en apparence disparates, dans l'union assortie du nouvel et de l'ancien, que dans les récentes créations, lesquelles, abandonnées à elles-mêmes et à elles seules, ne sauraient offrir qu'un intérêt secondaire, et surtout arbitraire, de la sorte de table rase du mobilier qu'amènerait l'impossible suppression de tout le bric-à-brac révolu et de la séculaire tapisserie. Ce qu'il fallait faire, c'étaient des *exemples* d'appartements, des modèles de salons et de boudoirs, où le Louis XV et le chinois — déjà très artistement mariés sous ce règne; — où le Chippendale et le Campana, le Tiffany et le Boulle eussent fraternisé en une harmonie égale à celle où se confondent les sublimes pirateries de Saint-Marc de Venise.

Et qu'on me permette de finir cette glose par cette réponse à une petite consultation de même

ordre qui me fut naguère demandée : « Il y a deux
façons de se meubler. La première est d'accepter
les meubles qui sont des souvenirs de famille et
se contenter du mélange de toutes les époques
qu'ils juxtaposent forcément et dans l'homogé-
néité de tous les styles successifs, unis et fondus
par la transmission et par l'usage. — L'autre est
toute de fantaisie, à commencer par d'entières
reconstitutions d'intérieurs dans le style d'une
seule époque, puisqu'il est bien certain qu'un appartement du temps de Louis XIV, par exemple,
devait être principalement orné de meubles
Louis XIII.

Un intérieur décoré d'une façon s'il se peut
nouvelle par Morris ou par Tiffany ne sera donc
pas plus fantaisiste que ces sortes de reconstitutions fort à la mode ces dernières années, et dont
on semble se dégoûter depuis qu'elles ont envahi
de leur tarabiscot poncif jusqu'aux salons de la
tour Eiffel.

Ce n'est sans doute pas par la forme variée
jusqu'à l'épuisement — que brilleront les meubles
d'un nouveau style ; la forme qui, pour citer ces
dernières *incarnations*, dirons-nous, amplement
pompeuse sous Louis XIV, capricante jusqu'à la
convulsion dans le rocaille, maigrement distinguée
sous Louis XVI, a fini rigidement frigide sous
l'Empire, avec le *Retour d'Egypte*, ou mythologi-
quement maniérée avec les oiseaux des *dormeuses*
de Pauline Borghèse.

Les éléments d'innovation dans le meuble seraient la *couleur*, doucement dosée, — et surtout
quelque chose de symbolique et de pensif, de par

le décor variant et commentant un texte, une idée.

Ce qu'on peut affirmer, c'est que le *quære mulierem*, l'*éternel féminin*, sera la loi du nouveau style, comme il le fut des précédents, et que la Femme moderne, qui a su se créer des ajustements nouveaux, devra, dans l'avenir, être évoquée par l'aspect des meubles nouveaux que d'ingénieux artistes lui auront appropriés; tout comme l'image d'une Médicis ressort encore pour nous de son miroir gemmé, la fringance d'une Pompadour, de sa chaise-longue rococo, et le gracieux allongement d'une Récamier, de sa méridienne à cols de cygnes. »

VII

A Gabrièl de Yturri.

ORFÈVRE ET VERRIER

(GALLÉ ET LALIQUE.)

Au beau premier Lapidaire.
La Fontaine.

Lalique, sonorité cliquetante et rimant bien à relique; nom prédestiné d'orfèvre, de ciseleur de châsses et de reliquaires, de ciboires rutilants, d'ostensoirs radieux, de flambeaux gemmés dont les cierges ardents reflètent les langues de feux de leurs chandeleurs dans des émaux et dans des pierres. Dessinateur d'orfrois orfévris où des joyaux s'étoilent parmi des brocarts; bijoutier de cabinet des gemmes et joaillier de sacristie, propre à effiler une pyxide sur l'allongement d'un clou du Christ ou à la contourner selon l'anneau de la couronne d'épines, y faisant pleurer les larmes du jaspe sanguin, et la douleur des perles; capable aussi de reconnaître, comme à Florence, un profil de César dans les veines d'une agate; de créer, comme à Dresde, tout un Lilliput en pierreries; et de suspendre au cou de Joséphine, Troie en ignition dans un flamboiement d'opale.

15

Il y a bien en effet de toutes ces choses dans
l'artiste prestigieux dont le nom les évoque ; et si
Balzac a dit vrai à propos des noms, quand il voit
le Z fulgurant de Z. Marcas s'abattre sur son
héros comme un zigzag de foudre — nul moins
que Lalique n'aura menti à la sonorité ciselée de
son nom, à la précieuse rime de son vocable.

Cette coquette des *Mille et une Nuits* qui, malgré
le coffre de verre en lequel son époux l'avait enfermée, nombrait par autant de précieux anneaux
le compte de ses amants, il m'a souvent semblé
la voir me tendre ses mains sous les vitrines de
Lalique. Et la coquine, comment ne pas lui par-
donner en faveur des bagues — excuses de ses
infidélités, alliances irrésistibles. Ces cygnes na-
geant entre des roseaux ne furent-ils pas le don
de quelque poète mourant qui rendit entre ses bras
le chant du cygne ? D'un autre poète, cette autre
inspiration cygniforme : deux oiseaux de Léda
aux cols entrelacés, « l'un noir et l'autre blanc » ;
le jour et la nuit. Et ces plumes de paon aux yeux
opalins, l'orgueilleuse conquête. Car, il faut le
dire, à la gloire, puisque c'est aussi au dam de
Lalique, il est le maître des irisations et des cha-
toiements, le prince des orients et des reflets. De
vigilants amis ont beau lui rappeler les respecta-
bles ou risibles superstitions, les ostracismes
inexpliqués, les peurs tenaces, les préjugés invin-
cibles ; on dirait que le sertisseur malicieux se
plaît à compliquer, à compléter ses travaux de
charmes et de sortilèges. Car les sorts ont des
caprices et des revirements. Telle pierre, dite
fatale selon certaines conjonctions de temps ou de

saison, de sexe ou d'âge, transforme ses maléfices en bienfaits pour d'infinitésimales variantes. L'opale laiteuse enferme de troubles sentiments que vous ne sauriez, sans injustice, attribuer aux limpides desseins de l'opale transparente. Pour les uns, c'est de la véritable plume de paon qu'il faut se méfier. Sa reproduction est favorable. Il y a là tout un rituel à interpréter, plein de roueries et d'accommodements comme la chair de certains oiseaux de carême. Et je conseille aux élégantes en mal de présages et de signes, d'obtenir de Mme de Thèbes dont la bonne grâce et le savoir accommodant n'y faudront point, des dispenses en règle qui leur permettent de concilier toute sécurité avec la fascinante possession des opalines amulettes de Lalique. Car l'entêté n'emploiera qu'à regret le Labrador pourtant tout plein d'ailes de papillons pétrifiées; et vous ne le déciderez pas aisément à plonger la main dans son sac de turquoises.

Un laqueur japonais, le plus célèbre de tous, Kô-rinn, s'était déjà assimilé tout l'arc-en-ciel de la nacre pour faire jouer ses rayons mauves, prasins ou rosoyants dans d'infinis burgautages. Le manteau de regards des plumes du paon l'avait aussi tenté, et cette étrange agonie des boules d'hortensias qui réunissent curieusement sur leur corymbe mourant toutes ces nuances de bleuté, de rosâtre et de verdissant que leur aurore se partage.

Mais, Prométhée plus audacieux, Lalique, lui, a vraiment volé la flamme. L'endormir ou la réveiller dans ses pendeloques fulgurantes ou faiblement éclairées, c'est l'art de ce monteur de contes bleus tout plein d'ardentes histoires. C'est tout un jardin des Hespérides rutilant et fervent qui brûle aux plaques de ce collier, entre ces minces traits d'émail noir et ces feuillages de diamant dont les ténèbres et les blancs feux font plus ardemment ressortir les fruits de rouge flamme. Mais l'opale ne se limite pas aux braises; et ce sont encore des moires d'eaux stagnantes où se mirent des iris, dont les paysages exigus et infinis se suspendent à des chaînes. Des bulles de savon s'envolent des chalumeaux d'une tibicine, et ce sont encore des opales. Car l'humanité a son rôle dans ces colliers élus, dans ces boucles émues. J'ai sous les yeux la plus subtile des aquarelles; un modèle d'épingle pour retenir de lourds cheveux et qui me fait penser à ces vers :

> Il me plaît qu'une noire
> Fasse mordre à l'ivoire
> Mes cheveux, manteau brun.

Épingle massive, peigne léger aux longues dents ivoirines surmontées d'une création de Blake, de Grandville, de Wagner; d'une femme-papillon dont les bras sont les ailes d'émail d'un *paon-de-jour*, entr'ouvertes au long d'un corps savoureux de Vénus, dont les cheveux en or ruissellent aux ailes de l'insecte, et roulent des perles.

C'est encore une des hantises de Lalique, un des éléments élus de son décor, que les chevelures. Il les enroule autour des visages en flots sinueux, fabuleux aussi puisqu'il en affole les nuances, jusqu'à les tourner au vert, ainsi que le Grand

Albert en donne la recette, ou les fait sembler ceux de la reine de Saba dont Flaubert écrit qu'ils étaient « poudrés de poudre bleue ».

Je ne finirais point de détailler et de décrire. Un collier fleuri d'iris d'eau penchés eux-mêmes sur des fils de perles dont les gouttes sont celles mêmes de cette onde. Des chrysanthèmes d'émail brun au cœur de diamant, au feuillage d'or frisé, disposés dans la forme de triangle étroit et aigu d'un devant de corsage Louis XV. Une boucle faite d'une branche de fuchsia aux chinoises clochettes retombantes. Des fleurs inemployées, des insectes diaprés, des lis dessinés de face, de revers et de profil comme cette violette de Léonard de Vinci dont la série d'aspects se multiplie en un savant croquis de Venise. Des projets de tiares pour Sarah Bernhardt qui, la première, a cueilli aux plates-bandes de l'orfèvre ingénieux les lunaires nelumbos de Cléopâtre, les lis emperlés de la Princesse Lointaine. Dessins qui sont eux-mêmes des bijoux, donnant vraiment des flammes à leurs diamants, des fleurs à leurs gemmes, du lait à leurs perles, piquant de tout un scintillement le papier diaphane.

Mais ce ne sont pas des parures seulement qui éclosent aux ateliers du Cellini parisien; maints objets merveilleux : coupes, drageoirs, pommes de cannes ou de parasols, pommeaux d'épées. Et, près de quitter, pour y revenir, les vitrines du génial artisan, il me semble encore s'y voir étoiler les mains de la coquette orientale, doigts encerclés de fleurettes qui sont les nimbes de la reine Mab; de la reine de Saba aussi, car c'est

bien elle que j'entends me murmurer : « Nous
regarderons le soleil à travers des *opales!* »

* *

Ecrire de Lalique tout simplement qu'il est le
Gallé du bijou eût été le plus compréhensif des
éloges. Suspendre aux cols des belles des bijoux
qui sont de menus vases de Gallé, quel plus
artiste rêve d'artiste? Et la plus adéquate réalisation n'en serait-elle pas cette description admirable : « Elle avait pour pendants d'oreilles deux
petites balances de saphir supportant une perle
creuse pleine d'un parfum liquide. Par les trous
de la perle, de moment en moment, une goutte-
lette qui tombait mouillait son épaule nue. »

Au reste, puisque nous avons parlé des noms,
ceux-ci sont de singulière similitude. Et le maître
verrier ne me contredira pas qui prise bien con-
fraternellement les créations de l'orfèvre, quand
j'ajoute que, si Lalique eût débuté d'abord, on
aurait pareillement pu écrire de Gallé qu'il est le
Lalique du verre. Spirituelle et sensible entente
d'un plus subtil langage des fleurs, commenté
parfois par des visages pensifs ; enfermement sous
des couleurs et dans des contours d'une allégorie
qu'ils doivent traduire, telle est la liqueur enivrante que le verrier nous verse en ses vases divins ; tel le grisant parfum qui découle pour nous
des perles creuses de Lalique.

Dieu me garde d'entamer ici l'éloge de Gallé.
Le « passons au déluge », d'un interrupteur judicieux, aurait tôt fait de me rappeler à l'ordre. Et
le déluge, n'est-ce pas celui de tant de *faux Gallé,*

d'ailleurs non sans charme, (comment pourraient-ils autrement emboîter son lumineux sillage, et profiter de sa gloire)? lesquels, ne sont, au contraire, incontestablement qu'une nouvelle et inévitable marque de son triomphe.

Mais les véritables vases de Gallé, car lui-même doit faire entre ses produits la gracieuse part d'une production commerciale et courante ; mais les vrais entre les vrais, ceux dont la pâte préparée par lui-même, selon des assemblages secrets, se nuance de tons correspondants à des plantes symboliques, ciselées enfin sur l'allongement ou le renflement du cristal ; ces vases-là, signés du nom du maître, sous l'hexagone et décorative alvéole des rayons céreux du miel ou pleins de l'interne irradiation des gommes pilées dans leur pâte, — ils sont nos vases murrhins, les frères de ces mystérieuses coupes, dont l'antiquité s'enorgueillit sans nous les traduire, et dont nous jugeons l'ensorcelante beauté par l'étrange délire qu'elle inspirait *d'en ronger les bords !*

La sveltesse, l'élancement d'un jet de fleurs sur une tige gracile, c'est le propre des verres de Venise, surpassés aujourd'hui par ceux de Kœping, ces volubilis ténébreux, qui n'attendent pas le choc ni même l'effleurement pour se briser ; mais au cœur même de la vitrine, et sous la seule influence d'une variation atmosphérique, vivants et vibrants, inquiets et sensitifs, se fanent, se fêlent...

Mais, ce serait la profonde erreur d'un superficiel jugement de s'en prendre aux formes des cristaux de Gallé, les juger massives ou les souhaiter plus légères. Oui, ce serait témoigner d'une totale incompréhension de ce qui les dignifie ; à savoir leur parenté avec la gemme, la création de. factices onyx, d'artificielles cornalines, pour en extraire des vaisseaux veinés de ténèbres ou d'aurore. Ces feintes pierres précieuses, il est donc logique de les traiter, comme on eût fait des vraies et d'en épargner le moindre éclat ; de leur laisser cette forme native, qui ne doit atten- ter que peu à la masse vitreuse, solidifiée au creu- set et à la moufle. Ainsi des madones de vieil ivoire bombent et s'incurvent en des hanchements, des grossesses ou des hydropisies, sculptées qu'elles furent, scrupuleusement, selon la courbe de la défense.

De tels Gallé sont les seuls cadeaux qu'on ose encore offrir aux rois, qui s'en estiment fiers et heureux et les emportent jalousement pour l'hon- neur immortel de leurs musées.

Oui, et il convient de le proclamer en passant, puisque la noble modestie de leur auteur le laisse à peu près ignorer, tout juste s'en prévaut, ce sont deux vases de Gallé, qu'en abolition des souvenirs douloureux, la France offrit au tzar, ainsi que des lacrymatoires sans prix, dont s'é- pancheraient enfin les larmes.

***

Des papiers, récemment retrouvés en des archi- ves flamandes, font descendre Verlaine d'une ancienne famille de Verlaine, et attestent que le pauvre Lélian — qui a produit par ailleurs de plus importantes lettres de noblesse — était gentilhomme — (et, par conséquent *amateur !*). — Une pareille découverte est imminente au sujet de Gallé, ainsi que nous le donne à penser un vieux traité de verrerie, lequel, après nous avoir assuré qu'à l'encontre de l'opinion, ces messieurs les verriers ne sont pas tous ivrognes, ajoute : « Les ouvriers qui travaillent à ce bel et noble art sont tous gentilshommes. Ils ont obtenu de grands et beaux privilèges ; mais le principal est celui de travailler eux-mêmes sans déroger à leur noblesse. Suivent les généalogies d'Antoine de Brossard, de MM. de Caqueray, de Virgille, de la Mairie, de Sagrier, de Bongard et de beaucoup d'autres gentilshommes verriers.

Le vieux livre qui se vante d'avoir *déterré* plusieurs secrets importants, en donne, en effet, d'étonnants sur ce propos du verre, qu'il appelle un *métal transparent* et duquel il nous conte bien des miracles, qu'il le teinte en noir de soie, lequel « quoique lugubre, ne laisse pas d'avoir sa beauté » ; ou en blanc de lait, en fleur de pêcher, en couleur de perle, de vipère, d'héliotrope, de sang ou de rose. Il nous apprend « la manière de faire une belle et noble escarboucle », de tirer le laque jaune des fleurs du genêt ; d'extraire l'essence du pavot, de l'iris, des roses incarnates, des violettes, des fleurs de bourrache, des choux rouges, du glayeul, de la mauve, de la pimprenelle et autres herbes, pour faire des laques de mêmes couleurs ; de *décrasser* les perles et d'en faire d'imitées, par le moyen de l'art, « qui n'auront pas moins d'éclat que celles que la nature a formées

dans la profondeur de la mer »... Mais revenons
à notre gentilhomme verrier.

Ce n'est, de notre précieux ami Gallé de Nancy,
l'artiste complexe et multiple, l'homme au concept
feuillu et touffu — dirai-je capillaire? tel qu'un
bouquet de ces graminées qui, même séchées,
gardent des airs d'être vivantes, et restent sem-
piternellement refleuries ; esprit auquel les images se présentent toujours sous leur aspect le
plus détaillé, le plus enchevêtré, s'y cristallisant
en outre et diamantant dès leur entrée ainsi qu'en
une mine de Saltzbourg cérébrale, de mille facettes arc-en-cielées ; miroir dont la glace enferme
toujours et retient quelque fibrille qui l'arborise ;
œil d'un lynx qui serait myope, à qui les ensembles échappent parfois, mais pour lequel l'aile de
la libellule n'a jamais assez de mailles, et point de
secrets ! Ce n'est de lui ni l'érudit botaniste que
je veux dire aujourd'hui, le Linné qui ne ferait
tort ou grâce à ses portraits de fleurs, d'aucun de
leurs airs penchés et de leurs profils perdus ; ni
l'étonnant ébéniste qui traite les bois comme des
agates, tire parti de leurs veinules et de leurs
zébrures pour y ébaucher d'allégoriques paysages
de terre et de ciel, pareil à ce Mathieu del Nas-
saro, de Vérone, lequel mit à profit les rouges
macules d'un jaspe sanguin pour en figurer les
gouttes de sang d'un Christ en croix ; — ni même
le crystallier merveilleux, le prince de cette tri-
nité, le résurrecteur des verres chinois (ainsi que
le fut Carriès, des grès Japonais), le patient étu-
diant du Musée de Berlin où brillent les plus
beaux spécimens de cet art curieux qui superpose

les vitreuses couvertes diversement colorées, pour les faire, au fur et à mesure du goût et du besoin, reparaître sous l'intelligente tarière.

Ou plutôt si je parle encore du prestigieux verrier à qui j'ai consacré par ailleurs un menu poème descriptif dont il me plairait qu'il fût des moins inconnus — ce sera pour dire telle station élue et anxieuse de l'exquise angoisse qui le mène aux nobles réussites dont nous sont seuls révélés les résultats polis et l'on dirait aisés, hors des affres tenues secrètes de la parturition douloureuse des creusets, de l'enfantement des souffleries qui ne laissent voler et rouler par devers nous que les bulles les mieux irisées, les briolettes de la plus belle eau, les perles du lait le plus pur.

C'était en conclusion d'une visite aux jolies usines de Nancéien, à ses élégantes fabriques, à ses laboratoires charmants. Nous avions admiré et respiré les massifs de ses modèles végétaux ; les modelages et la marqueterie d'après leurs élancements ou leurs épanchements, les vases qui tirent d'eux leurs coloris et leurs silhouettes, et dont les flancs délicats et nuancés, les transparentes parois presque vivantes contiendront des fleurs similaires et fraternelles, à peine distinctes de leurs vases. Mais le fil du labyrinthe n'était tout dévidé ni rompu, et le trousseau des clefs de notre guide cliquetait encore d'une clef mystérieuse qu'il dissimulait en même temps qu'il semblait nous l'offrir, désireux de trahir son secret sans le proférer, et d'être consolé sans avoir gémi.

Et quand eût tourné sur ses gonds plaintifs la
porte de ce cabinet de Barbe-Bleue, ne fût-ce pas
vraiment, ô Gallé, les jupes de vos femmes mortes, les tuniques de vos défuntes muses qui m'ap-
parurent à ce lucide porte-manteau vitreux, à cet
idéal décrochez-moi-ça cristallin ?

Ou plutôt c'étaient les défroques pailletées et
micacées de vos filles mort-nées, de ces buires
pleines de vos insomnies, de ces lagènes gonflées
de vos rêves et de vos peines, et auxquelles vous
donnez quelquefois justement et d'un véridique
symbole, la forme d'une larme moulée sur celles
que vous coûtent tant de cadavres adamantins et
d'hétacombes gemmées. Et, sur ces rayonnants
rayons, je reconnaissais les galbes préventifs, les
contours originels et primordiaux de ceux de vos
vases qui nous ont le plus éblouis, ceux dont
l'heureuse éclosion nous avait paru sortie toute
fleurie de votre cerveau et de votre moufle, et
dont les spectres craquelés ou fendus, les fantômes ébréchés ou foudroyés nous narraient là
silencieusement les cruelles étapes de votre genèse
passionnée. Haillons des pourpres du rubis, ori-
peaux d'azur du saphyr, loques d'escarboucles,
pendeloques pantelantes et prismatiques, où souvent de ces pierres elles-mêmes sont par vous
pilées et incorporées, et qu'un reflet de soleil
couchant allumait alors au fond du cabinet de
Barbe-Bleue, incendiait, faisait flamboyer et lar-
moyer, tel qu'un brasier de pierreries où se consume et ressuscite incessamment le phénix de vos
créations, l'oiseau fabuleux de vos féeries.

VIII

A M. Henri Rochefort.

UNE VICTIME

(A PROPOS DE LOUISE MICHEL ET D'UN COLLIER DE PERLES)

> Je la crois fine, dit-il,
> Mais le moindre grain de mil
> Ferait bien mieux mon affaire.
> (*Le Coq et la Perle.*)

« On sait que les perles, ces *pierres vivantes*, selon la pittoresque expression des bijoutiers, se ternissent et prennent une teinte jaunâtre si on les laisse séjourner longtemps dans leur écrin; mais une immersion momentanée dans l'eau de mer suffit alors, dit-on, pour rendre aux perles tout leur éclat.

« Les journaux américains racontent que semblable accident est arrivé dernièrement à un magnifique collier de l'impératrice d'Allemagne. Sur les conseils du joaillier de la Cour, on vient d'enfermer le précieux objet dans une caisse de verre munie d'un orifice et d'immerger le tout dans la mer du Nord, à quelque distance de la côte; une garde d'honneur veille jour et nuit sur le trésor.

« Espérons que, malgré l'époque avancée de la

saison, cette cure de bains rendra son éclat primitif au collier de l'impératrice d'Allemagne. »

Le prestigieux fait-divers néglige à vrai dire de préciser si les perles ont contracté leur jaunisse au macabre contact de ces épaules de cire, dont il est constant que l'impératrice Augusta les revêtait pour assister aux soirées de gala. Etrange figure que celle de cette vieille souveraine érudite et coquette qui évoque un souvenir d'Elizabeth; et dont le moindre décor ne fut pas d'avoir eu pour son lecteur ordinaire Jules Laforgue. Et la lecture entendue, elle partait pour la promenade, la vieille dame, en un carrosse machiné, dent le siège à bascule, mû aisément par le pied de la suivante, permettait à l'impératrice de rendre les saluts sans se fatiguer — et, comme le Catoblepas se dévorait les pattes — sans s'en apercevoir!

Mais qu'importe? Les perles sont immergées et la cure se poursuit au fond des eaux, de leur impériale neurasthénie. Elles se réorientent au baiser salé des Océanides et des Tritons et les coquilles maternelles reconnaissent, endoloris, les pleurs irisés qu'elles distillèrent.

Les perles, vocable prestigieux et roulant comme elles, blanche idée évoquée, en même temps que de fruit défendu; laiteux grains du chapelet de volupté égrené dans les nuits de fêtes; un de ces lieux communs, dont Baudelaire célèbre justement la beauté, terme de comparaison des dents et des teints pâles. Du plus pur des trésors aussi : « Lorsqu'un homme a trouvé une belle perle, disent les livres saints, il vend tout ce qu'il possédait et achète la perle. » Au point que rien ne se révèle excellent, suréminent et parfait entre les choses vivantes ou inanimées, sans que le plus élu des vocables lui soit décerné ; et l'heureux maître de l'objet sans pair, du serviteur excellent, de l'ami éprouvé, de la femme fidèle s'écrie invariablement de chacun d'eux : « C'est une perle! »

Une indestructible anecdote qui a survécu au ressassement, nous représente la plus belle reine de l'Univers, rassasiée de voluptés, n'en trouvant plus de digne d'elle que la dilution dans sa coupe de cette seule goutte de lait qui valait un monde.

Plus tard reparut, dépareillée, au chapeau d'un roi, la sœur de cette perle d'Egypte, certaine *Pérégrine*, que les mémoires nous décrivent grosse comme une poire de *Sept en gueules*.

La femme de Caligula, cette Lollia Paulina, qui nous apparaît comme la grande élégante de l'antiquité, se montrait continuellement couverte de perles. Quant à ce portrait de Pompée tout emperlé qui fut, nous dit-on, promené dans un triomphe, ce dut être un fort vilain objet, assez semblable à un lot de loterie. Néanmoins, notre pensée, parfois, l'évoque complaisamment pour le préférer, en fin de compte, à bien des bustes de nos deux Salons et à de nos photographies inaltérables.

Au reste, ces perles de l'antiquité ne devaient ressembler en rien aux colliers de la rue de la Paix, dont Goncourt nous a décrit la juxtaposition savante. L'aspect de ces parures romaines était plus fruste, un peu pareil aux bijoux indiens. Une de nos vieilles parentes en portait beaucoup. Ils abondaient en de ces perles noirâtres et baroques, pour lesquelles notre malicieuse adolescence avait trouvé cette appellation : *dents de pirates!*

Ces robes de perles dont nous trouvons les descriptions dans certains inventaires anciens, celles même dont se chamarrait la reine Vierge, n'employaient sans doute point des perles de choix. Au reste, les Orientaux en firent de plus grandes prodigalités que de les coudre, fût-ce par milliers, sur des tissus ; et ce n'est peut-être pas tout à fait une légende, cette somptueuse histoire orientale des noces du calife Mâmoun avec la belle Bouran, dont le père, Haçan, fit, au cours des cérémonies nuptiales, ruisseler à grands flots des perles sur le jeune couple. Ainsi fit Napoléon III à l'occasion du mariage de sa nièce Anna Murat. Le flot de perles à vrai dire ne dépassait guère quinze ou vingt, mais des plus extraordinaires que j'aie vues. Elles étaient disposées en un de ces colliers de chien, dont le nom est si laid, simplement enfilées à la suite les unes des autres et grosses comme des avelines. Au reste, la duchesse de Mouchy aura été, dans notre pays, l'une des dernières femmes dont l'écrin ait mérité d'être mentionné. A côté de ses perles sans prix on admirait encore de magnifiques saphyrs cabochons, les plus bleues turquoises et des émeraudes historiques. Elles composaient un diadème superbe et touchant, puisqu'il était celui que l'impératrice Eugénie destinait à sa belle-fille. Après la mort du prince impérial, elle en fit don à sa nièce préférée. Mais un bijou plus précieux avait précédé celui-là. Je veux parler du trèfle, aussi en émeraudes, qui avait été le cadeau de fiançailles de l'empereur à Eugénie de Montijo.

La souveraine ne s'abstint un seul jour de s'en parer, toute la durée de l'Empire. Lors des revers, elle ne cessa pas de mettre le bijou. C'était un talisman ; elle le croyait et continua d'espérer qu'il recommencerait de lui porter bonheur. Sa foi ne l'abandonna point, même en exil ; et je crois bien que ce fut seulement à la mort de son époux qu'elle se décidait à renoncer pour toujours au bijou qui avait cessé de lui être fidèle.

C'est moins la diminution des fortunes que le mauvais goût qu'il faut accuser de la disparition des parures de pierres. Des femmes qui en possèdent, ne les portent pas, de peur de paraître démodées, — et du fait, sans doute, d'une de ces tyrannies à la Louis XIV infligeant la perruque par le besoin qu'il en avait — ou de quelque bancale coquette qui, ces derniers six ans, aura réussi à accabler les attaches d'épaules de toutes les Vénus sous des manches monstrueuses. Ce sera pareillement une maligne *sans-écrin* qui aura discrédité la gemme mystérieuse, superficielle ou profonde : l'émeraude, dont le vert est doux aux yeux qui ont pleuré ; le saphir, qui s'assombrit aux lumières ; la turquoise, plus précieuse de devoir mourir ; le rubis, comme un vin de soleil et de sang ; l'améthyste en laquelle semble sommeiller cette mort des violettes, dont se désole la sœur de Laërte. Pour ne parler que des pierres prismatiques. Tout cela qui jasait et tremblait, ruisselait et brûlait entre l'irradiation des diamants, sur les épaules et dans les chevelures, semble avoir presque définitivement cédé la place aux vilains pompons de batiste qui sont les fleurs artificielles,

à ces aigrettes en forme de petits balais dont les
femmes sont si fières, qu'une salle de gala s'en
peut voir tout entière envahie, comme au festival
russe de 96, où triompha aisément la splendide
simplicité de la tzarine sous sa tiare et ses rivières
de diamants, comme une mitre de feux et un pec-
toral de flammes. Dans nos salons, et dès le seuil
d'une fête, le compte est vite fait de ce qui vaut
la peine d'être nommé, en fait de joyaux : les turquoises de la princesse de Poix, les émeraudes de
la princesse de Ligne, le rang de perles de la comtesse de Castellane, l'écrin resplendissant et un peu
barbare de la comtesse de T... et cette prestigieuse
parure en saphirs de Marie Leczinska, gracieusement portée par la comtesse L. de M... — D'Annunzio, dans son *Plaisir*, parle des antiques bijoux
de l'aristocratie italienne, superbes dans leurs mon-
tures démodées. La collection du prince Doria
était célèbre.

C'est à Lalique, le bijoutier-fée, le magique
marieur de la forme et du coloris, de l'émail et de
la gemme, qu'il appartient de trouver un séduisant
compromis entre la pierre et la flore, d'entrelacer
des bouquets légers, qui ne soient ni la fastidieuse
fleur artificielle, ni le lourd diadème de joyaux,
mais des couronnes enchantées de Titania qui
fassent tourner toutes les têtes et enguirlandent
d'un prestige plus irrésistible encor le nom déjà
privilégié du jeune orfèvre.

*\
* *

Ces radieux souvenirs et le fait-divers plein de
rêve qui les évoque, ne sont que pour amener un

plaidoyer intéressé en faveur d'une innocente victime, dont la perte irrémédiable et le sort affreux ont depuis longtemps excité ma commisération et que je voudrais sauver. Je dis intéressé, parce qu'à de certains moments, l'intérêt apitoyé que m'inspire ce condamné, pris entre des circonstances meurtrières et bizarres, tourne à la hantise et qu'il y aurait du soulagement pour moi-même, de cette invincible et lancinante préoccupation, dans une combinaison que je n'ose espérer, et qui mettrait fin à cette situation intolérable.

Le bouillant M. Alexandre, qui prend les directeurs de musée pour des moulins et qui les fait tourner... en bourriques, s'en va-t'-en guerre contre les incuries et les abus de ces lieux d'instruction haute, et de noble plaisir, les aménagements défectueux, l'ordonnance désordonnée, les restaurations criminelles. La matière est abondante, la carrière ouverte, la critique aisée, le remède, non. Une personne sur mille ne se trouve pas pour disposer avec goût les tableaux de ses humbles collections particulières, dans cet ordre logique et dont on sent, à l'apaisement, à la sécurité, à la confiance qui en résultent quand il est atteint, que c'était l'ordre unique, soumis à d'architecturales, mathématiques et autres lois inéluctables. Il n'y a pas deux places pour le même meuble dans toute une maison, pour le même tableau dans toute une galerie. L'être mystérieusement organisé pour ce rare office du rangement, ne saura pas plus se dérober à cette pacifiante et satisfaisante réussite finale que n'y pourra prétendre le mieux intentionné des joueurs de quatre coins de qui les rai-

sons déterminantes de changement de place pour
tel ou tel tableau ne semble guère dériver que de
ce jeu. C'est ainsi que d'une visite à l'autre, certaines toiles montées ou descendues voient ainsi
infliger l'aspect de *ludions* aux personnages qu'elles
contiennent. L'écrasement des plus finis Hollandais
par la lourde série des Rubens, suite décorative
qui n'a rien des tableaux de musée, et manque
moins au Luxembourg, pour lequel elle fut composée, qu'elle n'opprime les parois du Louvre qui
n'en peuvent mais, sous sa charge, n'est-il pas
pourtant d'une moins exhilarante anomalie que
celle qui induit le Véronèse géant, à jouer au *lion*
et le moucheron avec des miniatures. L'avènement
au Salon carré de l'ennuyeux portrait de Poussin,
d'ailleurs remplaçant d'un Lesueur qu'on ne re-
grette pas, reste aussi inexpliqué que la saute d'un
bout à l'autre de la vaste salle, du plus précieux
des Clouet, le portrait d'Elisabeth d'Autriche, à qui
l'on pouvait épargner ce voyage. Quant aux apparitions et aux rentrées en scène soumises à des
lois inconnues, on peut quelquefois juger de leurs
dangers par certains de leurs avantages. Et ceux,
qui comme moi, goûtent étrangement le portrait
de fillette par Ingres, exposé dans la salle du couronnement de Joséphine, peuvent regretter qu'il
ait, paraît-il, été longtemps accroché dans un cor-
ridor où l'on avait recours à l'*aliquando bonus dor-
mitat*, pour excuser sa présence. Pour ce qui est
des nettoyages et des retouches, l'histoire du
Raphaël racontée par M. Rochefort, dont le prépondérant avis en matière d'art fait autorité, et
qui le renforce encore cette fois, d'une triomphante

colère d'Ingres, — elle est éducante. Mais que de réformes à faire marcher de front, que de vendeurs à chasser du temple! Faux Millet, fausse tiare, basse prétintaille apparaissant, on ne sait pourquoi, tout à coup dans certaines vitrines, collections particulières, achetant trop aisément pour le bourgeois par un don facile et prétentieux le droit de faire durer son nom dans un panthéon d'art.

Certes ce serait à tous points de vue le meilleur et le plus rapide moyen de libérer mon prisonnier que de mettre à la porte d'un seul coup cette encombrante collection Thiers, qui à l'inesthétique agglomération de services de table qu'on ferait mieux d'envoyer au musée de Sèvres, s'ils en valent la peine, et d'aquarelles d'après Raphaël, tout au plus dignes de l'école des Beaux-Arts, ne craint pas d'ajouter le nouveau discrédit de notre musée par un pire forfait : je veux parler de l'attentat, chaque jour indûment commis, du seul fait de sa présence et de son maintien sous les transparents verroux de ladite collection, *d'un magnifique collier de perles*. Et c'est sur ce point que notre fait-divers insiste en l'instructive similitude de sa prophétie. Le collier est vivant. Donc des bijoutiers consultants — et je soutiens qu'on devrait procéder ainsi, sans plus tarder — pourraient préciser à quelques jours près l'heure où la désastreuse teinte jaunâtre envahira cette voie lactée. Les diagnostics sont précis. Le *væ soli* s'adresse aux perles comme aux êtres. Privée des tièdes et vivifiants enveloppements du contact humain, et comme on ne saurait pratiquement et sans augmentation de frais exiger du gardien qu'il donne

asile au lit menacé, chaque jour, une heure, sous
sa flanelle — la perle mourra.

Par quelle inconsciente *donation entre vifs*, l'auteur de la *Révolution et l'Empire* (autrement dit le
petit foutriquet) a-t-il voué de propos délibéré, à
une mort certaine, par le seul énoncé d'une clause
irréfléchie de son legs, la personne respectable de
ce joyau, plutôt que d'en constituer le neigeux
prix de vertu de quelque triomphante rosière? —
La perversité en est incroyable. Mais nous nous
bornerons à appeler l'attention sur le fait, à réveiller la conscience publique endormie. Le *Moritura
Margarita te salutat*, chaque jour proféré par ces
dents vraiment de perles est le *delenda Carthago*
par lequel une société protectrice des gemmes
doit résoudre et effectuer le salut de la précieuse
hostie, dont voici l'exact signalement, éloquent
dans sa précision fastueuse : 145 perles, formant
524 carats, ou 2,097 grains.

Tel est le nacré objet de ma pitié dont le blanc
salut occupe mes moments perdus, se défile dans
mes insomnies. Qu'on garde pour les muséums, ces
perles calcinées qui ressemblent à d'énormes grains
de plomb, et qui furent tout ce qu'au lendemain
d'un incendie fameux, on retrouva d'une cassette
réputée.

J'y pensais, l'autre soir en attendant Louise
Michel, qui nous avait donné rendez-vous, salle
Octobre. J'avais déjeuné avec elle chez la grande
tragédienne qu'émeut la charité de la grande
citoyenne. Et comme nous exprimions à celle-ci
notre désir d'assister à une réunion, elle nous
avait fixé rencontre en cette petite salle qui lui

plaît dans le quartier des écoles dont les étudiants viennent l'entendre. Perle aussi, cette grande charité, perle baroque mais perle. M. Rochefort nous en citait des traits étonnants. Celui-ci, entre autres. On était en route pour Nouméa, et « Louise » (comme on l'appelle familièrement, entre amis), qui s'était successivement dépouillée de toutes ses chaussures, en faveur de besogneux compagnons de voyage, marchait nu-pieds. Rochefort dut alors intervenir pour lui faire accepter de la part du capitaine une paire de chaussons de Strasbourg, insistant pour que cette fois elle s'engageât à ne pas s'en défaire. Elle fit bien de vagues promesses, la Vierge Rouge. Mais un quart d'heure plus tard, les chaussons de lisière se promenaient aux pieds d'une autre.

J'eus le loisir de me rappeler d'autres anecdotes entrecoupées d'édifiant et de bizarre qu'on m'avait contées de l'orateur — qui se faisait attendre, n'ayant pu, au dernier moment refuser un bout de conférence, aux *Mille Colonnes*. Ce délai me parut fâcheux. Louise nous arriverait fatiguée, et pour ne nous offrir qu'un échantillon affaibli de sa glose vantée. En outre l'attente s'aggravait péniblement des subversifs discours d'une citoyenne qui tenait impitoyablement *le crachoir* sur le compte des calotins et des curés, lointains objets de sa haine sans grâce. Mais nous avions compté sans notre hôtesse, dont c'était mal connaître la puissance de bagout, et qui ne tarda pas à s'annoncer de la rue. Familièrement et un peu blagueusement acclamée, elle fendait la foule, réprimandant l'auditoire du peu de confiance et d'attention accordées

17

à son amie. Enfin le bureau atone se couronna de
sa silhouette expressive et falote dans laquelle il
y a du conventionnel et du saint, de la pythie et du
diablotin, du vieux savant, de l'abbé et du pianiste.
Oui, un Littré sans lunettes, un Liszt bizarre,
sous le petit chapeau en feutre noir et les longues
mèches grisâtres du vicaire, dans la quasi-soutane
à la ceinture de cuir. Et n'est-ce pas curieux cet
emprunt irréfléchi du costume de Louise Michel
à ce clergé même que sa compagne injurie. Mais
elle-même, de ses objurgations coupées de bonjours
est entrée dans son humanitaire sujet, toujours le
même. Plus nulle choquante personnification, où
de particulière attaque. L'évocation d'une république idéale, d'une ère de rêve sur laquelle me
semblait planer le souffle puissant et doux des sublimes poésies libertaires de Desbordes Valmore.

Un jour tout sera libre et Dieu seul sera roi.

Oui, un globe régi — sans qu'elle en convînt —
mais tout de même, et en dépit qu'elle en eût, par
le *diligite alterutrum* évangélique. Un peuplerégenté
par l'unique Amour et dans lequel tout le monde
serait végétarien, pour ne plus même attenter à la
vie animale. Puis comme la vie végétale elle-même
doit être sauvegardée, les plantes, les légumes à
leur tour se verront épargnés, et l'air et les rosées
finiront par jouer un rôle alimentaire et nutritif
dans la planète régénérée. — Et elle ajoutait :
« Pourquoi pas ? » en un noble et touchant élan
du désir de hâter la purifiante aurore. Le mouve-
ment était vraiment éloquent et beau, transfigu-

rant ce visage aux assises laides et embrumées
qui se réhabilitent en un front plus voisin du jour.
Certes un peu de christianisme manque à cette
bouche d'un saint Vincent de Paul qui ne sait
pas sourire. Mais les yeux ne l'ignorent pas, eux.
Le grand secret qui seul enseigne l'indéfectible
joie, cette charité qui fait toujours un peu chrétiens malgré eux ceux qui doivent au moins cette
justice au Christ, qu'il l'a mise au-dessus de lui-
même.

Et je croyais entendre un grand plaidoyer panthéiste en faveur de toutes les faiblesses et pour
l'extinction de toutes les souffrances. Un réquisitoire sous le paternel acquiescement d'un Renan,
prêchant bienveillance pour tous et dans lequel
passaient des courants philosophiques et poétiques
de Michelet et de Mistral plaidant devant les
bûcherons humains : l'humanité armée de cognées,
la cause naturelle des arbres. Une défense où
s'élargissait le souffle généreux de Rosny dans
son *Impérieuse Bonté* divinement civilisatrice,
implorant cette fois jusqu'à la mort armée de
faux pour l'humanité elle-même. Et sous l'enveloppe dépouillée, d'un parler monotone mais net,
c'était la voix de Henri Favre qui m'arrivait ou
du cardinal Manning, de tous ceux que j'ai ouïs
parler ou que j'ai vus œuvrer magnanimement au
nom de l'humanité future. Oui, le saint arche-
vêque de Londres, cet homme *rouge* de sa seule
ardente foi et de son zèle débordant, et qui dévoré
de sa seule charité ne distinguait plus entre les
adresses des Juifs et celles des Chrétiens, lesquelles
remplissaient d'actions de grâces pour son uni-

versel apaisement, le palais où ce véritable saint
mourut sans un sou, ruiné d'aumônes. Et n'est-ce
pas étrange cette finale réconciliation de tant de
divergence dans cette vérité unique de la charité
qui éclaire d'un jour — comme d'ordinaire si différent de celui dont l'obscurcit la légende, cette
figure de Louise Michel, à la fois apostolique et
sibylline. En ce qui concerne l'orateur, c'est vraiment le seul qui m'ait donné (n'ayant entendu
M. Clémenceau ni M. de Mun) l'impression de
l'être animé de ce don pythique ; non le récitant
d'une réthorique apprise et de périodes composées,
mais le prêtre d'un dieu inconnu insufflant idées
et images dans un ordre originel et une harmonie
préétablie — dont la loi me fut dans la suite pittoresquement démontrée par la conférencière elle-
même. « Avant de prendre la parole, m'a-t-elle dit :
mes idées m'apparaissent, sous l'aspect d'un trou-
peau rangé devant moi, en demi-cercle. Les têtes
émergent une à une. Les points se traitent successivement. Et quand mon discours se conclut, la
place est nette que tout à l'heure occupait au
devant de moi l'hémicycle tumultueux de mes
concepts. Mais le don est tout oral. Que je tente de
les exprimer par écrit, une relecture insatisfaite
me fera réduire de moitié le nombre de phrases
qui m'aura d'abord paru nécessaire, jusqu'à ce
que la même élimination qui se faisait naguère verbalement devant moi, se fasse successivement de tout ce que j'aurai pensé, et m'ap-
paraisse sur mon papier, tout en ratures. »

Or, elle parlait éloquemment de Cyvoct le jeune
et triste déporté dont le nom, *hic vocatus* sonne

pourtant tel qu'un rappel. Elle nous faisait vraiment toucher tout d'abord du doigt les vêtements de deuil de sa mère, usés en démarches sans découragement pour obtenir la grâce de ce fils, en sollicitation infatigables. Puis la blancheur d'une autre étoffe succédait à ces crêpes, dans cette évocation sanglante; et c'était le linceul de l'infortunée, qui était vraiment morte à la peine, mais sans se lasser d'attendre le pardon différé dont sa voix agonisante avait laissé de sa déchirante supplique dans la voix qui nous la communiquait, tyranniquement plaintive.

Et voici, que dans cette angoisse, en une association d'idées despotique aussi, et je ne sais quel rapport de larmes, se reprirent à rouler en mon esprit les pleurs des perles. Et la blanche victime de la bêtise m'apparut dans le même temps et à la suite de la victime obscure, la mère moribonde qui avait pleuré tant de sinistres perles. La triomphante apostrophe de la libératrice des prisonniers, la grande Marceline, chanta dans l'air :

La Liberté, ma fille, est un ange qui vole!

Et je ressentis amèrement la nostalgie de l'exilé lointain, et l'enfermement du stérile et mortel bijou qui devrait mêler sa blancheur à celle d'un col de cygne. Et je détestai aussi les palais déserts dont les ombrages vains, les inutiles rosiers, les jets d'eau sans témoins et les ramiers sans écoutes laissent au détriment des fronts brûlants, des sens extasiés, des yeux et des oreilles avides, se déperdre fraîcheurs et parfums, murmure et roucoulement dans la solitude et dans le silence. Et

17.

je songeai : « Qu'on rappelle Cyvoct! Que le
collier de la collection Thiers soit offert en récompense et en remerciement à une artiste de génie;
ou qu'il devienne, parmi les dentelles d'une corbeille, et pour fêter un homme éminent, un père
ou un époux, le cadeau de noces national d'une
fière fiancée. Ou si l'on décide qu'il soit vendu
avant que de mourir, qu'on lui adjoigne, hormis
ces deux pierres historiques et impérissables, le
Régent et le Rubis d'Anne de Bretagne — ce qui
reste des bijoux de la Couronne, simulacres de
diadème et contrefaçon de bandeaux qui attristent
dérisoirement le centre de la Galerie d'Apollon en
la compagnie baroque d'un sabre et d'une montre
de Mamamouchi en or et en diamants offerts par le
Grand Turc à la République de Lutèce.

Et dans le même jour n'a-t-on pas le droit de
l'espérer, nous apprendrons une troisième et non
moins surprenante nouvelle. Mue par une égale
piété, par une pitié deux fois salutaire, instruite
par de si persuasifs exemples, lasse enfin de
laisser désertes et infécondes, dénuées des rêves
qu'elles ont le droit d'inspirer les suaves splendeurs de *Bagatelle*, nous apprendrons, avec la
satisfaction d'une justice enfin rendue, que jalouse
de surpasser la bienfaitrice anonyme qui vient de
doter d'une villa sur les bords de la Seine un
quatuor de peintres, Lady Wallace vient à son
tour, d'abandonner aux poètes, cette maison des
champs qu'entre les taillis argentés du bois, lord
Hertford regagnait, à pied durant les nuits de lune,
rentrant du Jockey-Club, sa canne à la main,
au chant des rossignols. Les poètes vien-

dront rêver là d'exils finis, de perles délivrées.

Et quand nous y ferons notre entrée, n'aurons-nous pas la surprise d'y trouver debout, en livrée de gala, derrière la chaise du maître toujours attendu, ce serviteur que le noble Anglais laissait soigneusement dans l'ignorance calculée de son retour, pour qu'il se tînt toujours prêt à présenter un dîner sans fin préparé, lequel se renouvelait parfois, sans être servi, des jours, des mois, des années ?

XI

A M. Alphonse Daudet.

JAPONAIS D'EUROPE

> Un petit jardin fantastique qui a
> pour arbres une douzaine de ces chênes
> et de ces thuyas en pot, que Montes-
> quiou a achetés à l'exposition Japo-
> naise, arbres nains qui ont cent cin-
> quante ans, et qui sont de la taille
> d'un chou-fleur, et sur la cime desquels
> on est tenté de passer la caresse de la
> main, comme sur le dos d'un chat,
> d'un chien.
>
> *Edmond de Goncourt.*

Briller pour disparaître, et monter pour descendre ;
Le grain de sable dit dans l'ombre au grain de cendre :
    « Il faut tout engloutir ! »
« Où donc est Thèbes ? dit Babylone pensive...
Thèbes s'écrie : « Où donc est Ninive ?... » Ninive
    S'écrie : « Où donc est Tyr ? »

Je suis loin d'avoir oublié la délirante exalta-
tion qui s'empara de mon adolescence le jour qui
la mit en la radieuse présence de cette strophe
admirable, laquelle me parut, et me semble encore
entre mille essais de rendu de notre plus poignante
condition humaine, puisqu'elle est celle même de
notre peu de durée, défier à tout jamais toute concurrence.

    Je m'entretenais un jour, avec une intelligente

et savante jeune femme, à qui je conseillais de l'entreprendre, de l'intérêt qu'offrirait ce travail : la présentation simultanée et comparative en un petit livre d'ingénieux extraits, des tours variés, des formes diverses donnés à une idée générale par des écrivains distants d'époque et de patrie, séparés par des siècles et par des mers. Et comme je lui citais cette phrase de Goethe : « S'il n'y avait pas de soleil dans notre œil, comment pourrait-il voir le soleil?... » J'eus l'admirative surprise d'entendre mon interlocutrice me citer de mémoire trois ou quatre interprétations différentes de cette rare pensée. La même jeune dame aurait sans doute vite fait de réunir (et j'en laisse le soin à sa délicate compétence) un millier de variantes sur la douloureuse vérité dont je parlais plus haut, de locutions et de textes sur cette brièveté inséparable de l'humaine sujétion dont ce n'est qu'à force d'en parler que les hommes l'oublient. Pour moi je n'y veux ajouter que cette strophe de Musset, émouvante dans sa plus féminine mélancolie :

> J'ai vu sous le soleil tomber bien d'autres choses
> Que les feuilles des bois et l'écume des eaux ;
> Bien d'autres s'envoler que le parfum des roses
> Et le chant des oiseaux !...

En ce qui concerne les œuvres et les objets d'art, qu'on ne s'y trompe point, leur phase de succès, parlons d'abord de celle-là, surtout s'il fut rapide, n'est qu'une ère ouverte à toutes les méprises, car il y en a vraiment de toutes les sortes. Si elles consistaient invariablement comme il arrive sou-

ventes fois, à vouer au dédain les œuvres de
valeur, et à faire exalter les ouvrages médiocres,
il suffirait pour s'orienter avec sécurité et porter
un jugement sûr et sain de prendre le contrepied
de l'opinion publique. Mais non, le succès va parfois aussi aux travaux de valeur; et vraiment on
pourrait croire qu'un aéropage de dieux ma-
lins, pour se réjouir, dans l'avenir, de tant de succès infirmés, de réputations démenties s'amuse à
désorienter les jugements, jusqu'au point d'en
faire rendre parfois, et de prime abord, de raison-
nables.

Les grands hommes, qui ne sont que des bibelots plus précieux, sont par cela même exposés à
plus de déconvenues. Ce qui les sacre, leur rareté,
les désigne à la curiosité maligne; et leur nouveauté à la haine sincère des routiniers comme à
la non moins sincère envie des habiles. Rien ne
saurait évidemment guérir l'humanité d'une sorte
d'erreurs et de travers, qui déjà rebelle au sourire
comme aux objurgations des âges et à un moni-
toire aussi définitif que celui d'Hello, doit sans
nul doute ressortir à une loi sociale et cosmique,
déterminante des chefs-d'œuvre, protectrice de leur
germination et nécessaire à leur épanouissement.
Et nul possible réaction. Celle qui s'évertue le
plus équitablement contre l'abus et démontre l'injustice, en précise les points qu'elle signale à l'édi-
fication ou à la risée, commet dans le même instant à l'égard d'un autre savant ou d'un autre
artiste un crime égal à celui qu'elle flagelle.
L'exemple de César Franck ne sera pas plus pro-
fitable que celui de Millet; et proclamer l'auteur

18

des *Beatitudes* n'empêche pas de ne point faire à Fauré la place qu'il mérite et qui n'est pas moindre.

Et c'est précisément ce caractère déroutant parce qu'il est anticipé qui assure pour l'avenir aux œuvres qu'il marque tout un public approprié et réceptif de ce qui, s'étant créé des spectateurs et des auditeurs sera devenu assimilable.

La plus sage explication d'un tel désordre ne serait-elle pas celle-ci ? Pour des fins qui ne sont peut-être qu'à demi humaines, des aboutissants autres que terrestres, les trouvailles scientifiques doivent être faites successivement, tantôt avec lenteur, par à-coups violents, comme si l'invisible et l'inconnu procédaient par puits et par mines, et que le génie des savants rencontrât tout à coup des gisements d'inventions et des filons de découvertes. C'est ainsi que déjà fameux par celles dont il avait enrichi le monde expérimental, le docteur Crookes fit cette bizarre incursion dans le *vestiaire* des larves, reconnut les bâtards d'Allan Kardeck et légitima la nécromancie.

Pareillement les arts procèdent par alluvions en de pensifs esprits, par incubations en des cerveaux réfléchis, auxquels le silence et l'abandon profitent en fécondité et en envergure.

C'est ainsi que le savant et l'artiste vrais, ceux qui doivent faire faire aux temps dont ils sont et qui dateront d'eux, ces pas désirables, providentiellement délaissés par la vogue, pourront poursuivre dans un utile secret de si importantes recherches. A moins que relancé dans leurs retranchements de choix par une popularité inévitable, ils n'en soient réduits à couper la queue de leur chien pour donner le change sur le sérieux de leurs préoccupations vénérables.

La chose est si vraie qu'aux jours où le succès déchaîné menace de déranger fatalement ces producteurs nécessaires, un sauveur bannissement vient les rappeler à l'ordre et au travail, ainsi qu'il arriva pour l'auteur des *Contemplations* et l'auteur des *Tristes!* Et prisonnier entre le ciel et l'eau, dans son exil de Guernesey, Victor Hugo y put continuer son œuvre géant, avec l'océan et le rocher pour écritoire à sa taille.

Nous l'avons dit, la plus déroutante malice du succès consiste à ne pas éviter *toutes* les œuvres de choix. Mais son feu qui consume un vain bois doré, épure le métal précieux, et l'avenir reconnaît les siens, saluant seul l'or rajeuni, cette fois indubitablement distinct d'une pincée de cendres.

Les trois phases de ce que j'appelle ailleurs *l'engendrement à la postérité* seront donc le succès, la gloire militante et la gloire consommée. Elles sont inéluctables. Immédiat ou tardif, contemporain ou posthume, le succès devenu gloire militante devra traverser une période de relatif délaissement pour que le plus justement fêté des chefs-d'œuvre soit enfanté à l'immuable. Le maître qui n'ignorait pas ce stage et l'avait vu infliger à un Lamartine, tenta de réagir d'outre-tombe par une publication périodique et posthume. Mais il y a là encore un inflexible veto. Et Victor Hugo lui-même devra concéder une obole pour le suprême péage de tant de splendeurs.

Oui, quelle qu'ait pu être de son vivant la gloire

d'un auteur, il lui faut se transformer et souvent par quelle période de longue désaffection! témoin Ronsard, en une plus solennelle consécration où le temps n'a plus à revoir et qui élimine ce qu'il put y avoir d'excessif dans l'engouement comme ce qu'il y eut d'injuste dans la défaveur qui le devait expier.

On pourrait dire que cet âge des renommées se peut connaître comme celui des arbres à quelque ligneuse couronne de plus ou de moins entre l'aubier et le cœur du tronc; que des lois d'action ou de réaction régissent ces crues des réputations et leurs étiages; et qu'après élancements et abaissements, ainsi que l'eau reprend son niveau, toute grande mémoire s'aplanit à l'égal de toute grande mémoire.

Et le moins curieux encore des tours de l'inévitable succès n'est pas son apparition sur le tard, longtemps après les plus graves consécrations comme cela se vit ces derniers ans pour Botticelli, qui en fut presque déconsidéré, autant qu'un barbon qu'on verrait faire l'enfant et rejouer aux marelles.

Ainsi les fortes œuvres, au sortir de ces alternances de mépris et de succès qui les enfantent à la gloire retentissante, entrent enfin lorsque telle est leur dignité, dans cette période de la gloire paisible, enfin résolue et résorbée, qui est comme le nirvâna où s'en viennent pénétrer ceux qui ont faim et soif de leur beauté et de leur justice. Et c'est pour cette auguste transmission qu'une durée au delà de la nôtre leur fut accordée. Mystère qui d'abord nous opprime comme rude et inique,

avant de nous apparaître généreux. Quoi! ce lacry-
matoire qui s'irise tel qu'une bulle de savon vitri-
fiée, pourra bien survivre de plus de mille ans
aux yeux qui s'y dissolvaient en pleurs? C'est que
le poète qui en serait ému ne devait pas naître
moins de dix siècles plus tard, et s'y enivrer de
ces larmes fidèles.

Souvent aussi une méprise inverse précède
encore l'équité finale qui succède à une méconnaissance excessive. Ce fut le cas de Millet. Mais
la balance s'équilibre, et l'artiste est enfin pesé à
son poids invariable. Car un Rembrandt ou un
Raphaël n'atteignent pas aujourd'hui le prix de
l'*Angelus*, et là encore je vois pour le maître de
Barbizon une autre sorte d'offense. Ce serait une
sage juridiction que celle qui condamnerait à de
sévères dépens l'amateur assez inéclairé pour
payer trente mille francs le dessin que Goncourt
acheta spirituellement dix louis, il y a six lustres.
Ou plutôt ce prix maximum pourrait être fixé
comme étalon de l'enchère prépondérante; ce prix
au delà duquel tout surplus serait versé au profit
d'une caisse de secours d'un hospice, d'une académie; ce prix qui sera le prix *ne varietur* du chef-
d'œuvre ou du bibelot hyperprécieux qu'ils soient
le panneau de Scorel ou le tableau de Théoco-
puli; la mèche de cheveux blonds de Lucrèce
Borgia ou la blanche relique du lait de la Vierge;
ou enfin ce bijou sans pair dont le miracle
va passer sous le marteau de la vente Goncourt, cette grenouille de jade qui contient, selon
l'expression même du maître d'Auteuil, « allante
et venante une goutte d'eau antédiluvienne ».

18,

* *

C'est à la suite de ce joujou inouï que je veux
rentrer dans mon sujet guidé par cette autre
grenouille bienfaisante. Je voulais parler du Japon
écoulé et résolu, de cet Extrême-Orient lui aussi
devenu public et qui eut son succès sur le tard,
afin que les exquis ou sérieux éléments en fussent
triés et répartis et que la vaine broutille s'en
éparpillât aux quatre vents du ciel avec les pétales
de fleurs et les ailes de papillons, dont elle était
faite. Il a fallu vingt ans pour que le van de la
mode accomplît cette besogne-là. Commencée en
1878, elle dépose aujourd'hui son bilan et cette
vente des Japonaiseries de Goncourt en sera le
rapporteur élu et un peu trahi, la victime tardive
et expiatoire de n'avoir pas su s'arrêter à temps,
et convertir au bon moment des valeurs en
baisse.

Avant il y avait eu des armateurs profitant des
arrivages, des parents de marins à qui leurs fils
rapportaient des chinoiseries, des passionnés par-
tiels, des types de collectionneurs isolés, de ma-
niaques restés célèbres. Il y en avait en Hollande
dans des familles de navigateurs, à Saint-Malo ou
les grands financiers achètent encore aujourd'hui
des salons de laque. Il y en avait à Paris, hôtel
Pontalba, à Bologne, palais Hercolani, dans Balzac,
chez sa *vieille fille*. De-ci de-là, en d'anciennes
familles sommeillaient de ces innombrables et
hybrides services en porcelaine de Chine dont les
dessins souvent chrétiens étaient fournis aux céramistes de là-bas par les jésuites. Et les délicats

ouvriers de l'Empire du Milieu nous retournaient
avec une égale docilité notre Sauveur sur des
boîtes à thé, et nos armoiries sur des bourda-
loues. Les perroquets chers aux grandes favorites perchaient sur des étagères de choix à côté
des magots lippus et ventrus remuant leurs mains
et branlant la tête. Et cette belle maréchale Lannes
dont Gérard nous a légué la triomphante apparition
au sommet d'un escalier de jardin où de beaux
enfants l'environnent, fut, elle, l'idolâtre du kaolin,
l'adoratrice du pétunzé. Autour d'elle sa collection
s'accumulait envahissant parvis et parois comme
des eaux d'un déluge. Les bouquets, les insectes
et les oiseaux de ces vases chéris jouaient en son
palais le rôle des dessins d'une tenture. On lui
en expédiait de tous les pays. Chaque jour en
voyait de nouveaux fleurir et pulluler dans
son atmostphère. Ils étaient les bijoux de ses
écrins et les floraisons de ses massifs, les
printemps de ses rêves. — Il y avait les coquilles
d'œufs, les roses et les vertes familles ; les céla-
dons craquelés, truités et fleuris, toutes les
formes et toutes les couleurs, les potiches et les
pitongs, le vert camellia, le violet aubergine et
ce bleu lavé cher à l'empereur Kien Long qui
l'avait appelé *bleu du ciel après la pluie.* Et quand
l'aimable dame mourut, il se trouva qu'elle avait
ainsi amassé de grands biens pour ses descendants au fil de ses songes. Et tandis que l'agio-
teur matineux se livre à des calculs vains et
des combinaisons déçues, rien qu'en accumulant
autour d'elle ces vases qu'elle aimait, elle avait
amoncelé un trésor incalculable....

Je veux encore décrire un surtout qu'on dirait sorti de ce conte de *Serpentin vert* où se meut précieusement le monde lapidaire des pagodes. Sur un miroir dont le tain usé imite les lèpres d'une eau stagnante, quatre chevaux de porcelaine d'élan un peu pareil à ceux du *char embourbé*, supportent une caisse quadrangulaire aux panneaux bizarrement décorés d'un masque. Une flore éclate en ce jardin suspendu, œillets imités de ceux de Saxe et dont la frondaison découpée en fin bronze doré est un savant fouillis de ramilles et de folioles. Quatre jeunes magots agenouillés à la surface de l'eau élèvent ainsi que des parasols retournés chacun une rose géante ; et de pareilles roses, gauches, violacées, assez semblables aux roses plates de Botticelli, divisent avec régularité l'espace restant, celles-là surgissant d'elles-même et sans le secours d'aucun magot, du sein du miroir aquatique.

Mais tout cela était ésotérique et fermé, l'orgueil de plusieurs, la jouissance d'un petit nombre.

Il y fallait, pour une profanatoire consécration, ce banquet des mercenaires des Salambô où les trésors sont dilapidés, où l'on boit dans les coupes sacrées. L'exposition de 1878 marqua pour nous et pour le Japon cette communion sacrilège. L'art japonais qui jusqu'à ce jour avait été forclos comme ses palais, caché comme ses souverains, fut mis au pillage. Art monarchique, légitimité du bibelot, fraternisant tout à coup sur le pavé en débordements et en déballages.

On n'a pas oublié cette révolution qui fut une

révélation, ce délicieux 93 de bambous où ne furent guillotinés que des magots, des iris et des libellules. La carmagnole s'en chanta par tout Paris, et le drapeau s'en arbora, sous forme de kakémonos et de foukousas brodés et peints de pruniers et d'hortensias, de tortues et de chauves-souris, d'une flore vivante, d'une animalité en fleur, d'une humanité animale et spirituelle. Cent termes jolis qu'on s'apprenait à qui mieux mieux se pressèrent sur les lèvres des néophytes japonisants et devinrent des locutions courantes. C'étaient d'abord ces *kakémonos* et ces *foukousas* dont je parlais tout à l'heure ; les premiers, ces tableaux qui se roulent comme les anciennes cartes chères à Vermeer ; les seconds, ces carrés de broderies dans lesquels on envoie les cadeaux au Japon et qui sont aux armoiries de ceux qui en ont. Les autres ont pour armes plus joyeuses et plus vives les flots de la mer avec leurs poissons, les couchers de soleil avec leurs oiseaux, une colossale boule de neige avec les enfants qui la roulent. Tout le ciel et toute la terre mêlés et unis par toutes les envolées et tous les bondissements de tous les plumages et tous les pelages, sans oublier les lenteurs et les rampements des carapaces, des tests et des écailles.

On apprit ainsi à connaître les *netzkès* qui sont ces ivoires sculptés drôlatiques ou charmants, lesquels servent à attacher à la ceinture les *inrôs*, qui sont eux les boîtes à médecine.

Petits casiers superposés et s'emboîtant dont les mires nipponais enferment leurs poudres à l'efficacité desquelles contribue sans nul doute le plaisant décor extérieur du laque, paons aux plumes burgautées, et toute la fantasmagorie. On connut encore les noms du *tsibouitsi* et du *shakudo*, ces deux fins métaux qui se combinent heureusement dans l'ornementation des manches de couteaux et des gardes de sabres. D'intelligentes dames firent venir chez elles des peintres japonais pour leur apprendre à disperser savamment sur les écrans des vols de passereaux ou de cigognes. Mme Judith Gautier qui fut toujours une initiatrice de Yeddo comme de Bayreuth, qui depuis longtemps avait écrit le *Dragon impérial*, l'*Usurpateur* et d'autres prestigieuses variations chino-japonaises; qui avait serti ce bijou le *Livre de Jade*, anthologie ciselée de la poésie chinoise, connut Komiosi et Motoyosi et nous livra les secrets encore plus savants et plus exquis. Dans ses *Poèmes de la Libellule*, — cela n'est pas assez vanté, qui firent pour le Japon ce que le *Livre de Jade* avait fait pour la Chine, elle dota la poésie française d'une strophe nouvelle, d'une strophe qui n'est dans Ronsard ni dans Banville. Dans le même temps que de plus ou moins rationnels affranchissements faisaient parler d'eux, on laissa passer presque inaperçu cet acquêt important pour la poésie. Cette strophe était l'*outa* japonais exactement transposé en notre prosodie, avec le même nombre de syllabes. Et pour plus de clarté, Mme Gautier, dans sa consciencieuse traduction du texte même en caractères japonais, avait tout d'abord reproduit la traduction uniquement phonétique et sonore.

Alors elle mit le comble à ses bontés, et nous donna la *Marchande de sourires*, appellation pleine

de poésie et de vérité, d'ironique urbanité aussi
de ce que nous appelons avec grandeur mais
moins euphémiquement : les horizontales. Non
que la valeur littéraire de l'œuvre allât au delà
de ce qu'il faut pour mettre en scène un palanquin laqué, et en valeur des robes printanières ;
mais précisément parce qu'elle faisait cela avec
grâce et avec goût, nous lui en sûmes un gré
infini. Elle devint pour une élite une sorte de déesse
invisible et omniprésente, réincarnation mystérieuse de *Kwannonn*, déesse de la grâce ; et quelque
chose aussi de cette Benntenn, la compagne unique des sept Kamis, antiques dieux de la mytho-
logie du Japon, qu'elle distrait en jouant du *sha-
missen*, de leurs préoccupations, d'ailleurs légères.
On se la représenta entre Dinard et Paris telle que
l'avaient laissée entrevoir des médaillons de Carriès, des études de Sargent ; et on ajouta qu'elle
s'habillait de blanc pour sacrifier des oiseaux
blancs dans une chambre blanche. En réalité
c'était une belle et aimable femme, très simple,
très gracieuse et très bonne, chez laquelle on man-
geait des timbales Milanaises accommodées selon
une recette chère à Gautier, et qui vivait isolée
hors de son pays et de son temps en des terres
d'adoption et des rêves de choix.

Ce fut l'ère des bals costumés où triomphait la
robe japonaise. Et l'on se récitait les sonnets de
Heredia, encore inédits : le *Samouraï* et le *Récif de
corail*. Les trottoirs de l'avenue de l'Opéra furent
envahis par des flots de crêpon et des cataractes
de papier, des torrents d'éventails et d'écrans eux-
mêmes ruisselants de grenouilles et de glycines.

Et les grossiers importateurs qui n'ont souci que des gros sous triomphaient impudemment. Et les directeurs de la Kirin-Kôchô-Kouaïcha dont l'exposition avait si fort contribué à ce déluge se désolèrent de voir à quelle vilaine besogne ils avaient coopéré, faisant la fortune du plus bas commerce de leur patrie et de la nôtre ; mais eux-mêmes obligés de réexpédier en leur pays, faute de chalands, les seuls spécimens dignes d'attention et d'intérêt de la plus ou moins récente production sur lesquels se fermaient les yeux de la *brute* hyperboréenne. Car bien entendu et comme toujours, le public s'était trompé, ou du moins s'était assimilé ce qu'il avait pu de la rénovation et de la réforme. Il avait cru que l'art japonais, c'était toute cette paperasserie. Et de fait, à cet exemple, au moins vivant et léger, se décrassaient nos papiers de tenture.

L'Angleterre de qui les moyennes classes ont plus de goût, tira meilleur parti de ces secours d'en-bas, et c'est, filtré par elle, que nous est revenu l'allégement de nos décors mobiliers et comme un rachat de notre faubourg Saint-Antoine.

Mais les paravents qui chantent la transparente gloire de l'eau, que traverse un reflet d'oiseau, où le mirage de la lune clapote et s'argente, le philistin ne sut que rire de tout cela, et que ce fut précisément ces objets là *où il n'y avait rien* qui coûtassent si cher, tandis que des cabinets chargés d'incrustations et d'appliques se *donnaient* dans le Bon-Marché et dans le Louvre.

Certes il en résulta dans le moment plusieurs collections dont les moins nobles furent des spécu-

lations; les autres redevinrent de rêverie indivi-
duelle et de satisfaction isolée. On cita les bronzes
de Cernuschi, les jades de M. Barbet, les collections Burty et Gonse, et celle de M. Gillot, poteries,
laques, bronzes et albums qui demeure l'une des
plus choisies. M. Bing fut durant vingt ans le
pourvoyeur émérite de ce petit groupe, dont le
véritable prince fut M. de Goncourt.

Sa *Maison d'un artiste* apparut comme le guide
à ce nouveau pays de Cocagne dont les imagina-
tions s'étaient férues. Il l'écrivit comme l'aurait
fait Gautier dont on a souvent cité le joli mot sur
un pays qu'il allait visiter : « Mais comment ferai-
je, après, pour le décrire?... » — Et, de fait, les
voyageurs, avant Loti, n'avaient guère fourni que
des documents, dont les rêveurs se servirent pour
écrire de leurs fonds les seuls récits vrais, ceux
qui de par la puissance de la reconstitution imagi-
native se trouvent être adéquats et conformes. Et
dans le même temps que la *Chrysanthème* de Loti
donnait satisfaction à cette clientèle frivole qui se
représente le pays des Mikados tout en parasols et
en lanternes, les *Japoneries d'Automne* du même
auteur décrivaient pour des lecteurs privilégiés de
plus traditionnelles expositions, de millénaires
pèlerinages.

Donc on le peut assumer et résumer. L'exposition Japonaise de 78 que je vois encore ouvrant
sur la rue des Nations par une fontaine en porcelaine faite d'un nélumbo fleuri, mit le feu aux poudres d'or du laque aventuriné dont Goncourt écrivit
la véridique histoire — et qu'il nous peignit s'éla-
borant dans le mystère et dans la nuit avec une

recueillie précision qui en raffina le prestige.

Mais l'important pour les pourvoyeurs de cette fringale délicate, était de varier le menu. Après l'épuisement des laques et des kaolins, de détourner adroitement l'attention sur les bronzes et les grès, les ivoires et les étoffes. Puis toutes ces veines s'épuisant, se leva l'*estampe* parmi laquelle, toujours sous la conduite du Maître d'Auteuil, verdoya Outamaro, le peintre des maisons couleurs de prase. Et ce fut le dernier des japonais *bateaux*, car tout le Japon y avait passé. Et l'on demandait encore.

Ce fut alors qu'on songea au bibelot vivant, à ces arbustes nains auxquels la Vierge Rouge compare l'humanité atrophiée d'aujourd'hui et dont elle dit : « On devrait s'asseoir à leur ombre !... » On goûta fort en 89 ce jardinet du Trocadéro où le jardinier japonais Hata Wasuké fit fleurir à foison de si pénétrants lis martagons, enroula autour de minuscules rochers des lierres finement découpés, les associant à des monstres végétaux, rabougris et gracieux, incurvés selon d'impossibles courbes. L'impression, à l'entrée en ce fabuleux enclos était celle de pénétrer chez des *comprachicos* du végétal, fabricants d'*hommes qui rient* et de Triboulets, de *Nibelungs* et de gnomes de l'horticulture. Des fils de fer étiraient des branches sur des terreaux de Procuste, et il résultait de tout cela, des thuyas nains, des cèdres joujoux, des retinosporas infinitésimaux, des baobabs de poupées ; une forêt-bébé de centenaires arbustes s'étirant en de serpentines ramifications, s'arrondissant en de si harmonieuses proportions sur de si véridiques ombrages qu'il fallait se détacher des songes bibliques qu'ils inspiraient pour se convaincre qu'il s'agissait d'une forêt de Lilliput, d'un Liban en miniature.

— « Jamais canaille — c'est épatant, » — m'affirma cet étrange Hata, quand je le voulus prendre à mon service.

Hata devint donc mon jardinier, et me fit les plus élégants des bouquets dont plus d'un visiteur du Pavillon Montesquiou a gardé le souvenir. Ces bouquets desquels la composition constitue toute une éducation et une esthétique consignées en des albums spéciaux à l'usage des mousmés qui les étudient et s'en pénètrent. Et quand on sollicitait son secret de mon *Plois*[1] : « Au Japon, jamais agglomération ! » répondait-il sentencieusement.

Les jours de fêtes, il demandait à me parler ; et vêtu de son costume national, me faisait les honneurs de ses albums professionnels qui s'accroissaient et s'embellissaient, chaque saison, de ce que lui envoyaient des confrères lointains de la plus nouvelle hybridation d'iris kœmpferi, de pivoine ou de chrysanthème. Et il étalait ces aquarelles avec une simple fierté, comme un joaillier ouvre ses écrins et présente ses pierres, avec une fierté qui reflète des feux, une satisfaction étincelante.

Il était aussi le metteur en œuvre des illuminations des nuits d'été, allumant lui-même lorsque le soir tombait, vers l'heure des dîners en plein air, les lanternes qu'il avait disposées, le jour, suivant

[1]. Jardinier des Rochers.

d'imprévues symétries. Et 'sa silhouette trapue.
dans sa courte robe de toile bleue ornée d'un caractère blanc, se réflétait dans l'or uni des paravents,
comme celle d'un Caliban compliqué d'Ariel, d'un
Puck robuste, ailé et grimaçant.

J'eus encore des réductions de paysages coupés
de ponts, et constellés de fleurettes. Des jardinières de bois brûlé selon un procédé indigène, et
des tableaux en lesquels s'encadraient des paysages
vivants faits de vraies plantes. Le corymbe de
l'hortensia s'y étoilait au-dessus de sculptures de
chauves-souris qu'on m'offrait en surprise. Car
c'est un trait distinctif de cette race que la gen-
tillesse du procédé, la politesse et l'urbanité, le
gracieux désir de plaire. Je l'observai chez Yama-
moto, valet de chambre japonais qui fut aussi
de ma maison. Tous ses loisirs s'employaient
à sculpter des cadres et des coupe-papiers, des
pommes de cannes, voire à portraiturer de mes
chats en des dessins non sans maîtrise.

Un mien distingué voisin employa aussi des
ouvriers japonais dans un paysage élu avec soin
pour lui rappeler un souvenir de voyage. Ils édi-
fièrent une maison de bois et de papier aux cloisons
mobiles. Les coussins sont de crêpe aux tons discrets, on y fume l'opium dans des pipettes, et tout
en buvant dans des dés du seul impérial thé, *le
thé récolté avant les pluies*, on y écoute frôler de la
biwa en jouant au jeu des trente-six bêtes.

Tels.sont les plus récents bibelots japonais, derniers pétales du prunier d'Okousaï charriés vers
nous par le fleuve Bleu ou Jaune. Et quand une
finale adjudication aura retenti sur le dernier bibe-

lot de la vente Goncourt —— le Japon Parisien aura
vécu et nous en garderons le souvenir empourpré
et ensoleillé d'un courant de couleurs et de clartés
ayant charrié, vingt ans, par nos quartiers bru-
meux une onde faite de dépouilles de fleurs, de
mirages d'insectes et d'oiseaux entre lesquels des
singes aux bras géants s'allongent pour pêcher un
reflet de la lune.

X

A M. Anatole France.

DEO IGNOTO

(SAINT EXPÉDIT)

Bis dat qui cito dat.
Publius Syrus.

On nous a traduit le livre de M. Balfour sur les fondements de la croyance; M. Brunetière l'a préfacé; et nous savons désormais à quel minimum se doit borner la résultante de ce qui nous est approprié de nos dieux et de nos extases. Ce fut une sage mesure. Il convient en effet, dans la simplifiante liquidation de cette synthétique fin de de siècle, de faire les additions et d'établir les totaux, de condenser les vérités sous leur aspect le plus convaincant et le plus bref; de faire la part du feu — et du bleu! et de tabler sur ce qui reste. Un vieux revenez-y de féerie nous laisse du goût pour ce grain de millet au cœur duquel jappe un beau petit chien, et pour cette douzaine de couteaux qui sont contenus dans un noyau de cerise.

De même que nous voyons la vogue aller aux gaîniers qui font tenir sous le plus petit volume, et dans l'espace le plus restreint, le plus grand nombre d'ustensiles, et dont les ingénieux nécessaires finissent par nous persuader que nous allons

faire la cuisine sur une bougie, — ainsi nous
sommes avides d'une religion Liebig, d'un extrait
de vérités, contenant l'essence de la foi et l'os-
mazome de l'espérance, sous les espèces portatives
d'un *Credo* en tablettes.

Mais ces nouveaux prophètes ne sont pas du
dernier bateau. Partis à temps, du bon pied, ou de
la bonne aile, ils n'ont pas su courir assez vite,
voler assez haut, ni tenir en ce qui nous concerne,
le compte assez exact d'un temps où le faubourg
Saint-Germain est en passe de devenir un autre
Marais dont les aborigènes, plutôt que d'y séjourner, préfèrent à leur natal séjour, un huitième au
Trocadéro ; tout comme ces habitants d'Amsterdam
dont leur compatriote, le malin et savant Erasme,
les décrivait perchés sur leurs pilotis et tels qué des
corneilles sur des arbres.

Une ère en laquelle les coursiers sont devenus
des pneus, où les voitures-troncs marchent toutes
seules, traînées par le vide, réclame impérieusement des divinités plus élégantes et surtout plus
élémentaires.

Et ce n'est pas assez pour vivifier les élans
alanguis de nos oremus, que ces noms de donateurs
dont s'ornent maintenant les pierres des basiliques,
et qui, mettant par hasard ainsi sous les yeux du
fidèle le nom de Marie Brizard, lui occasionne
bizarrement de faire une prière à l'anisette.

De fait, les saluts des temples mondains sont
devenus monstrueux, messes noires du flonflon et
de la rigolade. Les gens qui ne vont plus à l'Opéra,
de peur d'y entendre la *Juive* ou les *Huguenots*,
sont exposés à les retrouver là dans le sein même

du catholicisme. Et les visions qui descendraient du ciel sur les airs dont on régale aujourd'hui le Bon Dieu, ne sauraient apparaître qu'en tutus, et couronnées d'un chapeau de fleurs en guise de nimbe. Le besoin d'un nouveau culte se fait donc sentir et il n'est que temps d'y vaquer si l'on a souci d'enrayer la banqueroute de la religion après celle de la science.

Certes, ne nuirait pas le côté bibelot, d'un passé retrouvé, à la condition que ce fût pour la première fois, comme il advint, ces derniers ans, pour le style Empire, que les méprisants possesseurs de tant d'X et de Psychés se sont à la fin avisés d'aller reprendre à l'étage de leurs domestiques et retirer des loges de leurs concierges.

Il y faudrait aussi concéder une part à ce goût du bizarre et à cette méchante perversité d'art qui corrompt les religions en les embellissant, lesquels nous feraient aujourd'hui prier avec plus de prédilection que la *Madone au Voile* de Raphaël ou celle *au Raisin*, de Mignard; la *Vierge au Singe*, de Durer ou la *Vierge au Lapin*, du Corrège.

Éliminons pourtant l'exotisme. Il a eu son jour. Les Vierges noires n'ont plus de chances de succès. Wagner et Ibsen fatiguent les jeunes chefs d'écoles; et les dernières lueurs du Japon vont palpiter dans la dispersion à l'encan des laques aventurinés de M. de Goncourt. — Le député musulman n'est qu'une mire de quolibets; et le mage Motoyosi qui était parti tout droit de dessous le cèdre de Buddha pour nous enseigner la Sainte doctrine, a dû se résigner, pour ne pas crever de faim à lui substituer des refrains du Nippon, et à

lever la jambe. Ainsi, dit Heine « ma divinité
s'écroula misérablement » — en même temps que
la pension du roi Louis-Philippe.

Oui, le pauvre Saizau-Motoyosi, dont les cartes
de visite à la minute portaient cette admirable
suscription : *Enseignement supérieur du Bouddhisme!*
et qui en fut réduit à doubler dans les salons, Ko-
Ta-Ky, son compatriote camelot de la foire de
Saint-Cloud, à chanter et danser des airs et des
pas de son pays, n'était pas venu pour si peu, se
sacrifier à notre barbarie. Ce fut un Ovide des
Iles de la Libellule, un poète qui mourut de notre
incompréhension vraiment Sarmate. Mais les iris
de ses robes couleur d'eau abritaient des desseins plus vastes que ses rigodons, et il y avait
aussi en lui du Jean Huss et du Jean Ziska, du
Mélanchton, du Zwingle et du Savonarole. Et,
puisqu'il en mourut, on lui doit de le proclamer.
Pareil au second de ces deux grands Bohémiens,
léguant à ses partisans pour en garnir un tambour
de ralliement, la peau de son ventre, le mission-
naire Motoyosi dut laisser la sienne aux bouddhistes
migrateurs pour qu'ils la tendissent sur le *shamis-
sen* [1], de ses zélations civilisatrices. Une des plus
prestigieuses fut sûrement celle qu'il ébaucha, une
fois, dans ma maison de Passy, où l'avait attiré
son vif désir de m'amener au Bouddhisme. Mais je
dois avouer que cette prétention devint momentanément le cadet de ses soucis, quand le hasard de
sa visite lui eut fait rencontrer, entre les pivoines
blanches de mon jardin, une belle visiteuse dont

---

1. Guitare japonaise.

la conversion lui parut alors justement devoir rehausser de plus de relief sa réforme hardie.

Cernuschi, dans sa conversation, et dans son esprit, se présentait tout de suite après Buddha, et s'y associait continuellement. C'en était comme le ministre à Paris, le grand-prêtre occidental. Il lui semblait qu'une simple visite aux théogonies du Parc Monceau dût suffire à renier Jésus, et qu'on ne pût que s'estimer heureux de lui préférer un Messie tant de fois renaissant en de si beaux bronzes.

Mais les querelles de pagode et de clocher ne sont pas près de prendre fin; et ce sera plutôt de quelque saint désaffecté d'un calendrier poudreux, que s'éprendra la piété rafraîchie des dévotes. Le grand et singulier Hello avait déjà restauré Saint Goar et Frère Ane. Certaines communautés religieuses pratiquent de même ce dédommagement pieux de donner à leurs nonnes les noms de bienheureux oubliés dont le paradis s'afflige de ne n'avoir jamais à descendre dans une oraison, ou sur un baptême. La mode se livra, ces derniers ans, à une réparation d'ordre similaire, quand les accouchées et les marraines se passionnèrent pour des noms de leurs aïeux — ou de ceux du voisin — et que tous nos filleuls étonnèrent les fonts de ces gothiques prénoms restitués : Aymon ou Arsieu, Aude ou Corysandre.

Les sœurs des couvents dont je parle s'appellent couramment Saint-Anicet ou Saint-Fructueux, Saint-Prétextat ou Sainte-Emerantienne. C'est dans cette hagiographie ésotérique qu'il siéra de chercher le saint du Culte nouveau dont la cha-

pelle sera comme une concurrence dogmatique de
l'Art nouveau de la rue de Provence.

La tentative de M. Loyson, jadis, rue Roche-
chouart, s'infirma elle-même par cette maladresse
de s'exercer sur Dieu et sur le dogme; tandis qu'il
ne fallait que n'y prendre pas garde; mais bien
plutôt délaisser le transept et orienter le succès
sur les bas-côtés, en faveur d'un saint alléchant
qui fasse tourner toutes les têtes.

C'est ainsi qu'on a tenté de rajeunir récemment,
et non sans succès, saint Antoine de Padoue. J'ai
assisté à une restauration de ce patron des solliciteurs et des distraits, dans un pieux baraquement
de Seine-et-Oise. Son office se borne presque intégralement à la récitation publique de mille billets
impérieux ou doux dont la formule ne varie guère.
Il n'y est alternativement question que de maîtresses
de pensionnats réclamant des élèves, de voyageurs
ayant perdu leur bourse en omnibus, et de mères
de famille qui désirent marier leurs filles à des
militaires. En sorte que le Saint lui-même égaré,
ne sachant où donner de l'auréole entre tant d'in-
ternes et d'uniformes à procurer, et de porte-
monnaie à faire rendre, ne saurait se prêter
décorativement à l'ostentation et à la pompe.

N'était le sexe; une étonnante et bienfaisante
amie à nous avait déniché l'oiseau rare. C'était une
vieille dame pleine de charité qui avait fondé un
asile dévot pour de petites filles abandonnées. Les
ressources n'abondaient pas et il fallait des miracles
industrieux pour subvenir à l'ornementation de
l'autel, comme à l'alimentation du réfectoire. Aussi

ne fût-ce pas sans une nuance de tristesse en songeant au décor dont elle aurait voulu fêter cette solennité, que notre laïque abbesse apprit l'arrivée à Paris d'un *Corps saint* que Rome lui envoyait et qui était *en gare*. Il était urgent de l'y aller quérir en procession, avec quelque peu d'apparat et de cérémonie. Mais l'argent était rare, et l'on devait s'abstenir d'en dépenser, fut-ce pour l'humble confection de bannières en papier doré et de modestes oriflammes. Très croyante aux images, une religieuse de ma connaissance avait coutume, quand son patron tardait à lui accorder les grâces requises, de mettre en pénitence, et le nez au mur, la statuette du saint, dans une armoire. Fut-ce à un subterfuge de ce genre que recourut la béguine en peine; et l'esprit même de saint Fulgence ne se matérialisa-t-il point pour lui suggérer une ingénieuse rouerie?

On était à la veille d'installer le corps saint, qu'il fallait tout d'abord retirer de la douane. On sait qu'il s'agit d'une de ces grandes poupées de cire que l'on fabrique en Italie pour en orner des châsses ou des autels vitrés, et dont les membres bénis et de proportion humaine, contiennent un fragment de la relique présumée d'un martyr.

Or, ce jour là, le Jardin d'acclimatation se vit envahir par une théorie de ces longues demoiselles à pèlerines bleues, toutes pareilles, et rayées du ruban de quelque spéciale dévotion, auquel se suspend une médaille. Une monotone file étonnant les cygnes, plus gracieux, faisant aboyer les chiens et baver les lamas, et que, pour se soustraire à leur disgracieux défilé, fuyaient au sein des eaux, les otaries!... — C'était le petit pensionnat en promenade. La sagace conductrice avait en effet observé parmi ces enclos, les hauts panaches de l'herbe des pampas, des touffes de *ginerium* aux plumes géantes. Et comme elle ne représentait sans doute rien autre que la maturité de cette fillette de Flaubert qui croyait pouvoir dérober des fleurs pour en faire don à la vierge, elle avait armé chacune de ses complices, d'un vaste et coupable riflard pour y cacher des gineriums dérobés, que l'on teindrait en rouge, au retour, ainsi qu'on fait des œufs durs, le jour de Pâques. Et il en résulterait, pour aller libérer le saint colis, tout autant de petits balais joyeux, de soyeuses palmes.

Mais le rusé stratège avait compté sans la vigilance des gardiens, mise en éveil par l'insolite queue leu-leu de ces pécores bleues —laquelle dut aller s'expliquer au violon sur sa dévotieuse volerie. Adonc, la palme, fût-ce celle-là, saint Fulgence ne l'emporta point. Du reste nous serions-nous contentés d'une papesse Jeanne?

Il me reste à vous dire quel est mon candidat au socle vacant du dieu inconnu et de la dévotion à la mode. Car il existe. J'en ai fait le choix, et vous le livre au comptant avec son sacerdoce établi et fonctionnel, ses ex-voto et ses cires. C'est, je vous le dis en vérité, le saint qu'il faut à des gens pressés qui n'ont pas le temps d'attendre leurs miracles. Il opère sur place, lui-même et sans délai, ainsi qu'un photographe jadis célèbre. Et comme son nom l'indique : *SAINT EXPÉDIT*, c'est un saint expéditif et expéditionnaire.

Rue de Sèvres, non loin du tohu-bohu du Bon

Marché, entre vingt autres communautés, s'estompe le mystère d'une chapelle de choix, où palpitent sur des fronts élus, les plus transparentes étamines. Au seuil de ce monastère discret, veille saint Expédit, le chevalier et le paladin des vertueuses filles, le Lohengrin de la vocation religieuse. Il est jeune, il est heureux, comme ce qui n'a pas d'histoire. Certes il n'est pas indifférent que son martyre se soit consommé sous Dioclétien, à Mélitène, en Arménie; et qu'il ait eu pour compagnons de son supplice glorieux, Rufus, Caïus et Galatus, Aristonique et Hermogène. Ces noms sonores constituent un mérite de plus dont nous lui sommes redevables, tout comme Gautier trouvait que

La fille de Minos et de Paniphaé

était le plus beau vers de Racine.

Mais nous savons gré aux Bollandistes d'avoir borné là leur notice et d'envelopper d'un peu de secret le beau soldat qu'ils donnent pour garde à de pures vierges. C'est pour cela sans doute qu'il en vient de loin et de partout en si grand nombre et de tout âge, implorer le légionnaire expéditif et clément, lui porter leur cœur et aussi de petits billets, qui se glissent dans un tronc apposé exprès pour recevoir placets et requêtes. Peut-être il exaucera plus vite et mieux les dames des villes de garnison qui souhaitent d'avoir un gendre dans l'armée. Et telle est la diligente alacrité de notre saint qu'il ne fera sans doute nulle difficulté d'accorder des élèves aux institutions dépeuplées et de faire retrouver plus d'une bourse.

20.

Des miracles, il en expédie, tous les jours, des milliers, et tout autant d'ex-voto l'attestent. Des cœurs, il en a jusqu'aux rognons, les cœurs des impatients et des pressés, cordiale condition presque universelle ? — Ne suffit-il pas de l'implorer d'une de ces jaculatoires oraisons qui sont ses avés et de tuer en nos retardements criminels, le sinistre oiseau dont fait justice son pied nu; ce corbeau dont le croassement : *cras! demain!* est le mythe des irréparables atermoiements et des funestes remises.

Oui, voilà bien le patron qui convient à notre fin de siècle tourbillonnante et troublée, et dont le moins fin mot n'aura pas été cette trouvaille de la vélocité en matière de religion, desservie par la prière-express!

Notre secours dans les affaires pressantes ! Ainsi parlent les litanies de saint Expédit que réciteront, celles-là, d'un sincère élan, les contemporains prosternés dont la velléitaire piété ne va guère plus loin et ne voit pas plus haut que celle d'une gracieuse dévote qui me fit un jour cette réponse. Je la complimentais d'un chapelet qu'elle égrenait, et qui était couleur d'aurore : « Oui, répliqua-t-elle avec conviction, celui-là, je le dis *parce qu'il est rose!* »

XI

A Madame Georges Hugo.

POUR ET CONTRE

Et moi je n'épargnerais pas la grande
ville de Ninive où il y a plus de six vingt
mille personnes qui ne savent pas discerner leur main droite d'avec leur main
gauche, et un grand nombre d'animaux.

JONAS.

Ma brunette Margot que Balzac n'aime pas !

Ce vers de Musset ne vous fait-il pas songer aux
démêlés de M. Barrès et de l'Exposition universelle ? — Ce que le délicat et incisif écrivain a
rejeté nous semble volontiers répréhensible ou
négligeable. Mais avoir eu raison suffit à la future
glorification de ceux qui prêchent, même dans le
désert ; et ce fut pour la correction, non pour la
finale destruction de Ninive, que Jonas reçut du
Seigneur l'ordre de prédire cette ruine.

N'avaient-ils pas sussi en un sens raison, ces péti-
tionnaires d'antan qui, lors de l'Exposition du cen-
tenaire, firent circuler par les ateliers notables leur
placet à Eiffel le sommant *in nomine artis*, de ne
point déchirer les cieux de son arête de poisson
phénoménale ? Les plus graves signatures paraphaient
ladite intimation, qui n'eut d'ailleurs d'autre effet
que d'inspirer au sage et excellent poète Ponchon
les plus spirituels de ses bienveillants ïambes. On
y voyait Leconte de Lisle et Meissonnier enjoi-

gnant au moderne Tubalcaïn « père des forge-
rons » d'avoir à interrompre les sonores entre-
croisements de ses inesthétiques ferronneries.

Et toujours, M. Eiffel, bénévole et respectueux,
éconduisait de son sourire et reconduisait de sa
lampe les artistes et les poètes ayant parlé, tandis
que les plates-formes en s'étageant s'entêtaient à
déranger toujours plus haut les hirondelles et les
anges.

Oui sans doute tout le monde avait, comme toujours, raison ; l'ingénieur, de tendre la gigantesque toile de fer où tant de gobe-mouches
devaient se prendre ; les poètes de réclamer au nom
du moyen âge et du Rococo, de Gabriel et d'Ado-
niram, de Rodin et de Rude, contre la colossale
lettre A de l'alphabet infernal, laquelle n'eut d'ailleurs d'autre utilité que d'offrir à régler un peu
plus haut au-dessus du niveau de la mer, de plus
chimériques additions de non moins chimiques
breuvages.

.·.

Les expositions, elles déroulent dans nos souvenirs leurs anneaux de métal aux vitreuses
écailles, où miroitent moins les brevets et les croix
des inventeurs oubliés que les états d'âme et les
degrés de civilisation des périodes qu'elles repré-
sentèrent. La prodigieuse aune de boudin dans
son persil que figurait l'Exposition de 67 toute
prête, comme dans le conte des trois souhaits, à
sauter au nez de l'imprudent qui l'avait évoquée,
n'a rien plus et mieux exposé pour nous et offert
à nos yeux puis à nos mémoires, que les noms

terribles ou gracieux des visiteurs qu'attiraient ses
farandoles et ses revues. Et la daumont d'Hortense
Schneider, faisant ouvrir à son titre alors tout-
puissant de grande-duchesse de Gerolstein, la
grille réservée aux altesses, donne le *la* biscornu
et discordant de cette volcanique vigile.

Mon propre souvenir y revoit, dans les galeries,
un brillant couple de fiancés, venant admirer sous
les vitrines de Mellerio, le prodigieux écrin de la
blonde et belle fiancée. Et, par les jardins, le géant
Dumas et sa Mazeppa, l'étrange Addah Menken
dans une de ces familières poses, ensemble amoureuses et paternelles que nous transmettent des
photographies jaunies.

En 78 une réaction protestante et puritaine
contre des corruptions exécrées, fermait pudique-
ment à la brune, des galeries uniquement affectées
à des perfectionnements industriels et à des amé-
liorations commerciales. Seule y florissait, dans un
épanouissement qui fut une révélation, l'entêtante
et versicolore fleur du Japon moderne; laquelle au
reste se passa presque du même coup sous les
exigences aveugles et avares de la clientèle bourgeoise, et n'aboutit qu'à l'étalage sur nos trottoirs
des japonaiseries d'un sou aux couleurs criardes et
raccrocheuses, tandis que les vrais bibelots exquis
et *refusés* se voyaient contraints de retourner au
pays, humiliés et nostalgiques.

En 89 ce fut un mélange des deux genres :
plaisant et sévère, grave et doux, sérieux et pro-
fane. Dynamo et rahat, ethnographie et rue du
Caire, ingénieurs et âniers, phonographe et danse
du ventre.

De tant de sifflantes courroies distribuant la
force sous les vertèbres de fonte des palais, que
reste-t-il? — « On n'aime une femme que pour un
détail », nous disait, un jour, un subtil amoureux
des chevelures rousses. De l'*Exposition*, l'universelle géante aux « appâts façonnés, aux bouches
des titans! »'sous lesquels le passant demeure une
heure étendu chaque dix ans

> Comme un hameau paisible au pied d'une montagne

quelle image pour nous subsiste? — Nulle énor-
mité. Toutes oubliées, évaporées, évanouies! Non.
Et plus rien autre à peine vraiment très incisive-
ment ne se grave que la victorieuse subtilité de
quelque bibelot inattendu ou d'une futilité bien
suggestive.

Ici, dans quelque annexe où triomphait alors
Lesseps, une tête d'Aztèque réduite par on ne sait
quel procédé de tarisheute mexicain, aux proportions d'une poupée ayant eu vie, avec ses cheveux,
sa chair et ses dents, en toute la mièvrerie épouvantable d'une monstruosité gentille. — Là, ces
perles jaunes d'un si troublant orient, en lesquelles
une indienne industrie a su, on s'explique à peine
comment, transformer et utiliser la dessiccation
d'humaines prunelles.

> Et ces feux plus recherchés
> Que tels bijoutiers moroses
> Tirent des yeux morts séchés
>
> Pour une boucle hagarde,
> Pour un collier imprévu,
> Un bracelet qui regarde,
> Un diadème *ayant vu!*

Je citerais encore cette vitrine d'une élégance raffinée en laquelle une lingère-fée exposait des atours féminins auxquels se pourrait seul rassortir le tissu dont il est écrit dans le conte : « Le prince ouvrit le grain de millet, et l'étonnement de tout le monde ne fut pas petit, quand il en tira une pièce de quatre cents aunes, si merveilleuse, que tous les oiseaux, les animaux et les poissons y étaient peints avec les arbres, les fruits et les plantes de la terre ; les rochers, les raretés et les coquillages de la mer, le soleil, la lune, les étoiles, les astres et les planètes des cieux : il y avait encore le portrait des rois et des autres souverains qui régnaient pour lors dans le monde. Celui de leurs femmes, de leurs maîtresses, de leurs enfants et de tous leurs sujets, sans que le plus petit polisson y fut oublié. » — Et, pour couronnement, un volumineux costume de nuit ruché et enrubanné, tout de si fin linon et de si arachnéennes dentelles, qu'au centre de la vitrine débordant en deçà et moussant au delà de l'anneau, bleui enfin par l'éblouissant saphyr du chaton, on l'y admirait *passé dans une bague!*

Oui, notre mémoire amoureuse, mieux que sur de prétentieuses et assurées matérialités, trouve plus solidement à butiner sur des spéciosités enchanteresses. Et cette anomalie n'alimente-t-elle pas éternellement le sourire de ce grand Inconnu.

> Qui dépense en colère inutile, en fumée
> Tous ces géants, Vésuve, Etna, Chimborazo,
> Et fait porter un monde à l'aile d'un oiseau.

LE CLOU DE 1900

« Quelle forme affectera-t-il ? — sera-ce la tour
Eiffel retournée, rentrée en terre, selon la propo-
sition Paschal Grousset, et en inattendue application de cette loi d'un penseur : « Notre chute a
la forme renversée de notre grandeur possible? »
— Qu'en pense notre hôte?... »

Ceci se disait à Versailles, en l'asile ensemble
paisible et tarabiscoté de certaine serre japonaise.

L'hôte répondit : « Mes bons amis, vous jouez
une fois de plus le rôle de l'homme qui court
après la fortune, tandis qu'elle l'attend dans son
lit. Vous ressemblez aussi à cette femme d'un
illustre docteur, laquelle regardait défiler sous ses
fenêtres les funérailles d'un homme populaire.
Comme la foule se pressait derrière le catafalque
drapé, l'épouse du grand praticien murmura, en
désignant dans le bureau de son mari un tiroir
qui contenait le cœur et le cerveau du défunt célèbre : « Les pauvres gens! *Ils ne savent pas que tout
est ici !* »

Oui, mes amis, *tout est ici*; et vous le savez
comme moi-même.

Les bustes en chocolat des souverains, la *talking*

doll d'Edison, le crâne si délicatement momifié des Aztèques, fut-ce même ces plus mystérieux des bijoux agencés de perles jaunes qui sont de vieilles prunelles indiennes enfilées... — rien de tout cela n'est plus pour faire ouvrir l'œil au raffiné, ni béer la bouche au populaire.

Quelles sortes de mouvements ont, ces derniers lustres, fixé la constante faveur d'un public cosmopolite? Des cirques, toujours. Cirque Wagnérien, dans Bayreuth; cirque mystique, à Oberammergau; cirque musical, au Hændel-Festival Londonien; cirque Néo-Eschylien, au théâtre d'Orange. Seules, ces sortes de représentations ont réussi à canaliser avec régularité le flot des waterproofs et des lorgnettes; et d'autant plus pressé que les difficultés de voyage et de résidence se montraient le plus Robinsoniennes.

Vous organiserez donc, pour l'Exposition de 1900, sous peine qu'elle ne soit point — un gala de ce genre. Je sais bien qu'il y faut quelque chose d'invraisemblable et de monstrueux, de prodigieux et d'incommensurable. Vous procéderez comme il suit.

Vous souvenant en effet que les seuls vénérables succès de la dernière exhibition furent sans contredit la *danse du ventre*, les *Javanaises* et *la reconstitution de la Bastille*, vous ferez dès à présent annoncer par toutes les feuilles publiques, UNE RECONSTITUTION DE VERSAILLES, divisée en autant de soirées que les très diserts comités assemblés à cet effet le jugeront nécessaire. Je dis: le Versailles du grand roi, celui de Louis XV, et celui de Louis XVI; et simultanément, pour éviter la monotonie.

Bien entendu, cette magistrale et universelle évocation ne sera nullement confiée à des praticiens ou des spécialistes, Non. Des billets, dont le prix pourra varier entre un louis et mille francs donneront — dès à présent pour qu'on s'y puisse disposer de loin — droit à des rôles dont l'importance fixera d'elle-même l'entrée en tel bosquet réservé, ou dans telle galerie. Toutes les plus marquantes figures de ces trois règnes seront représentées en cette mémorable kermesse d'un anachronisme homogène. Les demandes d'inscriptions reçues à l'avance, il y sera donné satisfaction par les commissions, dans la mesure de l'appropriation des demandes avec les figurations disponibles.

Tout porte à croire que, d'un commun accord, le personnage de Louis XIV sera confié à un illustre sociétaire, en considération de la maîtrise avec laquelle il a déjà incarné le *Roi qui s'amuse.*

Le divertissement sera merveilleux et innombrable. D'infinis trains de plaisir et tous les moyens imaginables de communication qui transformeront, cet an-là, Versailles en une historique foire des Loges, déverseront, pour le nombre de jours fixés, dans les vieux hôtels repeuplés, et par les avenues grouillantes, toute la population de ces comédiens spontanés et de ces coryphées volontaires.

Au jour choisi pour l'inauguration des réjouissances qui préluderont vers le crépuscule, parmi des musiques de Lulli et de Rameau, de Glück et de Mozart, le Roi-Soleil, le Bien-Aimé et le doux Louis XVI accueilleront leurs invités, qui, dans la galerie des glaces, qui, aux bains d'Apollon ou sur les trois marches de marbre rose. Et le pre-

mier saura se montrer encore une fois « admirable à recevoir différemment les saluts. Aux
dames, ôtant son chapeau tout à fait, mais de plus
ou moins loin; aux gens titrés, à demi, et le tenant en l'air ou à son oreille, quelques instants
plus ou moins marqués. »

Quant à la queue leu-leu qui se déroulera là,
aux groupements qui s'y agrégeront, à l'imprévu
de telle et telle entrée, relevées par l'éclat et l'esprit des personnages chargés de ces parties, je
vous les laisse à penser, et il faudrait des tomes
pour les décrire. Des membres du haut clergé
consentiront sans doute à sanctionner de leur
présence certaine partie privilégiée d'une si excep-
tionnelle fête de bienfaisance. Vous aurez donc
Bossuet et Fénelon, Massillon et Fléchier. L'illusion aidant et croissant à mesure de la réussite, ce
sera vraiment le « voilà nos gens rejoints » dans
la plus inattendue et cordiale acception du terme.
Tous ces morts évoqués n'étant plus dotés par la
feintise de leurs simulacres, que de l'allégresse
de revivre quelques heures, charmants ou glorieux,
hors de l'ancienne amertume d'un caractère subi
ou de circonstances assumées. Que de colloques
piquants, et les surprenantes retrouvailles ! «—La
Bruyère, quelles nouvelles de Théodecte? — Avez-
vous lu Baruch, La Fontaine? — Comment se
comportèrent les dévotes à votre sermon, Bour-
daloue? » — Quant à moi, je réclame la personnification de Mme Lebrun et de sa fille, par les deux
aimables femmes et brillantes artistes, qui, sous
un nom similaire, les transposent gracieusement
de nos jours. — Mais, voici Marie-Antoinette qui

nous offre à boire du lait dans le bol-sein, et prépare sa rentrée au théâtre de Trianon, dans la *Gageure imprévue*. Je n'énumérerai pas ici un plus grand nombre de ces figures restituées, pour ne pas ouvrir, en ce rapide aperçu, l'écluse de l'histoire. Mais je puis vous indiquer deux ou trois scènes typiques, à servir d'exemples.

L'ébrouement sur le pavé de la cour de marbre des chevaux de Van der Meulen, les crins tout cramoisis de bouffettes. Et, derrière les glaces des carrosses qu'ils traînent, de vieilles amies : Mᵐᵉ de Sévigné, Mᵐᵉ Guyon, Mˡˡᵉ de Scudéri ; le bavardage, le quiétisme et la magnificence.

La Pompadour suivra de près, dans cette surprenante calèche qui apparaissait doublée en bleu les jours que la marquise était vêtue de rose. Et réciproquement ; d'où le nom de la favorite donné à la juxtaposition de ces deux nuances.

J'aimerais encore lui voir mimer cette scène vraiment audacieuse, en laquelle elle eut le dessus contre la Reine qui la voulait faire repentir de l'excès de la faveur de Louis XV. Et, comme la dame en grand habit présentait une corbeille de fruits des potagers où son frère avait une charge, la « pauvre vielleuse », ainsi que les Goncourt la nomment, se plut à embarrasser cette nouvelle Pomone en lui demandant de chanter — et sans la décharger de son panier, un air, dont, paraît-il, le Prince avait été régalé la veille. Et Mᵐᵉ de Pompadour, après un vain essai de se dérober à la contrainte, et regardant la reine, fixement, entonnait et véritablement de bravoure, l'air de Glück :
Enfin, il est en ma puissance !

L'octogénaire Le Nôtre (qui pourrait bien être encore un sympathique sociétaire en retraite dans ces parages) promené en chaise aux côtés de son illustre Maître, offrirait un noble tableau. Mᵐᵉ de Maintenon guiderait à travers les quinconces un essaim de filles de Saint-Cyr de la classe des *vertes* ou des *bleues*. Et *Mesdames*, sous l'oseraie des paniers de leurs brocarts de cérémonie, éparpilleront Loque, Coche, Graille et Chiffe sous les charmilles; du salon de Rocaille, où se dresse le grand couvert, au grand canal où glissent des bateaux garnis de symphonistes. Le spectacle offrira, d'un soir à l'autre, tout autant de variantes qu'en décideront les arbitres, assistés de commissaires dont beaucoup auront à cœur de redonner vie à des silhouettes lointaines de leur lignage.

Je prévois une objection politique, mais le charitable mobile quelconque autour duquel s'organiseront ces jeux leur rallierait toutes les opinions. Et ces restaurations éphémères et simultanées, se verront sans nul doute, au profit d'une œuvre de charité gigantesque, non seulement tolérées, mais hautement patronnées par le gouvernement, qui en pourrait, à sa guise, diaprer les monarchistes menuets d'autant de Mirabeau et de Mᵐᵉ Roland, de Camille Desmoulins et de Lucile qu'il lui semblerait opportun... — toutes les opinions étant représentées. »

. . . .

— « C'est cela — repartit un interlocuteur d'une voix gravement sarcastique et harmonieusement gouailleuse. — Et, à cinq heures du matin, *tous les invités reparaîtront sans leurs têtes!* »

XII

A Léon Delafosse.

TABLE D'HARMONIE

Il me plaît, mon cher Léon Delafosse, en ce pavillon des *Silenciaires*, ainsi nommé par vous, du titre d'un mien poème que votre art savant et charmant a rendu bien harmonieux, de vous jouer à mon tour un morceau de piano ; et je me sens en train de réveiller sur le clavier des rétrospectives rêveries quelques-unes de ces traits à la fois un peu dérisoires et non sans grandeur desquels la carrière des pianistes nous apparaît hérissée et émaillée.

Piano ! mot ensemble horrifique et mystérieux, terme de notre moderne Kabbale ; véritable *Sésame ouvre-toi !* des oreilles, dans un siècle où de vastes immeubles de location ne contiennent pas moins de plusieurs douzaines de ces instruments que les printaniers effluves font se déchaîner, tous arpèges dehors et toutes fenêtres ouvertes, en de si furieuses incontinences de pots pourris, qu'on a vu des concierges, arrière-neveux de ce pipelet de Gavarni qui s'écriait : « Mam'zelle chante, nous aurons de l'eau ! » en lever le pied, déménager eux-mêmes *à la cloche de bois*, sous forme de protestation silencieuse.

Déjà, j'ai tenté dans un poème des *Hortensias Bleus* que je vous ai dédié non sans un peu d'in-

juro, do noter quelques-uns des héroï-comiques
travers de cet instrument. Mais le *supervolitaverit*
de Virgile n'est-il pas le temps de verbe qui
convient d'appliquer à un sujet aussi touffu,
foisonnant et irréductible ? Et ce n'est rien autre
qu'une deuxième *supervolitation* autour de cette
nouvelle boîte de Pandore adorée et exécrée, que
je veux réitérer en cette fugue.

*
* *

Insolite vaisseau d'inanité sonore !

Ce mélodieux vers de M. Mallarmé, si je me
souviens bien, prêtant un jour à diverses interprétations, dans une réunion que sacrait la présence
de Leconte de Lisle : « Il s'agit évidemment d'un
piano ! » s'écriait ce dernier, avec une autorité que
nul n'osa contredire.

La haine des poètes pour la musique, et notoi-
rement pour le piano, est chose enregistrée. Il est
avéré que l'auteur de *Kaïn* les détestait tous deux,
et que les admirables mélodies inspirées au subtil
maître Fauré par ses *Roses d'Ispahan* et d'autres
de ses poèmes, furent elles-mêmes inhabiles à le
réconcilier avec l'art de Palestrina. Hugo en usait
pareillement avec Euterpe. Je me suis laissé conter
que, pris entre son horreur pour l'Erard et cette
phase de la condescendance grand paternelle où
les *fripons d'enfants* exigent pour un de leurs trois
postulats (avant l'ère de la bicyclette) d'introduire
des confitures dans une montre, de tacher vête-

ments et doigts de tout le nitrate d'une photographie sans résultats autres, et d'assourdir de caprices vraiment trop capricieux et de trop fantaisistes
fantaisies toute une maisonnée — le grand Olym-
pio avait trouvé cet accommodement d'autoriser
chez lui certain clavier de pierres, dont le jeu
fécond en mouvements désordonnés offrait du
moins cet avantage d'unir un exercice hygiénique
à des sonorités barbares. Mais le poète de la strophe célèbre :

Préservez-moi, Seigneur, préservez ceux que j'aime,
Préservez mes amis et mes ennemis même
    Dans le mal triomphants,
De voir jamais, Seigneur, l'été sans fleurs vermeilles,
La cage sans oiseaux, la ruche sans abeilles,
    La maison sans enfants !

n'aurait certes jamais ajouté : La maison sans
piano !

On a souvent glosé de cette animadversion des
poètes pour la musique, sans avoir jamais dépassé
considérants et desiderata, et s'être accordé ni
recordé, d'une logique précise, sur un vague et
vaste sujet, incessamment modifiable et modifié,
et dont l'incertitude vient de ce qu'on persiste,
en dépit des progrès accomplis, à le discuter sur
ses anciennes données.

Le désir de tirer à soi toute la couverture...
d'une partition ! suffit en plusieurs cas, à motiver
le différend, et à le ranger sous l'étiquette banale
de concurrence. La patience et la tolérance des
musiciens ne suffiraient pas à expliquer la veulerie
en laquelle ils ont laissé croupir les poèmes des

librettistes. Sans doute ils y ont dû mettre quelque exigence pour obtenir avec continuité l'incolore glouglou des paroles à romances et maintenir en si pitoyable tutelle les Barbier et Carré actuels, quand les chansons de café-concert elles-mêmes ont su s'émanciper de leur traditionnelle niaiserie, et devenir spirituelles et profondes.

Hugo, dit-on, rendit à Gounod la mélodie composée pour Marie Tudor, par le musicien à ses débuts ; et s'en remit à un autre moins inspiré du soin d'écrire, sous ses couplets, une musique *moins voyante !*

Et pourtant, c'était encore un rôle sublime, bien que subalterne, qu'il assignait à cette musique, dans la définition célèbre : *cette Lune de l'art !* à laquelle il dédiait en un de ses drames, ces vers à vrai dire, plus mélodieux encore qu'elle-même ! car la musique est douce,

> Fait l'âme harmonieuse, et, comme un divin chœur,
> Éveille mille voix qui chantent dans le cœur.

Lamartine plus clément, plus indifférent, plus méprisant peut-être, se déclare satisfait de la musique inspirée à Niedermeyer par son *Lac.*

A vrai dire, je le répète, la question s'est transformée. L'usage qu'ont fait, en un temps, les musiciens, des paroles qu'on leur confiait fut pour justifier le dégoût des poètes contre d'interminables répétitions, des inversions insupportables. Mais les suaves et subtiles compositions d'un Fauré ne font que souligner, fortifier et adoucir à leur gré la poésie, laquelle aurait mauvaise grâce et fâcheux goût à ne s'en pas trouver amplifiée et embellie.

Soit dit en passant, et n'en déplaise aux poètes *Symbolistes*, la vraie finalité de leur effort sera peut-être de doter la musique des véritables *vers pour être chantés*, selon la judicieuse expression de M. Silvestre, qui a bien compris que cette démarcation devait être établie. Les vers prosodiés selon les anciennes formules sont sans doute trop pleins pour que la mélodie y puisse rien ajouter; et, d'autre part, il manquera toujours quelque chose à la prose la plus ailée pour s'envoler dans un chant. Ce n'est que malaisément qu'on se représente, mis en musique, une phrase de Bossuet, ou un sonnet de Heredia. Tandis que les souplesses — d'aucuns diront les faiblesses du vers symboliste, ses complaisances, ses écarts — seront au contraire de propices intervalles à combler d'harmonie; et ce vers volontairement vaporeux dira juste ce qu'il faut pour ne point alourdir la mélodie sous une quantité trop stricte.

Mais la manière de penser et de sentir vis-à-vis de la musique demeure essentiellement personnelle et presque physique. Un éminent écrivain à qui je demandais récemment à laquelle de ces trois catégories d'auditeurs il appartenait en matière musicale : ceux qui l'adorent, ceux qui la supportent ou ceux qui la détestent ? A la troisième, « me répondit-il; seulement on ne s'en aperçoit pas, parce que je suis doux. »

C'est ainsi qu'une dame de nos amies, près de qui l'on s'enquérait de la place qu'elle désirait occuper dans un concert malencontreusement organisé pour la divertir : « Le plus loin possible du piano ! » avait-elle réparti, non sans beaucoup de grâce.

C'est la même et trop conséquente Ménade qui, gênée dans son sommeil par les trop stridentes roulades de Philomela, s'était livrée à cette représaille abominable mais logique, de faire tuer le rossignol de son jardin ; en cela bien différente de cette religieuse dont parle Michelet, laquelle « s'oublia trois cents ans à écouter le rossignol ».

Admirable matière aux ironies de l'existence inféodant à de certains métiers des natures réfractaires. Comme dans le cas de cet insensé que des agents arrêtaient sur la voie publique en proie à des transports épouvantables.

« Quelle est votre profession ? » lui criaient-ils rudement.

Et le malheureux ayant tout d'abord répondu : « Martyr ! — Facteur de pianos ! » avait-il ajouté d'une voix plus basse.

Du reste une si violente scission fut dès l'origine plus que nettement indiquée. Cela se vit lors de l'envoi du premier orgue à eau, qui fut fait à Pépin le Bref par Constantin Copronyme. « Dont une femme mourut de saisissement », rapporte la chronique. Une ancêtre, évidemment de notre rossignolicide.

*
* *

J'ai donc résolu, mon cher ami, de m'entretenir avec vous-même, de ceux qu'un humoriste mort récemment avait drôlatiquement appelés : Les tourmenteurs d'ivoire.

Je ne rangerai point dans cette catégorie Mozart, qui préluda pourtant par être un petit prodige, comme vous ; d'autant que (Cluny nous l'atteste avec ses obscurs claviers) les petits prodiges de ce temps-là n'étaient souvent que des tourmenteurs d'ébène. Non plus que Beethoven, ce sourd Titan qui ne s'entendait pas tonner ! Quant à Wagner, le héros et le dieu d'une des deux plus merveilleuses aventures musicales qui furent jamais, il ne jouait, dit-on, du piano guère mieux qu'un chat malhabile.

L'autre aventure dont je veux parler, c'est, vous le savez, ce Hœndel-festival trisannuel, qui, d'une extase vraiment supraterrestre, nous donne à nous émerveiller de masses chorales sans secondes, quatre à six mille exécutants évocateurs vraiment, dans le rendu de ces poèmes hébraïques : *Israël en Égypte*, ou le *Messie*, du peuple même des Hébreux, sonore comme de grandes eaux et mouvant comme elles. Ce Bayreuth de l'Angleterre, qui le doit au Wagner préventif, lequel voulut être de ses enfants, et fit à lui tout seul la gloire musicale de cette nouvelle patrie, n'eût en revanche peut-être pas trouvé ailleurs que dans son pays d'adoption les qualités de gravité un peu gourmées, indispensables à une manifestation certes sans rapport avec les plus ambitieuses visées de l'auteur.

Le vice le plus fréquent d'une interprétation de musique, ou d'une récitation de poésie, c'est l'excès d'intention chez l'exécutant, la substitution de sa vision propre à celle de l'auteur. Rien de tel en ces auditions du Palais de Cristal. Leur mode d'étude et de mise au point les en sauve. Apprises aux quatre coins du pays, répétées l'hiver auprès du foyer par ces innombrables choristes, toutes les diverses parties de ces ensembles géants sont depuis longtemps apprises et assimilées, qu'elles ignorent à peu près la finalité de leur participation et le sens de leur rôle; pareilles à ces ouvriers Gobelins dont la tapisserie se fait à l'envers, et qui remplissent des espaces distincts de laines désignées, ignorants s'ils teignent un fleuve ou peignent une chevelure.

Ainsi les basses s'irruent à l'appel d'un chef de rang avec toute la torrentueuse correction d'un cataclysme rédigé en orages savants, en tempêtes mesurées. Par ailleurs les soprani, on pourrait le dire *tirés*, tels que les jeux doux de gigantesques orgues étagées de ces milliers d'êtres, s'élèvent en véritables *voix humaines* et montent avec candeur.

Un chef d'orchestre titanique régit ces masses, Neptune dont la baguette-trident suscite ces fureurs, aplanit ces calmes. Organiste prodigieux, il est le roi de ces bourdons et de ces prestants, qui communiquent à des âmes. Et ces foudres assagies, ces ouragans enregistrés ont toute l'impersonnalité d'un formidable instrument, et sauvegardent l'intention du texte, avec un tact et une sagesse qui s'obtiendraient malaisément d'un premier sujet ou d'une primadonne. La révérence et la gravité sont la garantie de telles réussites. Un scrupule de Gavroche dilué en ces harmonieuses armées, suffirait à en *effacer la possibilité*, selon l'expression du poète. Et nos *Messie* de cinq cents exécutants, au Trocadéro, nous paraissent considérables.

Mais venons à de plus subtils claviers. J'ai tenté dans un poème de mes Chauves-Souris, une transposition d'un peu de l'art de Chopin, le plus absolu des maîtres du piano, le spécialiste ravissant, dont l'âme toute de musique s'est entière, et pour toujours infiltrée en cet instrument qui la distille à jamais en sonorités cristallines. Dieu des jeunes hommes et des femmes, Chopin nous apparaît un peu tyrannisé par celles-ci. La légende et la peinture nous transmettent sur ses derniers moments des récits toujours excessifs, de comtesses et de princesses usurpant l'heure du prêtre à lui chanter préventivement ses œuvres posthumes. Et c'est un type qui méritera d'être buriné par le roman contemporain, que ces dernières élèves de Chopin qu'on se montre dans les concerts, celles qui détiennent la tradition directe du véritable trait, la fioriture authentique du maître.

Je pense parfois avec admiration et non sans terreur aux chiffres que fournirait en une année et en un siècle, un compteur nombrant, jour à jour, le jeu de telle mazurka, ou de certaine des études du troublant Slave. Et pourtant le rabâchage, bien au delà de la satiété, n'a pu dévelouter ces œuvres de leur prestigieux mystèr. Sauf celles de ces études qui ne semblent guère plus que d'agiles exercices de doigté, telles que l'étude en tierces ou l'autre en octaves, apéritifs quotidiens de tous les pianistes du globe, la plupart de ces morceaux n'ont point passé fleur. Des pièces, entr'autres, comme le deuxième et le treizième prélude, le treizième nocturne, l'étude cinquième et l'une des trois études composées pour la méthode de Moscheles, demeurent d'inimitables et immarcescibles chefs-d'œuvre.

Un récit, peut-être une tradition orale, nous reporte à certaine soirée, durant laquelle, Chopin et Liszt, de passage à Nohant, se faisaient tour à tour entendre, sur une terrasse, dans un paysage ensorcelé jusqu'au jour sous l'alternante prodigalité des plus inépuisables fantaisies. Le quinzième prélude, dit des *gouttes d'eau*, serait, narre-t-on encore, la mélodique résultante d'une soirée d'angoisse en l'anxieuse attente de George Sand, un jour d'orage. Transmissions agréables.

Un dire plus sérieux de Liszt, dans son indispensable et trop peu célèbre livre sur son ami, nous affirme que les portraits de Chopin tracés par Mme Sand, dans *Lucrezia Floriani* et dans *un hiver à Majorque* (cela n'est pas assez connu) se peuvent comparer à une figure dessinée sur un élastique tissu qu'on étirerait par deux angles opposés, ensuite.

Ce même Liszt, dont la dernière soutane, asile invoqué à temps contre de vieilles histoires d'amour devenues gênantes, le drapa comme d'un falbala suprême, fut lui-même et demeurera le modèle du genre. Thalberg, Tausig et Henri Herz, le premier mari de la Païva, n'étaient rien de plus que des pianistes, dans la moins haute acception du mot, et les inventeurs de la variation pour elle-même sans ingéniosité intime et profonde. On rapporte du premier une anecdote qui eût réjoui M. de Goncourt. La veuve de Thalberg — fût-ce sur un désir exprimé par le défunt, ou, du fait d'une fidélité d'Arthémise, — fit placer le corps du *pianiste des rois*, dans une sorte de bière-bocal en cristal, au préalable remplie d'alcool, pour y conserver visiblement l'illustre dépouille. Mais le défunt portant perruque, le liquide la défrisait vite. Et c'était une obligation de repêcher le cadavre assez fréquemment pour vaquer à la coiffure du postiche.

Ce procédé de conservation fut au reste, un temps, assez usité, et les restes du ménage Necker, se virent, jusqu'à ces derniers ans, conservés de la sorte, dans un caveau de Coppet. Mais la dépense d'alcool paraissant lourde au conseil de fabrique, et les corps ayant subi de fondamentales avaries, on dut se décider à inhumer enfin les deux Necker, qu'un mauvais plaisant n'avait pas rougi de qualifier : les Necker de saumure !

Liszt sut aussi se montrer, dans son *Chopin*, comme dans *Les Bohémiens et de la musique en Hongrie*, écrivain brillant et original. Son commentaire du prélude de *Lohengrin* que cite Baudelaire, qui dans ses *Fleurs du mal* lui a dédié *le Thyrse*, est d'une irradiation resplendissante. La compréhension musicale de Franz Liszt, d'ailleurs doué de cette qualité particulière de *voyant* qui grandit le virtuose, fut noblement intuitive ; et l'appui dont il seconda Wagner lui demeure un titre historique, avec cette dédicace de Lohengrin qui lui dut sa première représentation et sa jeune gloire.

Lui-même nous apparaît comme le musicien du romantisme. Ses compositions musicales (je cite la *Prédication aux oiseaux* et les *Jeux d'eau de la Villa d'Este*), sont surtout des *illustrations* sonores, dans lesquelles la dextérité de main se hausse jusqu'à l'invention qui les sauvera de périr.

Son esprit, par ailleurs profond, était vif et orné. « Je suis Liszt, que les Français appellent Litz. » Il disait cela souvent. « Elle aime la vérité, *avec variations !* » répondait-il d'une dame dont la sincérité était mise en doute. Il eut, entre plusieurs, l'impertinence du mot envers qui croit payer d'un repas une audition gratuite. « J'ai si peu dîné ! [1] » répondait-il à un hôte de cette sorte dont il n'avait accepté l'invite qu'après s'être assuré d'un coup d'œil circulaire que l'appartement ne contenait aucun instrument de son supplice. Mais, au cours du repas, une formidable et retentissante ascension dans l'escalier, rappelait à l'illustre convive, l'humiliante impossibilité d'être engagé pour soi seul.

Moi-même, en 78, ayant dans le désir de l'entendre, accepté à dîner chez l'un des Bas-bleus de d'Aurevilly, la marquise de Blocqueville, je fus témoin d'une amusante scène. Au sortir de table, et devant que le café fût servi, Liszt, aucunement sollicité, s'assit au piano, joua deux airs ; puis, se levant, prit son chapeau, et... la porte. Une heure ensuite, et sans plus cesser, les invités défilèrent. Ils étaient légion qui s'illusionnaient sur l'absence du maître ne doutant point qu'il ne fût pas arrivé, encore !

Titulaire d'une importante charge musicale en notre Exposition de cette année-là, on l'entendit,

1. Le mot a été aussi attribué à Chopin.

un autre jour, chez la princesse de Chimay dont
il était le sincère et respectueux ami. Il joua le
treizième nocturne avec toute l'ampleur rassise et
la splendeur apaisée d'un lion assagi, à la crinière
d'argent aux yeux vraiment saturés d'une inspiration magnifique et lassée. Sans plus rien du caho-
tin que nous ont représenté de trop complaisantes
légendes, ce n'était non plus nullement alors le
vieil enfant dont il nous fut donné de nous attrister
et nous extasier, dix ans après ; — j'allais dire :
le vieux prodige. Une expression espagnole, *effacer
ses pas*, désigne chez les vieillards ou chez les
mourants, ce désir, souvent cet acte, de repar-
courir un lieu autrefois chéri comme pour rafraîchir et réimprégner leurs derniers instants, d'un
peu de leur jeunesse retrouvée. Ainsi le petit prodige qui, vers 1834 avait émerveillé, dans les
salons de mon aïeul, un auditoire aujourd'hui
disparu, subjuguait encore, en 1885, ce même Paris
qui avait sacré son enfance.

La Béatrix de Balzac dont l'héroïne serait, dit-on,
la comtesse d'Agoult, esquisse une figure de Listz,
et des traits de George Sand sous le nom de
Mⁿᵉ des Touches.

*
* *

Si Liszt avait été le géant du piano, Rubinstein
s'en montra le Titan. La lourdeur de son entrée
en scène me remettait toujours en mémoire ce
vers de Leconte de Lisle, sur les éléphants :

> Ils descendaient pour boire en écrasant les joncs.

Avec son faciès camus de Beethoven Kalmouck, l'homme s'abattait sur le piano qu'il allait pressurer d'harmonie et torturer de tonnerres. « Des fausses notes on remplirait des cahiers de celles que j'ai faites ! » avait-il coutume de répéter. Mais il y avait autre chose. Rubinstein fut le grand prêtre de l'école des tonitruants. C'était la tempête, entrecoupée de ces accalmies qu'elle fait sembler plus douces.

> Les rumeurs du jardin disent qu'il va pleuvoir,
> Tout tressaille averti de la prochaine ondée,

murmurent deux vers tendrement atmosphériques de Desbordes-Valmore. L'ondée, c'était une averse d'arpège furieux, *grandinis iræ*, et d'octaves diluviens, déchaînés en cataractes acoustiques. Mais l'arc-en-ciel des accords s'irisait au-dessus de cette bourrasque et comme le vol d'une colombe planait parmi avec une aménité ineffable.

Il y eut de la poésie de Victor Hugo dans le jeu d'Anton Rubinstein. L'antithèse y régnait, et les plus ailés susurrements y palpitaient sous les foudres. Une touche personnelle dont il les transfigurait faisait à jamais siens de certains morceaux, tels que cette partie de la sonate de Chopin qu'on a surnommée *le vent dans le cimetière*. La double série de concerts par lui donnés à Paris en 85 demeurera comme une Mecque du piano vers laquelle se tourneront longtemps les croyants de cet art. Il inventa de consacrer à un seul musicien chacune de ces séances. Et ce furent de formidables fêtes.

A. Rubinstein avait du trait sous son apparente pesanteur. Dans une soirée à l'Élysée, le jour que Mac-Mahon lui remit la croix de la Légion d'honneur, et comme une dame de nos amies le priait d'interpréter les onze études symphoniques de Shumann qu'il jouait à la suite, comme un seul morceau, un de ses triomphes : « Vous n'y pensez pas, répondait le grand pianiste, *cela durerait tout le septennat !* » Puis, comme il convenait de la virtuosité d'un amateur de rencontre : « Rubinstein, *et le sentiment ?* » interrogeait-on. Et lui, de répliquer : « On ne peut pas tout avoir ! »

La kyrielle serait longue des histoires drôlatiques auxquelles donna lieu son universelle renommée en proie avec beaucoup de bonhomie, à des poursuites dont beaucoup avaient moins pour but d'admirer que de se faire applaudir. On raconte qu'un jour, une dame en deuil et voilée, se donnant pour soutien de famille, le vint trouver sous prétexte d'obtenir un jugement sérieux sur son propre talent. Elle avait, disait-elle, à gagner sa vie et celle des siens, et ne voulait aborder la carrière du piano qu'avec l'absolue certitude d'y remporter de fructueux triomphes. La visiteuse n'était en réalité qu'une femme du monde, désireuse de faire jaunir ses rivales devant un bon brevet de Rubinstein obtenu par fraude. Et comme elle attendait anxieusement le verdict du maître qu'elle venait de régaler d'un de ses chevaux de bataille : « Eh bien, madame, conclut-il sentencieusement, trouvez un autre moyen d'alimenter votre famille. »

23

D'autres fois, sa seule présence en un lieu suffi-
sait à y occasionner des quiproquos ultra-risibles.
Une autre dame venue de loin et fort parée pour une
soirée en l'honneur du grand homme, s'étonnait
de carillonner en vain sur un palier sans chandelles. Et quand on lui venait ouvrir à la fin :
« Mais, madame, c'était hier ! » lui criait en bâil-
lant une servante mal réveillée.

Ce fut encore la même personne malchanceuse
qui se laissait enfermer dans une armoire, un jour
que le pianiste avait promis de venir jouer, à la
condition qu'on ne lui fît pas rencontrer de figure
inconnue. Mais, empêché au dernier moment,
l'artiste ne s'excusait point ; et sous leur décon-
venue les hôtes mal résignés partaient en promenade, sans plus se souvenir de la prisonnière à qui
l'on avait recommandé de se tenir coite, et qu'on
retrouvait, plusieurs heures après, l'oreille toujours au guet, mais à demi évanouie au milieu
des plumeaux et des balais, des torchons et des
cires.

Le jour de ses grands concerts, avant de se
mettre au piano, Rubinstein se baignait, dit-on, les
mains dans une cuvette de vin rouge. Selon lui
les maîtres du piano avaient été Field, Chopin et
Henselt. Ce sceptre des grands pianistes étrangers M. Paderewski l'a recueilli sans conteste.

Son nom ailé, son beau visage d'archange fou-
droyé dont le crayon de Burne Jones a su fixer
l'ardent mystère ; sous ses cheveux de Masaccio
ébouriffé savamment, le masque tourmenté d'un
Lucifer dont l'auréole n'aurait plus le droit que
d'être une chevelure, son esprit renseigné et fin,

le rare charme de ses manières, tous ces dons ont encore servi sa géniale maîtrise. Elle le fait tenir, avec les plus étincelants mérites personnels, de ces deux grands ancêtres : Liszt et Rubinstein. L'art consommé de sa vibration, la science profonde de sa percussion, n'éclatent nul part autant que dans le finale du 17° prélude de Chopin dont le *la* prolongé s'enfle et s'étend comme une nappe de son au-dessous du chant qui s'éteint et s'abat à la main droite, tel qu'un vol des papillons meurtris et palpitants sur le miroir de leur agonie.

De relations courtoises et affables, le jeune maître en sait apprécier l'échange ; mais aussi nettement indiquer le souci de sa dignité et la délicate déférence dont il lui plaît qu'elle soit reconnue. Et sa bonne grâce n'hésite pas à se transformer au besoin en d'assez nets redressements d'un manque d'attention et de politesse. Mandé, un jour, à l'occasion d'un concert projeté, chez un magnat quelque peu bruyant qui négligeait tout d'abord de lui offrir un siège, Paderewski se retirait sans trop conclure. Mais, le soir même, on remettait au potentat inadvertant ce billet du musicien : « La façon dont vous m'avez reçu ne me laissant pas douter que votre intention ne soit de me faire jouer debout, j'aurai l'honneur de ne pas me rendre chez vous à la date fixée. » Le seigneur entendit, et sut au reste, à quelques jours de là, mettre assez plaisamment à la disposition de son hôte apaisé, toutes les chaises de son logis, d'ailleurs fort belles.

Le son de d'Albert est bien cristallin, et la virtuosité de Rosenthal, surprenante. M. Risler se montre parmi les jeunes, pianiste d'autorité et musicien remarquable. Je ne parlerais pas du virtuose manchot, du comte Geza Zichy, s'il n'avait pour lui que de jouer du piano avec une seule main, mais d'une dextérité aussi agile que le plus Briarée de ses confrères. Or l'élégance de son doigté comme les raffinements de sa rêverie le rangent en dépit de cette particularité par trop accidentelle, parmi les plus intéressants des interprètes. Il était l'élève et l'ami de Liszt, et je ne sais plus quelle circonstance l'ayant privé du bras gauche, sa nostalgie et sa volonté accomplirent un tour de force qui se fond en une résultante de poésie.

Chez nous Alcan fut, au dire de beaucoup, un homme étonnant, que je n'entendis point. Il donnait hebdomadairement, chez Erard, de curieuses séances dont un public de choix était avisé par l'envoi de programmes *minutés*, selon la durée des morceaux : deux minutes, une minute et demie. On y était admis sur la recommandation d'un ami. Mais pour peu que le bonhomme n'en reconnût pas le nom, l'exclusion de l'intrus était instantanée. La palpitation d'un éventail, le froissement d'une étoffe, se voyaient sévèrement réprimés, au cours de l'exécution d'un morceau, et dût-il l'interrompre à l'avant-dernière mesure, pour rappeler le délinquant à l'ordre. C'était au reste un musicien de fine essence, pianiste excellent, compositeur émérite.

Aujourd'hui le prince de nos pianistes Français est Francis Planté. On le tient pour un modèle accompli de perfection et de charme. Mais sa renommée est ésotérique. On en parle un peu au passé. Bien des jeunes gens ne l'ont pas entendu. Et de fait cela n'est plus bien aisé depuis nombre d'années. Delaborde aussi est un maître. L'impeccable Diemer est dès longtemps hors de pair; mais il a fallu le concerto de Grieg au Conservatoire pour mettre le talent de Pugno tout à fait en lumière.

Ce même enchanteur morceau me fut révélé en 89, lors de notre Exposition, dans un concert scandinave. Mme Backer Grœndahl, la femme d'un musicien danois, y tenait le piano; et je n'oublierai de longtemps le charme ensemble correct et poétique de cette exécution magistrale et simple d'une artiste on eût dit oublieuse de la vaste salle, et jouant comme pour soi-seule dans son boudoir.

Cette délicate transition m'amène à une intéressante portion de mon sujet, laquelle se pourrait intituler : la Femme au piano, le piano et la Femme, ou les Bas-bleus pianistes.

Clara Shumann l'épouse du compositeur et Mme Pleyel sont d'harmonieuse mémoire. L'héritière de leurs sûres traditions et de leur noble gloire, en pleine possession d'une maîtrise suprême, est encore aujourd'hui Mme Szarvady, deux fois célèbre, sous ce nom et son nom de jeune fille : Wilhelmine Clauss. Le haut respect des maîtres, une compréhension géniale des œuvres, une attaque du clavier puissante et profonde caractérisent la manière de cette artiste comme on n'en entendra plus guère, et dont la renommée bien que largement répandue mériterait d'être plus universelle. Mme Dubois, celle-là vraiment élève de

Chopin, fut « cette rivale d'autant plus épouvantable qu'elle est ravissante », que Mme de Girardin signalait aux pianistes en vogue, sous le règne du vicomte de Launay. Sophie Menter, qui fut l'élève de Liszt et la femme de Popper est la Walkyrie du piano, qu'elle chevauche avec une indomptable ardeur, faisant feu des quatre pieds et, parfois, jaillir l'étincelle. Mme Essipoff a plus de grâce et de goût, et joue bien agréablement l'*Oiseau-prophète* de Schumann.

Et dans le monde (ainsi que le furent naguère la princesse Marceline Czartoryszka, élève de Chopin, et la princesse de Caraman-Chimay, née Montesquiou), la princesse de Brancovan et la comtesse Potocka, née Pignatelli, sont de véritables musiciennes.

* *
*

En résumé, j'ai considéré le piano sous le soleil, et je l'ai vu extraordinaire. Il m'est apparu comme un Béhémoth harmonieux, un Léviathan de palixandre ; un Saturne qui dévore ses enfants, un Minotaure jamais rassasié de victimes, un Moloch friand d'hécatombes. Je l'ai vu aussi semblable à l'autel du plus exigeant des cultes, le dolmen à roulettes d'une religion inexorable. Un seul jour d'infidélité à son trépied se paie de la plus humiliante des vengeances : se voir distancé par le prêtre qui n'a pas failli au devoir quotidien du doigté, à l'office du mécanisme, à l'enguirlandement des gammes. Il exige des virginités et des célibats, des chastetés et des martyres. Et, parmi ces vierges, il faut aussi distinguer les sages et les folles ; celles qui laissent s'éteindre la bougie de leur Erard, ou qui en attisent scrupuleusement la flamme. Le piano dit vraiment, tout comme un dieu : « celui qui ne hait pas toute autre chose pour l'amour de moi, ne m'aime point. » Et il ajouterait volontiers : « il est non moins difficile d'entrer dans le royaume des pianistes, que de faire passer Mmes X. et Z., par telle valse de Brahms ou certaine *Novellette* de Shumann. »

Qui dira les luttes qui se livrent dans le cœur et sous les doigts de ces volontaires hosties rivées au clavier, ainsi que des desservants à qui le renoncement souvent pèse et dont la vocation chancelle. Un pianiste guéri de son instrument, n'a-t-il pas quelque chose de défroqué, et ne traîne-t-il pas à travers la vie un peu de la queue invisible du piano quitté, comme le pourrait faire de la soutane reniée, un religieux échappé des ordres? De ces ruptures sont parfois éclatantes. On nous affirme que M. Paderewski, après de ces triomphales tournées américaines, lesquelles ne comportent pas moins de cent-quinze concerts en quatre mois, se doit tenir éloigné du piano ; tout le moins un semestre. Et d'aucuns ne parlent de rien moins que d'un divorce possible et définitif, entre l'éminent Slave et le tyrannique instrument, dont il est une des grâces et des gloires.

D'autres de ces désunions, pour être plus secrètes, n'en sont pas moins amères. Un mien ami passé maître sur le clavier, après plus de quinze ans de fréquentation du métronome et des diapa-

zons, d'indiscontinues études du clavier muet et du
Steinway retentissant qui le devançaient en toutes
ses villégiatures, referma un jour son piano
sur ce propos mémorable : « Il existe des cieux
et des océans, je distingue des montagnes et des
vallées : les essaims bourdonnent, les oiseaux
gazouillent, les ruisseaux murmurent et les jardins fleurissent... — à quoi bon passer sa vie
assis devant une boîte ?... » — A vrai dire, de mé-
chantes langues ont prétendu qu'il y avait, dans
ce renoncement, du dépit à la suite d'un de ces
conseils de maîtres, presque toujours inutiles,
souvent dangereux, parfois insincères. Ou encore,
d'autres l'ont affirmé, une de ces crampes rhuma-
tismales, terreur du pianiste, inflexible veto des
traits et des trilles.

C'est ainsi que l'on vit, une fois, au royaume du
chant, en une catastrophe d'aphonie, dont ceux
qui en furent témoins ne m'ont reparlé qu'en trem-
blant, s'écrouler la voix de cette Falcon, l'infortunée qui, plusieurs seraient surpris de l'apprendre,
vit encore, depuis trente ans, murée sous l'érup-
tion de sa voix comme une Pompéi des vocalises ;
et qui s'entend bizarrement parler des débuts de
telle ou telle nouvelle venue, dans le genre qu'elle
a créé : les Falcon — ainsi qu'il y eut les Duga-
zon, les ténors Martin.

Ah ! ces mains de pianistes, elles m'ont souvent
hanté, et je les ai chantées. Calices de chair et
d'os dont la musique est l'arome, et qui se renver-
sent tout pleins et se flétrissent tout entiers !

Le vol harmonieux des mains spirituelles
Qui faisait résonner l'âme des clavecins
Sous leurs gestes roidis gardera, virtuelles,
Les chansons, dans leurs doigts encloses par essaims.

Hélas ! c'en est donc fait des extases divines
Que versait le doigté mélodique et subtil
Des phalanges aussi candides, aussi fines,
Que des lis dont le rythme eût été le pistil.

Et ne serait-ce pas une enviable substitution de personnes, que le legs de deux mains de pianiste, riches de tout un acquis de sonorités et de sonates qui ne profiteront plus à nulles écoutes, placé véritablement à fonds perdus, non réversibles.

Mais non, l'œil de l'esprit, qui vite se dessille,
Te voit remplir aux cieux un office pareil,
Toi qui vas alterner avec Sainte-Cécile,
Sur le clavier divin des rayons du soleil !

Et puisque je vous ai dédié, mon cher Delafosse, cette petite étude, en laquelle j'ai cité un mot humoristique de vos plus illustres confrères, j'en veux rapporter un de vous-même, lequel, en son temps, me mit en joie. On s'entretenait alors du supplice de Stambouloff ; et comme on énumérait telle ou telle mutilation infligée à ce ministre téméraire: « passe encore ; *mais les poignets !* » vous entendit-on proférer d'une sourde intonation en un horrifique apitoiement de divertissante mémoire.

Non, le piano n'est pas *le plus ingrat des instruments,* comme s'entête à le vouloir proclamer la plus clichée des affirmations philistines.

Parlant, une fois de la poésie, le superficiel et profond Musset, se laissait aller à l'un de ces cris impressionnants dans le juste comme dans l'injuste. Il disait :

> Elle a cela pour elle,
> Que le monde l'entend et ne la parle pas,

Certes, c'était faux. Le monde la parle peu ; mais il l'entend moins encore. On en pourrait dire autant du piano, ce chantre polyphonique, soumis à l'admirable nécessité de ne pouvoir être que détestable ou sublime. Et quand n'y fait défaut aucune des conditions d'art et de savoir, sans lesquelles ce n'est qu'un dévidoir à quadrilles, ou le théâtre de prétentions bruyantes, il y faut encore cet auditeur mystérieux, celui pour lequel on joue, et qui donne la vibration et la vie à l'exécution sans lui maussade, insipide et morne.

Je le tiens de tous les élus, parmi les interprètes, ces hosties de l'art, ces cires qui *brûlent avec lui*, cet auditeur-là, c'est une moitié de leur génie, et je n'en veux d'autre preuve que cette phrase de Sarah Bernhardt, dans une de ses éloquentes lettres : « C'est vrai que l'orgueil d'être comprise et goûtée par un être de choix, est pour moi la plus pure récompense de l'effort intellectuel que chaque représentation me demande. »

Enfin, un mystère et un mérite du piano, c'est encore sa dissemblance, à égalité de mérites, sous des jeux divers ; et l'accent autre lui venant de l'artiste qui s'y transsubstancie.

« Que faut-il pour faire un bon pianiste ? »

demandait-on un jour : « Des cheveux, un nom
polonais, des doigts d'acier trempé et de velours
véloce. » — Et si l'âme n'y gâte rien, et de la sensibilité ingénieuse, certains exemples permettent
d'affirmer (tant la psychologie du pianiste est particulière!) qu'elles ne sont pas indispensables à la
production d'un jeu animé, voire animique; et
que si le poète organisé et savant (ainsi que l'affirme Gautier), n'est qu'un clavier dont l'inspiration joue — de même, le pianiste, muni du savoir
et des dons précités, devient, à son tour, un instrument, par lequel de suaves ou géants souffles
étrangers, sourient ou soupirent.

. . . .

Une caricature allemande a fixé drôlatiquement
les rapports du pianiste et de son auditeur. Le
virtuose, une tête de noix de coco sculptée, aux
filaments échevelés, s'empare de son auditeur, un
professeur berlinois, à face de lune, tournant au
protoplasme, sous les coups réitérés de la sonate.
L'œil s'exophtalmise jusqu'à l'œil de caméléon,
et s'extirpe une larme en forme de géante sang-
sue. L'oreille devient conque, orifice de cor de
chasse, et s'emplit de notes visibles, telles qu'un
bouillon de culture musicale, aux croches disper-
sées. Les jambes se vrillent en sarments de vigne,
se tordent comme un linge essoré. Chez le tortion-
naire les désordres se font autres, mais non
moindres. Les cheveux se hérissent et se frisent,
se changent en crinière, puis en comète. Ses
doigts, puis ses bras, se multiplient, s'infinisent
en Briarée, et jusqu'à le couronner d'un diadème
digital, d'une auréole de gantelets, d'une roue de

martyre pour toute une assemblée. Mais le plus
expressif de sa pianistique personne, c'est une
corne de mouchoir pointant d'une basque. Tour à
tour feuille d'artichaut ou de lilas, aileron de
pétase, ladite batiste s'érige ou s'afflige, se tire-
bouchonne en volute de fumée, en spirale de
queue de cochon, et jusqu'à se nouer comme la
cordelière des veuves. Et ce faisant, les oreilles du
patient sont devenues celles d'une chauve-souris,
ses yeux ont passé de la boule de loto au tuyau
de lorgnette ; et les mains ne sont plus que des
battoirs de bravos quand le *Firtuos* enfin triomphe
et s'exalte, une goutte de sueur à chaque crin de
sa caboche de malade atteint de la *plique*.

De ces traits ne sont pas pour vous déplaire,
Napoléon Delafosse, qui méritez et faites bien
de restaurer cet énorme prénom, le vôtre, dont
un père, féru du héros de l'Empire, vous avait
dénommé, sans savoir de quel air se joueraient
vos fastes. *Napoléon !* (n'était-ce pas aussi le nom
d'Alcan ?), rutilant baptème dont signer des affi-
ches de conquête. Le premier consul du piano,
le Bonaparte de la quaduple croche (Caran d'Ache
vous dessinerait ainsi, avec votre profil accusé et
fin, et bien quelque chose de Brienne). Pourquoi
ne deviendriez-vous pas cela, si Paderewski, votre
idole, à jamais le premier, se lasse, quelque jour,
de triompher, et remet en vos admiratives mains
le sceptre du métronome ?

Nul n'y contredira de ceux qui vous ont entendu
et — comme je l'observai, l'autre jour, du maître
Daudet — se sont tour à tour réjouis de votre
pouvoir et de votre magie. Soit qu'il vous plaise

d'éclairer par degrés ou d'embrumer de sonorités
fluides, ce rideau de peupliers qu'il me semble
voir trembler dans l'une des trois études sup-
plémentaires de Chopin ; soit qu'au deuxième
prélude retentisse d'un si lugubre glas tinté par
l'ombre d'un moine impénitent, la cloche fêlée
d'une abbaye abandonnée ; ou qu'au treizième, cette
phrase médiane, sans doute la plus mystérieuse de
tout Chopin, avec sa nuance, telle qu'un mélodique
précipité d'harmonies, qui se traversent sans se
mélanger, et demeurent comme suspendues. Et,
dans la cinquième étude[1], sans nul doute écrite par
le maître, un jour d'ironie prédominant par-dessus
l'habituelle mélancolie, quelle pittoresque opposition entre ce qu'est la vie et ce qu'elle devrait être !
Cette étude, écrite de deux phrases d'un sens évi-
dent : la grimace et le sourire, la déformation et la
forme, jugées toutes deux dans une finale pirouette,
deux ou trois sauts de bourrée balourde.

La même signification, mais plus douloureusement accentuée, me semble encore élucider
telle valse de Grieg, en laquelle sanglote sous le
couvert d'une factice gaîté, l'incurable misère.
Naguère une sculpture a rendu cela. Derrière un
masque rieur, enfermé dans le geste dont s'abrite
le visage vrai, une angoisse agonise. Ainsi, sous
le ricanement cassé d'un chant dont la palpitation
progressivement saccadée et pareille aux batte-
ments d'ailes d'un oiseau démonté, voile de moins
en moins la plaie secrète, se plaque, se plaint et
pleure le lamento poignant et torturé de la déso-
lation inconsolable.

1. Du second cahier.

24

Tel petit nocturne de Shumann[1] est pour moi
d'une évocation balsamique et liturgique, mystique et odorante. Si je l'intitule : *les Corbeilles*, c'est
qu'il me semble fait tout entier du geste circon-
volant des enfants de chœur, qui parsèment de
pétales de roses le parcours d'une procession entrecoupée seulement au milieu par une phrase
rythmée d'accolades de diacres, de salutations de
prêtres et d'acolytes, sur les marches tapissées
d'un autel, entre chasubles de brocart et dalma-
tiques orfévries.

D'autres que vous ont joué cela. Mais cette
Barcarolle de Fauré, de qui, sauf de lui-même et
de vous seul, tire-t-elle sa fascination magi-
cienne ? Celle-là, je l'ai appelée : *l'Embarquement
pour Cythère* de la musique. Sur le quai d'un Versailles de rêve, un ourlet de marbre de Saran-
colin, aux taches grises et rouges, dans un paysage d'Hubert Robert et de Watteau, des masques bien un peu Verlainiens, se groupent tumul-
tueusement en des embarcations fleuries. C'est le
soir, l'eau clapote et miroite, on part, on est
parti. Un couple plus aimant, c'est dire d'une
moins tumultueuse gaîté, d'un spleen ornemental,
d'une décorative nostalgie, détache son esquif
vers une grotte aux larmoyantes stalactites. Les
pleurs de l'eau se mêlent aux sanglots de l'extase — et l'on rejoint l'allègre compagnie dont la
joie est au comble, les jeux du feu se mêlant à
ceux des ondes, en mille élancements de jets d'eau
et cent tournoiements d'artifice.

Qu'il s'agisse de vos compositions, la séduction

---

1. *Op.* 23, n° 4.

ne sera pas moindre. J'écoute cette *valse du malentendu*, en laquelle, dès le début, cette dissonnance qui s'accuse à la main gauche, nous avertit qu'en dépit de passagères éclaircies, d'espérances vite déçues, c'est de cette main-là seulement que s'épousent vos fiancés et que vos danseurs se marient. Voici encore vos *Campanules*, si mélodieusement épanouies, cloches et fleurs mises en branle, chacune par son sonneur respectif, depuis Quasimodo jusqu'à Ariel; et ce *Ruisseau troublé*, dialogué d'un susurrement cristallin et d'un bourdonnement bavard.

Je me souviens de vous avoir, un jour, ouï parler avec une méprisante admiration, non sans une nuance de jalousie professionnelle, d'un amateur-chien, un noir caniche par vous rencontré dans certain music-hall de Londres. Et ce barbet en queue de pie, qui avait osé jouer devant vous et un public monstre, la *Dernière rose*, de Flottow, sur un accompagnement d'orchestre, s'était repris au cours du morceau pour rectifier une note douteuse.

Certes, ce roquet eût mieux fait de vous céder la place, et de se comporter envers vous comme le fit certaine chatte mélomane, digne fille de ces antiques félins, dont l'Égypte avait fait ses dieux de musique, moins sans doute à cause de leurs miaulements que pour leurs pâmoisons aux sons des lyres. La chatte, dont je parle, vous connaissait bien et vous reconnaissait mieux encore. La joie témoignée à votre venue, la fête qu'elle vous faisait, les ronrons en contre-chant et le final élancement à votre col, en guise de vivant boa,

quand vous aviez fini de 'jouer son morceau
favori, ce *Forgeron harmonieux* de Hændel, à l'en-
clume pleine d'étincelles... qu'était-ce que toutes
ces marques, auprès de ce qui suivait votre départ,
et qui va suivre? Nous vous l'avons souvent redit.
Le soir s'écoulait, sans qu'on pût réussir à détacher du piano la bestiole prostrée. Et quand,
mise enfin dehors, tous les accès du pavillon lui
étaient fermés, ne la retrouvait-on pas, le lendemain matin, réintégrée au salon clos, et tournée
en rond sur votre tabouret, sans qu'on ait jamais
pu deviner par quel miraculeux sortilège?...

XIII

A Georges Hugo.

24.

ARTISTES DE PROFESSION

Colui qui vit est *celui qui aime*.
Ernest HELLO.

Quand une question devient d'actualité, il se trouve toujours parmi les combattants qu'elle suscite quelqu'un d'eux pour la résumer d'un terme synthétique ou d'une appellation décisive. Quelquefois — comme en de récentes exégèses à propos de ce terme de snob, dont beaucoup glosent sans avoir seulement effleuré le livre de Thackeray qui l'inventa, et que deux importants articles de MM. Rodenbach et Hervieu ont diversement et ingénieusement interprété — c'est un spirituel aperçu — tel que celui dont nous régala en l'occurrence l'habituelle finesse de ce dernier, qui conclut le débat. « Je veux dire, écrit excellemment l'auteur de l'*Armature*, qu'un mot fait toujours fortune, lorsque son usage fournit aux hommes un moyen supplémentaire d'exprimer de l'hostilité, du mépris, du dédain ou de l'offense contre les autres hommes. »

D'autres fois, le désirable résumé nous est fourni, mais alors plus innocemment, par une expression dont l'écrivain n'a pas prévu toute la portée et qui pourrait ressortir à ce considérant de Flaubert :

« Le monde nous est souvent révélé par ses interprètes les plus lourds. »

Je me garderai d'inférer de laquelle de ces deux sortes d'éclaircissements procède la formule magistrale dont M. Arsène Alexandre vient d'illuminer une ancienne, en même temps que plus récente querelle. Je veux parler de celle, jamais qu'assoupie, et qui, ces dernières semaines, semble se réveiller un peu fiévreusement autour de cette hybride appellation d'*amateur* dont ceux qu'elle vise ne mesurent jamais qu'imparfaitement la douloureuse chiquenaude qu'elle leur destine ou l'épineux compliment qu'elle entend leur décerner. L'honneur que me fait l'auteur de l'article de me prendre pour thème des impérieux redressements qui le réclamaient me permet d'aligner à ce propos quelques réflexions qui me sont souvent venues, et que mon intérêt dans la cause m'aurait, par discrétion, détourné de proférer, si je n'avais été directement pris à partie avec certaine violence. Je dois donc du gré au farouche critique de tous les arts qui m'en légitime l'occasion et m'en proportionne le moyen.

« *Amateur !* » M. Coppée en traitait amicalement M. de Heredia dans son discours de bienvenue. Moins amicalement MM. Pierre et Jean de l'*Echo de Paris* en interpellaient M. de Vogüé au lendemain de la réception de M. Bourget. Mais ces gants n'étaient pas relevés, et toujours la dénomination demeurait vague avec son air de sphinx semi-méprisant et son ton ironiquement paterne d'éloge injurieux et de malhonnêteté sucrée.

Lisons Littré : « AMATEUR. Celui qui a un goût

très vif pour une chose. — *Absolument*. Celui qui cultive les beaux-arts sans en faire profession. — *En mauvaise part*. C'est un amateur, c'est un homme de talent médiocre. » — Voici bien déjà un peu plus de clarté. Mais c'est à M. Arsène Alexandre que devait échoir la gloire d'élucider le sujet par une de ces trouvailles aisées et géniales qui rassemblent des éléments disjoints et projettent vivement la lumière en d'abstrus problèmes.

La surprenante et merveilleuse expression *artiste de profession*, si simple en apparence, que M. Alexandre détache brillamment au cours de son article, opère seule ce miracle et rend enfin par toute l'horreur qu'elle inspire et tout d'abord sans aucun doute à tous les artistes vrais, dans la seule, pure et magnifique acception de ce titre admirable, rend au mot d'amateur tout le lustre et le charme de sa signification exquise, la seule dont il semble que se doive vouloir couronner l'artiste véritable.

Certes, un sourire — pourvu qu'il soit sans fiel, tel ne paraît point celui de notre magister — est mérité par les amateurs de la mauvaise part, semblables à ce frère et à cette sœur du *Candidat*, naïfs collaborateurs à la confection d'un tableau en perles. Mais, parmi les nobles et illustres artistes qui m'honorent de leur amicale estime, je n'en distingue pas un d'assez modeste pour s'accommoder de l'indigente appellation de boutique où les voudrait parquer le fâcheux terme *artiste de profession* dont la bourgeoise et mercantile formule du second vocable enlève au premier tout ce qu'il a de mystérieux et d'ailé, d'idéal et de suprasensible.

Il me faut donc bien reconnaître en ces maîtres généreux et bienveillants, comme en tous les véritables et vénérables artistes, cet amateur pris absolument et en bonne part, celui qui cultive parce qu'il a le goût très vif, et non ceux à qui le seul anxieux besoin d'exercer un métier en diète l'en-cas subi, et la nécessité professionnelle non délibérément assumée.

De tels artistes de profession, ainsi qu'à cette seule condition les salue mon honorable adversaire, demeureraient ceux que, selon une dénomination qui pourrait bien ne pas lui déplaire, un de nos amis avait drôlement et sérieusement appelés des « vulgarisateurs d'art » ; ceux encore que Baudelaire a chassés du Temple, et qui ne seraient, à son dire, que « des brutes très adroites, de purs manœuvres, des intelligences de village, des cervelles de hameau ».

Ce qui apparaît, à franc parler, encore singulier dans ce différend, hâtons-nous de l'ajouter, c'est qu'il n'est jamais suscité par ceux qui auraient toute juridiction pour le faire, tout éclair pour l'illuminer, tout tonnerre pour en foudroyer. Je veux dire que ces sortes de doléances ou d'objurgations n'émanent jamais d'un Dumas ou d'un Zola, d'un Puvis de Chavannes ou d'un Rodin, lesquels ont évidemment mieux à faire, et qui, au reste, jugeraient peut-être le procès fort différemment. Non, ces bills et ces bulles nous viennent d'inexorables arbitres érigés par eux-mêmes et souvent par eux seuls en censeurs impérieux, en redresseurs fumants, en mouches du coche effarées et affairées, mais dont les ouvrages, qui seuls, pourraient justifier d'un si bouillant zèle, ne sont pas toujours, à vrai dire, dans toutes les mémoires.

Ce que, sinon pour les déblayer entièrement, pour faire, du moins une fois pour toutes, faire ce pas à la délicate question, l'on pourrait, il semble, édicter sans témérité ni outrecuidance, c'est que tout travailleur laborieux, à quelque milieu qu'il appartienne et quelle que soit sa situation de fortune (avec peut-être même un peu plus de mérite pour celui qui, pouvant employer à des occupations, malgré tout plus faciles, une situation aisée, leur aura préféré le goût de l'étude et ne se sera pas laissé distraire d'une création féconde), ce laborieux travailleur, dis-je, ne devra mériter en aucune sorte, pas plus la malicieuse appellation d'amateur que la vilaine disqualification d'artiste de profession inventée si à propos par notre « critique ».

Quant à l'autre part, qui n'est point celle de Marthe cuisinante et inutilement agitée, la part qui consiste à exercer, hors de la contrainte et la routine de ladite profession, un goût très vif, *très amateur* et très aimant, à savoir seul vraimen artiste, pour un art et pour sa parole divine, cette part-là, c'est la part de Marie, la meilleure ; celui *qui aime* l'a choisie ; elle ne lui sera point ôtée ; elle entend de haut et de près le roi de nos poètes lui murmurer :

Verse tous tes parfums sur les pieds du Seigneur !

*
* *

Et pour finir, hélas ! en parlant de « moi-même
chétif », comme disait Veuillot, et seulement parce
que je me vois l'heureux prétexte émissaire de
cette élucidation souhaitable — ou plutôt pour me
laisser ranger dans cette noble catégorie de ceux
qui aiment, par deux maîtres dont la compétence
en matière poétique ne semblera point inférieure
à celle de M. Alexandre, j'ai nommé MM. Coppée
et Verlaine — je citerai ces deux textes uniquement parce qu'ils ont directement trait à la généra-
lité du sujet. — Premièrement, celui-ci de M. Coppée : « Les moins sympathiques sont contraints
à l'estime devant ce jeune homme qui a tant tra-
vaillé. » Voilà pour le « personnage qui se mêle
de ce qui ne le regarde pas », qui pourrait bien ne
pas être celui qu'on pense. Et, que M. Alexandre,
artiste de profession, dont les poèmes nous sont
encore inconnus, me permette de lui faire remar-
quer, en passant, à quel point il agit en impardon-
nable amateur en critiquant, sans particulière qualité pour cette fonction, des vers que l'auteur des
Intimités et celui de *Sagesse* jugent, j'ose le dire,
avec plus d'indulgence.

Quant à M. Verlaine, c'est en ce journal même
qu'il écrivait, qu'on m'excuse de le citer : « Ce
poète grand seigneur peut — c'est un *professionnel*
qui le lui dit — compter désormais sur la réputation, la belle réputation vaillamment gagnée... »

Non, cher maître et ami Verlaine, n'en déplaise
aux porteurs de férule, ce n'est pas un artiste de

profession qui a écrit cela, puisque c'est vous-
même qui ne méritez en rien la fâcheuse et pauvre
appellation qu'ils voudraient infliger à l'artiste.

Et un jour viendra — qu'on a le droit d'espérer
prochain — où ce sera fini de ces puériles catégorisations qui ne font l'affaire que des Chicaneaux,
de ces vaines délimitations d'homme du monde et
d'artiste. N'est-ce pas encore Baudelaire qui, à
propos d'un soi-disant amateur, dans l'altière acception du mot, a commencé de rendre aux idées et
aux verbes leur véritable sens :

« Lorsque enfin je le trouvai, je vis tout d'abord
que je n'avais pas affaire précisément à un *artiste*,
mais plutôt à un *homme du monde*. Entendez ici, je
vous prie, le mot *artiste* dans un sens très restreint,
et le mot *homme du monde* dans un sens très étendu.
Homme du monde, c'est-à-dire homme du monde
entier, qui comprend le monde et les raisons mystérieuses et légitimes de tous ses usages; *artiste*,
c'est-à-dire spécialiste, homme attaché à sa palette
comme le serf à la glèbe. M. Ghys n'aime pas être
appelé artiste. N'a-t-il pas un peu raison ? Il s'inté-
resse au monde entier ; il veut savoir comprendre,
apprécier tout ce qui se passe à la surface de notre
sphéroïde. »

Oui, ce sera fini des catégorisations de seigneur,
d'amateur et de professionnel, précisément le jour
qu'il n'y aura plus dans l'art de ceux qui le pro-
fessent par métier, mais bien au contraire que ceux
qui aiment et cultivent par goût très vif. Et le grand
seigneur, que, grâce au ciel, rien n'exclut de cette
unique et bienheureuse caste, occupera, dans cette
lumineuse rose de l'art, le rang qu'il y aura mérité

par l'assiduité et l'application dans la réalisation de sa fantaisie. Alors on ne lira plus entre aucune des lignes dont pas une ne va jusqu'à l'exprimer nettement une aussi plaisante allégation que serait celle consistant à appliquer injurieusement le titre d'amateur à tout homme « possédant d'autres moyens d'existence » que ceux de la mise en *profession* de « *saint Orphée* »; à tout homme dont le nom comporte une particule ou un titre. Car cela ferait alors vraiment un beau groupe d'amateurs où il n'y aurait guère d'artistes de profession qui se pussent hausser, que ce groupe qui enfermerait, avec présentement M. de Goncourt, jadis et naguère les ducs de La Rochefoucauld et de Saint-Simon et le prince de Ligne, Mme de Staël, MM. de Chateaubriand, de Vigny, de Lamartine, de Musset et de Balzac, sans oublier certain comte Victor Hugo dont le sublime buccin et la flûte inspirée ont fait tressaillir d'extase et d'amour le ciel et la terre.

Sans omettre non plus tel Roi David, lequel n'était point artiste de profession et dont les gémissements rythmés ont atteint une notoriété à laquelle ne saurait peut-être pas prétendre l'œuvre même de M. Arsène Alexandre.

XIV

A LA MARQUISE D'EYRAGUES.

LE QUATUOR DES MASQUES

(QUATRE AMATEURS.)

Une plume de Perroquet, une plume de Colibri, une plume de Cygne, une plume de Colombe. Ces quatre duvets ont voltigé sur mon bureau, et j'en veux faire rutiler le chatoiement, luire l'éclat, briller la candeur, flotter la douceur.

La plume de perroquet d'abord :

« Nous sommes allés dimanche à la chasse aux perroquets; et j'ai assisté à une chose fort pittoresque. Partis dès l'aube, hommes, femmes et enfants, accompagnés de quelques *gauchos* porteurs d'ustensiles et de provisions, nous arrivons dans une forêt d'orangers, chargés de fruits et couverts à cette heure du matin par des milliers de perroquets du plus beau plumage. L'oiseau ne se nourrit qu'avec ce fruit doré. Avant de commencer la tuerie, on veut s'installer, reconnaître le terrain et chercher le voisinage de l'eau. Nous trouvons une clairière ombragée d'arbres géants aux troncs moussus et tout étoilés d'orchidées. Un ruisseau cristallin traverse l'endroit, si clair que les poissons y sont visibles et qu'on les peut tirer à coups de flèches. Tout le monde s'agite; l'un récoltant du bois, d'autres apprêtant de grands feux. Des femmes rient en nettoyant des poissons; et, plus

25.

loin, des perroquets abattus sont pris demi-vivants encore, et poussant les cris les plus stridents. On les achève, on les déplume, rejetant les vieux, embrochant les jeunes. — Le perroquet est délicieux; il a le goût du canard. Comme il ne se nourrit que d'oranges, toute sa chair est imprégnée de cette saveur.

« Vous vous représentez cette bande allègre, dans ce milieu agreste et coloré; chacun gai et plein d'appétit. Une dame joue de la guitare; d'autres dansent en attendant le repas qui fume de tous côtés. Enfin, on mange; des poissons frais, les provisions apportées, des pièces de viandes rôties à ces feux improvisés; et, pour finir, des perroquets bouillis, rôtis et en ragoût. Le repas terminé, on danse encore; puis on retourne chez soi, heureux ou faisant semblant, des orchidées plein les mains et des plumes de perroquets! »

On ne démêle pas bien si l'aimable *amateur*, auteur de la lettre inédite, prend part à cette chasse bariolée, autrement que pour la dépeindre agréablement; mais, comme dit l'étonnant Beresford : « Tous les hommes ne sont pas des abatteurs de gibier. »

Un deuxième récit de ce correspondant ingénieusement descriptif :

« Dans une ferme proche du chalet que j'habite, se loge avec ses enfants, un pauvre ménage, gens naïfs et presque primitifs, comme il ne s'en trouve plus, je crois, qu'au fond de la Bretagne ou de la Vendée. Pendant que l'homme s'occupe aux champs, la femme vaque aux soins du ménage. Donc, celle-ci, samedi dernier, après avoir bou-

chonné la vache et torché la marmaille, se mit à
boulanger le pain de la semaine. Et c'est à cette
tâche qu'elle sentit les premières atteintes d'un
chaud-et-froid, comme elle le dit.

« Loin de s'arrêter, elle tint à poursuivre,
pétrissant, allumant le four ; car elle ne voulait
songer à se soigner qu'après avoir accompli cette
boulange suicidaire.

« C'est lundi seulement que je la vis, fiévreuse
et déjà irrémédiablement atteinte ; mais, loin de
s'attendre à sa fin prochaine, Je promis de revenir
avec quelques secours. — Le lendemain, le mal
avait fait des progrès notables. La malade me
remerciait d'être venu, renouvelait le récit de son
imprudence ; et sa main aux gestes désespérés,
désignant tour à tour sa poitrine oppressée et
l'angle lointain de la chambre, me signalait une
vaste planche où s'alignaient, debout, les dix
énormes miches homicides, et qui paraissaient
contempler leur œuvre de mort du fond des trous
hypocrites de leurs yeux de mie...

« Le médecin ayant déclaré qu'il n'y avait plus
lieu pour lui de se déranger, on eut recours au
prêtre. Ce furent alors des préparatifs pour recevoir dignement *le Bon Dieu :* des torchons propres,
un vieux christ, deux chandelles.

« La chambre se remplissait lentement de
femmes au regard noir, au nez crochu et cruel,
sorties on ne sait d'où ; espèces de corbeaux
humains que l'odeur de la mort attire.

« Le prêtre vint, confessa la mourante ; et les
assistants furent admis à lui voir administrer le
saint viatique. Alors, on vit une chose extraordi-

naire. L'homme de Dieu prépare la moribonde à l'Extrême-Onction, l'exhorte à demander pardon pour les péchés commis par chaque sens. Les yeux, d'abord... — mais la ouate faisait défaut pour administrer les saintes huiles. — On cherche, on se remue ; le grave silence de la chambre est troublé d'un claquement de sabots inquisiteurs. Vainement, du reste, en cet intérieur besogneux, où le mari ne connaissait que la place de sa bêche et dont les pauvres buffets ne contenaient pas même un brin de charpie. — Or, il fallait se presser ; les minutes étaient comptées. — A ce moment, le prêtre avise d'un coup d'œil le plus proche des dix pains, dont une entaille laissait voir la mie pâle et implorante, qui demandait à remplacer le coton introuvable et à racheter ainsi par un contact sacré son inconscient forfait.

« Il parut alors à mes yeux hallucinés et tristement ravis d'un spectacle tel, qu'une bénédiction et un pardon descendaient sur ces pains, de tout temps nourriciers de l'humanité, et dont ce crime avait comme entaché la salutaire mission à travers les âges. Les religieuses consolations calmaient la patiente ; je m'éloignai. A neuf heures, j'étais de nouveau au seuil de la pauvre maison, où m'avait devancé la funèbre visiteuse.

« Il faudrait un violent vocabulaire de la douleur pour représenter le désespoir communicatif du veuf désolé et les attitudes naïvement navrées de ces paquets noirs et humains, sanglotants et inconsolables. — Entre ceux-ci se détachait une figure, qui me saisit par sa contenance étrangère à toute cette scène, et comme de quelqu'un d'habitué et qui accomplit un métier. J'appris que c'était une spécialiste — une *pleureuse sèche!* qu'on allait quérir en ces funestes occasions et qui passait la nuit à marmotter des patenôtres. — Son chapelet s'égrenait avec sécheresse et monotonie ; elle en faisait avec affectation cliqueter les *avés* au long du bois de lit, pour en affirmer le nombre. Ils défilaient, peu exaucés, je crois, soupçonnant cette chapeletière sans âge et sans piété, d'éterniser en ce coin de terre oublié une victime échappée à la mort — et à la révocation de l'Edit de Nantes !

« Et comme je demandai à quelle heure la défunte avait rendu le dernier soupir, le mari me désigna du doigt le vieux cadran familial, dont l'aiguille arrêtée, et selon un usage pieux, indiquait la minute suprême.

« Et je m'éloignai, escorté des gémissements d'autant plus retentissants, qu'ils avaient été plus contenus, et dont les prophètes, en leurs lamentations et les anciens tragiques en leurs chœurs, ont seuls égalé l'intensité de déchirement dans la plainte... »

Je donnerai ailleurs un troisième récit du voyageur, devant lequel j'avais formulé mon désir de voir exprimer par un autre, un spectacle *musical* et dépravé, qui avait passionné Paris, dans le même temps que les derniers marmitons et myrmidons s'escrimaient encore contre *Lohengrin*. L'habile épistolier me rendit ce service avec une alacrité élégante et châtiée.

**

Voici maintenant le Colibri. Cet oiseau-mouche,

ou plutôt ce poète-mouche est une poétesse de
cinq ans et demi, phénomène au moins aussi étonnant que l'actrice Midget citée plus haut, et qui,
selon une boutade sérieusement bouffonne, inter-
prétait à trois ans les plus grands rôles de Shakespeare. Mon poète, à moi, existe, sérieusement, —
ou plutôt a existé, car il a grandi et commence à
tenir de la rhétorique et du savoir ce dont la seule
inspiration avait fleuri ses vagissements. — Au
reste et si le cas particulier est vraiment rare, le
fait ne l'est pas en soi. « L'enfance est poète », dit
Mme Valmore. Et Victor Hugo a écrit ces vers qui
sont une noble explication du précoce miracle :

> Il est, on ne sait quels nuages de figures
> Que les enfants, jadis vénérés des augures,
> Aperçoivent d'en bas et qui les fait parler.
> Ce petit voit peut-être un œil étinceler...

L'*inspiration* s'exerce alors au sens exact de son
étymologie *in spirat*, et souffle dans le virginal et
délicat instrument comme le vent dans une harpe
éolienne. Les *ineffables* accents de la douce Marceline ont quelque chose de cette enfantine inspiration prorogée, et c'est souvent par cela qu'ils nous
captivent. Beaucoup de mots d'enfants contiennent
de cet *infandum* qui nous fait tressaillir, comme
quelque chose de non humainement exprimé,
venant de plus haut et dont le timbre mystérieux
et déroutant ne se retrouve que dans quelques
révélations spirites. — Mon petit poète ne savait
pas écrire. Il était fort joyeusement à jouer et loin
en apparence — et en réalité — de toute préoccu-

pation littéraire. Tout à coup, le prodige avait lieu. Il fallait dicter, d'emblée et sans nulle hésitation, un des poèmes en prose dont je parle. Et c'est à moi-même que l'enfant tint, à leur sujet, ce propos révélateur : « Malheureusement, maman n'est pas toujours là quand *ça éclate*... et alors, tout est perdu ! » — « Maman » était pourtant payée de sa peine par de doux portraits du genre de celui-ci : « Elle a de beaux petits yeux très grands; un menton aussi joli que deux roses. Quand elle entre au dîner, elle est gracieuse et dame. Elle fait un salut tout mince et tout poli. Tout le monde la regarde avec beauté. » — On le voit, le salut bénéficie de la sveltesse de la dame et les assistants héritent de sa beauté. — Plus loin, c'est ce camaïeu délicatement enfantin : « Quand je suis dans mon petit lit bleu, maman peut voir la mer de la même couleur que mon petit lit. »

« *Petits cailloux* qui brillez dans l'eau, dites-moi pourquoi vous brillez, » chuchote la fillette. Les petits cailloux répondirent : « Nous brillons *pour regarder* les petites filles qui jouent dans la prairie. » — « Pourquoi est-ce qu'on ne vous aime pas? » dit encore l'enfant à certaines *Bêtes sauvages*, lesquelles répondent plaisamment : « Parce que nous mangeons les personnes à la fin de nos histoires. » — Et les *Oiseaux de la Mer* pleurent sur la mer (comme Eva!) — et crient : « Nous ne boirons plus l'eau de la mer, car nos larmes sont tombées dedans! » — La mer est la grande inspiratrice de la gentille Muse :

Les trois perles de la mer.

« Trois bateaux très extraordinaires étaient de loin comme trois perles.

« Ils flottaient très joliment. La mer les faisait plus beaux, comme si elle les aimait.

« Les montagnes semblaient des fleurs aux bateaux ; et les bateaux semblaient aux montagnes des jets d'eau.

« Les bateaux allèrent plus loin, plus loin... jusqu'à ce qu'on ne vit plus rien... »

Ces trois perles ne sont-elles pas tendrement irisées ? Trois bulles où l'Extrême-Orient se reflète. Certes, il y a du Japon dans ces crêpons. Et c'est parce que leur assemblage me faisait penser à ces poésies de Li-Taï-Pé ou de Tan-Jo-Su dont Judith Gautier assembla son *Livre de Jade*, qu'interrogé sur le titre à donner au recueil du baby, je choisis celui-ci : *Le Livre d'Ambre*.

Ces poèmes en prose ont été d'abord dictés, puis griffonnés par l'enfant, entre cinq et sept ans.

Un autre groupe de poèmes leur succéda, ceux-là visiblement embarrassés d'essais de rimes, de tentatives de rythmes ; mais pleins de cygnes, de lyres, de lotus, d'originales inventions et de poétiques images, parmi lesquelles se révèle tout à coup un vers surprenant, tel que celui-ci (après avoir parlé des yeux « dont le noir sollicite ») :

Maintenant retournons rêver dans leurs prunelles !

et cet autre :

Moissonnant les épis de mon cœur et du blé.

Aujourd'hui, la fillette est une jeune demoiselle, en qui le mystérieux don poétique est aux prises avec les prosodies, dont il sortira vainqueur, si j'en crois ce dernier envoi plein de gaucherie et de charme où l'auteur, en un langage fleuri qui fait parfois songer à celui de Ronsard, se compare à un bouton de rose à l'abri du rosier maternel.

A TES PIEDS IL EST NÉ, SOUS TES PIEDS IL MOURRA

Que sous tes pieds divins ma fleur s'épanouisse,
A la rose empruntant son parfum précieux;
Que ses pétales frais que les tiens enfouissent
S'écartent en laissant fuir leur cœur vers les cieux.

Que tes yeux bienveillants et graves à la fois
N'enlèvent leur éclat de dessus mes pétales
Que lorsque le bouton qui sous tes pieds s'étale
S'échappant au rosier méprisera ses lois.

Et comme un canevas ne change jamais d'âge
Et tient dans ses réseaux les dessins prisonniers [1]
Le bouton qui de moi te présente l'image
Sous ta jupe captif y sera le dernier.

Plus tard il grandira — toutes choses grandissent,
Mais, sous l'abri rosé de la rose fleurie,
Il sera prisonnier. Rien n'est un sacrifice
Lorsque l'air respiré sort d'une fleur chérie.

D'autres seront ingrats, et qui, fuyant leur mère,
Iront se flétrissant, loin de sa verte tige;
Mais il vivra, lui seul, de sa vie éphémère,
Et, près de toi, plus tard, fleurira son prestige.

1. J'attire l'attention sur ces deux vers.

6..

Protégé par ton œil, escorté par ton ombre,
O rose, ce bouton ne te fuira jamais ;
Et, les jours de soleil, ainsi que les jours sombres,
Le verront ton captif, parce qu'il s'y complaît.

Mais, pour sa récompense, ô rose qu'il adore,
Pose sur son corps frais tes regards qu'il aima ;
Pose-les aujourd'hui, demain, toujours, encore...
— A tes pieds il est né, sous tes pieds il mourra !

* *
* *

Le Cygne plane d'un vol plus puissant, glisse
d'une aile plus assurée. On dirait l'oiseau qui
inspire à Saint-Saens son chant majestueusement
descriptif. Voici quelques-uns de ses sillages gracieux, de ses précieux mirages.

L'INSECTE

« L'enfant desserra lentement son petit poing. La
bête à bon Dieu y était renversée sur le dos comme
une minuscule tortue. Puis, redressée, elle se remit
à courir de toute la vitesse de ses pattes de fil.
Eléonore fit un pont de sa main ; la coccinelle
parcourut les doigts, tourna sur le plus petit et
grimpa sur la perle d'une bague où elle séjourna
un moment.

Puis, étendant ses ailes qui se reflétèrent dans
la perle en la rougissant, elle s'envola ! »

SUR L'EAU

« Eléonore laissa son annulaire effleurer les eaux
dont elle voyait se foncer la couleur à travers son
émeraude. Le rose de la chair ressortait comme
un fruit dans ce vert gris; une petite voûte de
cristal soulevée par l'ongle entourait le doigt, en
formant un globe à travers lequel il apparaissait
comme un objet précieux. »

UNE PENSÉE

« Les arbres du printemps nous apparaissent tels,
que des défis verts, renaissants, joyeux. — Et
soi, on ne fait que continuer ses jours, avec la
seule année de la vie en quatre saisons. »

A PROPOS D'UN VIEUX MARRONNIER QUI ÉTAIT AU MILIEU DU JARDIN

« Ses branches retombaient jusqu'à terre, enfer-
mant un grand espace qui était notre salle de jeux.
Pour y entrer, on plongeait sous les rameaux, et
l'on s'y trouvait enfermé dans la verdure.

Nous aimions personnellement ce vieux confident de nos loisirs. Une balançoire s'y suspendait
où l'on montait debout, en un élan toujours plus

envolé. Puis, les bras étendus, la tête renversée, on n'apercevait plus que les zébrures bleues du ciel sillonnant le vert des feuillages.

Quand il fallut abattre l'arbre, nos parents en furent désolés, et une secrète tristesse nous pénétra.

Il me semble aujourd'hui que, durant ces années heureuses, c'est à lui que nous dûmes la première sensation d'adieu et qu'il fut la première cause en nous de cette gêne d'un instant, forme enfantine de la mélancolie.

Les senteurs de tout le jardin semblaient se donner rendez-vous sous son ombre. Il y arrivait, suivant la direction du vent, des bouffées du massif de pétunias, d'autres de la corbeille de roses.

Les soirs d'orage y exaltaient l'odeur frêle du réséda; et, maintenant, chaque fois qu'il m'arrive. de respirer telle ou telle de ces fleurs, c'est, il me semble encore, de ce jardin disparu que leurs effluves me viennent. Tant les assimila ma mémoire d'enfant aux rameaux dispersés de l'antique marronnier qui garde à tout jamais nos rires joyeux en ses feuillages fantômes. »

SUITE D'EXPÉRIENCES SUR LA BEAUTÉ

« Il ne faut pas croire qu'une femme belle et jolie le puisse être tous les jours.

Son harmonie est un composé multiple dont chaque parcelle concourt au résultat final, et dont la moindre défaillance altère l'ensemble.

Certains jours, la somme n'est pas atteinte : la femme est au-dessous de sa beauté. D'autres jours, chaque détail a donné toute son harmonie : la femme atteint son degré de beauté. Quelquefois, elle la surpasse. Ces jours-là, on la dirait éclairée intérieurement.

Extérieurement, elle rayonne, subjugue, fascine, en laissant tout ce qui l'entoure dans l'ombre.

Je ne crois pas qu'il y ait au monde de jouissance comparable à celle d'une femme qui se sent ainsi l'objet de tous les regards, lui communiquant de l'allégresse et de l'énergie.

C'est un sentiment composé de trop plein de vie et de joie, d'orgueil, d'enivrement, de générosité, de domination, de royauté offerte et dédaignée.

Seuls, les grands poètes, les grands capitaines, les grands orateurs doivent éprouver de ces sensations, le jour où leur talent et leur bravoure se voient acclamés en manifestations éclatantes. »

26

DEVANT LE MIROIR

« Je reviens de l'Opéra, et suis étonnée de la transfiguration que la foule me fait subir.

Je ne reconnais pas en moi l'être des habituels soirs, à l'air ennuyé, aux gestes alanguis, la femme craintive d'être trouvée jolie en son milieu, et s'enlaidissant pour trouver grâce devant lui.

Le sang circule plus chaud dans mes veines, mes paupières enchâssent des yeux heureux de se mouvoir; ils se dirigent avec force vers ce qu'ils voient, ou errent dans l'atmosphère enivrante des regards.

Quelle transfusion de vie que cette communication avec l'extase d'une foule!

Comment vivre quand on ne peut plus provoquer cette grande caresse anonyme, après l'avoir connue et goûtée?

Ces indifférents pris au hasard, il y a quelques minutes, semblent une multitude d'amants passionnés, au milieu desquels on passe avec caprice et comme au triomphal retour d'une victoire. »

Habemus confitentem ream. Voici donc enfin des impressions de voyage et de séjour d'une femme dans sa beauté, son décor, son exercice. Tel Loti, le premier promène un œil artiste sur des sites, en des pays où, jusqu'à ce jour, s'étaient uniquement exercés d'ethnographiques récits, de froides statistiques.

Edmond de Goncourt, qui avait consulté maint *journal* de jeune fille pour sa documentation de *Chérie*, eut, par moi, connaissance de ces notes d'une jeune femme. Voici de ses impressions à leur sujet adressées à l'auteur : « Sensations raffinées, sublimées d'une femme du grand monde. On n'a guère, en ce temps, d'imprimé, que des sensations de femmes bourgeoises. — Et vos sensations sont joliment présentées, délicatement détaillées, artistement écrites; et il y a parfois des phrases dont je suis jaloux, comme celle-ci, adressée à votre miroir : « Comment vivre quand on ne peut plus provoquer cette grande carosse anonyme »?... etc.

Que nous voilà loin du traditionnel bas-bleu! Mais, bien au contraire, curieusement et royalement, en ce temps de féminisme aigu, en présence de notre adversaire et de notre amie, nous dévoilant ses ruses avec une ingéniosité ingénue, encore plus sûre et plus fière, cartes sur table, ainsi, de demeurer l'Invincible.

J'en cite, pour preuve suprême, ce dialogue entre la *Beauté* et son *Miroir* que l'auteur de la *Faustin* admirait fort :

LITANIES DU MIROIR

—

« LA BEAUTÉ. — O les rayonnants retours, lorsque, toute magnétisée de fluides rapportés sur mon apparence, je rentrais, m'abattant vers toi, pour surprendre les secrets émanés de moi-même !

LE MIROIR. — Pour les amants, il est un rival — et plus discret ! Ses éloges ne sont pas libellés, Il connaît, il exerce la plus subtile des flatteries : montrer elle-même à elle-même, en la forçant à baisser les yeux, émue de se trouver si tentante.

—

LA BEAUTÉ. — Tu m'as suggéré ce qu'il n'a osé me dire. — Voilà donc ces dents qui l'ont ébloui. Fais-les luire encore, et que leurs facettes miroitent de loin pour ses regards disparus. Redis-moi cent fois les raisons de son amour ! Que n'est-il là pour jouir de l'image double de ces reflets mouvants, de ces ondulantes effigies, de ces sourires infinis — dont il aime *le seul !*

LE MIROIR. — Cadeau inventé par les dieux diaboliques. Récompense scélérate et comblant celle qui en est l'objet d'une ineffable joie. En son cœur, se grave son propre reflet. Fugitive et impalpable esquisse. Inquiétante comparaison qui tourmentera ses réalisations nouvelles.

LA BEAUTÉ. — Devant toi, je suis fière ; mais,

près de lui, si troublée! — Il me prend ma vie en ses regards, et je ne pense plus à moi-même; ma présence s'efface, ainsi qu'une ombre qui fût à peine. Ma réalité s'évanouit jusqu'à ce que, devant toi, je la reprenne en un mirage.

LE MIROIR. — Confident plein de mémoire, rapporteur plein de ruse, le miroir sait détailler, afin de multiplier la jouissance; il promet, pour créer la délectation; il évoque, pour provoquer le désir.

LA BEAUTÉ. — Je me suis tue, et mon cœur chantait dans mes yeux enivrés. Depuis, mes yeux sont pleins de musique. Leur substance sombre a envahi tout leur espace comme une mer de souvenirs car, longuement, nous sommes restés, les regards enlacés, nous versant le mystérieux des bonheurs inexprimés...

LE MIROIR. — Le miroir n'est pas un ami fidèle. Il n'aime que la jeunesse et la beauté. Alors, combien douce est toute sa franchise! Mais les visages, s'ils sont flétris; mais les cœurs, s'ils sont déchirés, trouveront ses reflets inexorables. Le graveur avec son stylet n'accuse pas plus profondément des traits sur un marbre désormais rayé que ne le fera sa réflexion toute simple; et le plan de la vieillesse apparaîtra reproduit, griffonné et raturé, sur ce même visage de jadis aux sourires enchantés!

LA BEAUTÉ. — Miroir, garde en ton eau mon image. Toi seul me consoles de son absence. Les

mystères que je te livre, autant de secrets que
j'égrène à sa pensée.

Le Miroir. — Tes apparences, tu me les confies,
en d'infinis abandons; et nos chastes apartés sont
volés à l'amour. Mes lèvres sont froides, et mes
yeux oublieux ignorent ce qui les a traversés.

—

La Beauté. — Seigneur et maître, me rendras-tu
mes reflets? Est-ce en vain que je te réapparaîtrai,
te rappelant ma confidence?

Le Miroir. — Pas de preuves en mon cœur
glacé.

—

La Beauté. — Que notre amour s'imprime à
ta surface. Prends mon visage inondé de lumière.
En cette rencontre de mes yeux par mes yeux, je
veux sceller un serment éternel.

Le Miroir. — Dans le temps, être, c'est paraître.
L'avenir et le passé ne sont point. Le présent,
seul, émeut.

—

La Beauté. — Comment croire à la mort des
fleurs qu'on voit vivantes au soleil? — Comment
craindre les trahisons quand, si amoureusement,
tu caresses mes contours? — Quoi! serait-ce donc
moi qui deviendrais parjure?

Le Miroir. — Ce qui change, seul, est parjure

La Beauté. — Un subit effroi m'envahit. Et mon cœur tremble de comprendre. — Reflets, vous êtes-vous liés à un traître? — A-t-il absorbé vos radieuses jeunesses? Ses louanges ont-elles menti pour vous désespérer par le successif retrait de ce qu'il avait semblé vous offrir? Ces lèvres, ces yeux, ce teint, ces épaules? Aveux, espoirs, ravissements, vos ondes ont-elles tout englouti, et sans qu'un souffle ait seulement marqué cette place des disparus? — Oh! pour souffrir moins lors de l'abandon, je voudrais, dès aujourd'hui, repousser vos flatteries. Je voudrais ne vous avoir jamais connu, puisque vous ne savez pas aimer toujours!

Le Miroir. — Quand il n'engloutit pas, l'amour aussi reflète. Miroir, amour, tous deux font cruellement expier les impressions effacées. La vengeance de l'un, c'est la sincérité. De l'autre, le changement.

La Beauté. — Je dirai : c'étaient mes fleurs; émouvants coloris; — suavités attendrissantes. — Roses, êtes-vous encore? — Mais la glace ne me rendra plus que des cadavres jaunis et méconnaissables.

Le Miroir. — Tombeau des rires argentés et des chairs nacrées, elle caresse, elle dévore, elle ensevelit.

La Beauté. — Miroir! vase d'intenses félicités,

creuset d'immenses douleurs, à ton tour, mire-
toi en ma fleur, dans cet instant deux fois épa-
nouie. Sois en moi, deviens mon essence. Que
mon cœur soit comme un rideau que j'abaisserai
sur ta glace, afin d'y enfermer à jamais les plus
chers trésors de mon être, ainsi devenus immor-
tels! »

La *Colombe*, c'est la Gourouli de Musset, mais
une Gourouli au roucoulement plus suave. *Atavis
edita regibus*, fille de poètes et de rois, on retrouve-
rait en sa lignée, avec les princes des *Mille et une
Nuits*, Saadi, Firdousi et Hafiz. Comme une odeur
d'*athergul* flotte sur ses chants nourris de confitures de roses.

> Ce que pèse à l'hiver la poussière des roses

est un de ses vers les plus pénétrants.

Curieux et parfaits, deux incompatibilités,
qu'ils concilient, y ajoutant une érudition sans
pédanterie, un choix du mot expressif, du verbe
coloré, du terme savoureux, une précision et une
propriété de langage riche et choisi qu'on admi-
rerait chez un travailleur et qui sont l'apanage de
cette jeune fille. La plus chaste réserve en la plus
noble ardeur, la pudeur dans la passion, la caractérisent encore. On ne m'a permis d'en parler que
de souvenir. Je citerai donc, pour mémoire, et
pour l'honneur d'en traiter le premier, un poème
sur les parfums qui est une aromale symphonie.
Je ne sais que le célèbre fragment de *La prière*

pour tous auquel on puisse le comparer. Chaque vers, évocation d'une odeur, d'un baume, d'un relent, s'évapore comme l'extrait capiteux d'un flacon, monte comme le soupir azuré d'une cassolette. Ce ne sont que spirales opalisées, bleuissantes volutes.

Un divertissement de senteurs, une danse d'exhalaisons fortes, fines, étranges :

Odeur du thé qui fume et qui monte aux solives,

Parfum qui s'alanguit aux sombres reliures,

Fumet du vin qui pousse au blasphème brutal.

Et, pour finir sur l'agenouillement de ce vers divin :

Douceur du grain d'encens qui fait qu'on s'humilie!

Quatre *amateurs*, n'est-ce pas beaucoup pour un jour? — pour une volière? — pour un perchoir? Un Perroquet, un Colibri, un Cygne, une Colombe.

XV

A Claude d'Aramon,

Comtesse L. de M.

L'ENLUMINEUR

(GEORGES D'ARAMON.)

Les belles pages d'Hello sur l'injustice envers les vivants sont le réquisitoire d'un millénaire forfait, le commentaire d'une invincible iniquité permanente. Effet, sans doute, d'une loi finalement salutaire, crépuscule ou nuit avant-coureurs d'un lever radieux, période d'incubation et de transformisme de la vraie gloire, il ne faut s'en étonner ni attrister ; bien plutôt s'en réjouir, et admirer, les épiant, chaque nouvelle occasion de cette maldonne humaine.

On me reprochera de citer souvent, et souvent les mêmes auteurs. Je réponds d'avance que c'est parfois le meilleur mérite de ces sortes d'essais, de remettre en lumière, et, s'il se peut, en valeur, des textes oubliés ou peu connus, qui, au moins autant que nos appréciations, et secondés en quelque sorte recréés par elles, rajeunis par le choix, le rapprochement, le rapport, contribuent, d'outre-tombe à une nouvelle discussion, apportent leur argument à un débat et leur ornement à une rêverie.

Pour moi, je ne vois pas de plus décorative et honorifique survie que cette résurrection pas-

sionnée en ces questions actuelles, de par la citation d'un lecteur fervent et approprié, rappelant
de défuntes voix à la tribune et à la barre. Heureux ceux dont les écrits méritent cet heur; et qui,
dès longtemps faits silencieux des mots de bruit,
continuent de charmer et de fortifier sans voix, de
confondre muettement et d'éloquemment absoudre!

— Quant au retour des mêmes noms, ils sont
des *signes* de notre zodiaque mental, de littéraires
ou philosophiques planètes nous régissant de leur
influence. On ne sait si le choix de certains livres
par certains lecteurs ne se pourrait pas souvent
plutôt qualifier de : choix de certains lecteurs par
certains livres. Il y a réciproque élection, mutuelle
concordance. Tels textes n'ont souvent reçu
tout leur éclaircissement que de la lumière de tels
commentateurs. Des fils lient nos œuvres à
d'autres travaux. Il y a réflexion, réverbération,
échange. Et je ne parle, bien entendu d'imitation
ni de plagiat; mais d'une transfusion de pensers,
transmission de flambeau, inoculation d'idées.
En matière scientifique, pas une invention qui soit
l'œuvre d'un seul, mais de successives alluvions
de recherches et de découvertes. Ainsi en art. Et
l'eau qui les dépose faite de tant de flots distants
de la même onde, roule les textes et les verbes
comme des pierres, afin de les rendre plus précieuses. Et c'est cette onde séculaire dont rit et pleure
l'*ardent sanglot* Baudelairien, mourant au bord
de l'éternité qui discerne et décerne. — Ingres que
j'admire et que j'aime souvent à évoquer, préten-
dait que celui qui voudrait tirer tout de soi seul,
en serait vite réduit à s'imiter lui-même. — Donc

lo retour d'une citation, loin d'apparaître comme une inadvertance ou un oubli, pourra jouer harmoniquement dans l'ensemble, le rôle d'un texte, d'un thème ou d'un *leitmotiv* justifiant ainsi de la parenté de certains sujets qui d'abord avaient paru incommunicables.

Que cela me permette de citer encore une fois le trop célèbre en même temps que trop peu connu Swedenborg, en cet alinéa dont va s'éclairer notre lanterne : « Beaucoup de catholiques romains, bien des religieux surtout, parvenus au monde spirituel, cherchent les saints dont ils ont ouï parler, et particulièrement celui dont leur ordre a pris son nom; et *sont très étonnés de ne pas les y voir.* » — Similitude admirable, et vraie de bien des saints du nombre d'églises. — En art, par exemple, il n'est pas rare d'entendre déplorer la totale extinction d'une manière — laquelle a son contemporain représentant enfoui sous un boisseau d'où il s'efforce vainement d'atteindre à la lumière. La Miniature, l'Enluminure excitent souvent de ces doléances sans objet, auxquelles on prend l'habitude de se livrer sans penser qu'il serait plus ingénieux de tourner un vélin, de toucher un ivoire.

C'est précisément un enlumineur de qui je veux parler aujourd'hui, un moderne Fouquet mort et inconnu, dont l'œuvre attend non pas le réveil, mais l'éveil, car elle n'eut même pas à s'endormir n'ayant vraiment jamais connu la lumière. Le sujet est pour moi particulièrement attrayant, puisqu'il s'agit d'un frère-amateur, victime momentanée — mais un long moment — d'un malentendu

qu'il serait difficile d'obtenir aujourd'hui aussi complet, pour plusieurs raisons, dont la moindre n'est
pas le sentiment public qui ne s'est pas montré défa-
vorable à la cause, à en juger par une détente sur-
venue, un désarmement, plus d'équité par plus de
clarté. On peut donc y revenir sans acrimonie,
car il y a encore des choses à dire. Le professionnel dans le sens de celui qui exerce son métier
avec compétence se rencontre chez les amateurs,
dans le sens de ceux qui ne travaillent pas pour
vivre. De même l'amateur dans le sens de celui
qui traite d'une matière qui lui est insuffisamment
familière, et d'une manière qui ne dénote ni étude
ni aptitude se rencontre chez les professionnels,
dans le sens de ceux qui ont fait leur carrière de
leurs lumières. Ce double point élucidé, ce qu'il
siérait d'ajouter, non plus pour la défense, mais
pour l'allégeance des *dignes* amateurs, c'est la
considérable difficulté de surplus que crée à ces
derniers — surtout créa — (bien que le malentendu
soit toujours en vigueur) l'hostilité, même sous
couvert d'affabilité, d'un milieu réfractaire, sans se
l'avouer, à l'éclosion, *parmi les siens*, de la floraison
artiste.

Ce n'est jamais tout à fait pour eux qu'un auteur,
un peintre, un musicien sont fêtés dans le monde.
Il y a d'une représentation dans la présentation
qu'on fait de leurs personnes. C'est la bête
curieuse, tout au moins la chose curieuse, le plat
du jour dont une maîtresse de maison envie le
service à sa rivale. L'objet de cette distinction,
s'il a la sagesse de n'en être exalté ni humilié, du
moins ne s'illusionne pas sur la portée de cette

apothéose. Un fin esprit n'en saurait être dupe ;
Paul Hervieu, dans un de ses beaux romans, en
a fait la subtile remarque ; et Goncourt avait
anciennement distingué une particulière façon de
donner la main d'un aristocrate à un artiste. Le
visiteur qui ramasse le pinceau d'un de nos
modernes Titiens sent vibrer en lui la plume de
François Ier; et l'amphitryon qui reçoit à sa table
un écrivain s'objective volontiers en Louis XIV
offrant à souper à Molière.

Or, ce n'est pas seulement du fait d'un esprit de
corps mal entendu que les gens du monde ne
veulent pas pour un des leurs de cette notoriété et
de ce prestige. Un peu d'envie n'y fera point
défaut. Toujours quelques parents dont la postérité morne coule un noble farniente ou une carrière atone, trouveront mauvais de voir figurer
leur nom, même avec éclat, dans des polémiques.
Il y a du poulailler dérangé dans ces constata-
tions ; tout au moins de la volière effarouchée.

Rien alors de plus curieux que les silences con-
certés, les réticences circonvolutoires, longuement
maintenus en de bonnes relations d'amitié et par
d'honnêtes familles, sur ce qu'elles devraient
fomenter et qui peut les enorgueillir. — Une grande
différence est à signaler là, entre le traitement
que font à leurs fils élus de plus humbles milieux
à l'encontre des classes hautes. Il sied d'y attirer
l'attention pour rappeler celles-ci à plus de sagesse
ou de justice, en même temps que pour éclairer ceux des dits professionnels qui nous repro-
chent de soi disant facilités dont ils ignorent les
vicissitudes. Ce n'est pas pour les intérieurs mo-

destes ou paysans que l'amer poète décrit dans sa
cruelle *Bénédiction*, l'accueil maudit fait au chan-
teur à sa venue en ce monde. Non. Il n'est pas
rare de rencontrer là un père compréhensif et
généreux comme celui d'Ingres, une mère comme
celle de Marceline Desbordes, une sœur comme
celle de Coppée. Forts et doux tuteurs des jeunes
tiges d'une pensée rêveuse en un corps souvent
débile. Fermes et fiers appuis d'une croissance et
d'une éclosion dont les rares couleurs devinées, les
suaves parfums pressentis leur sont une récompense de leur effort, en même temps qu'aux germes
et aux rameaux un encouragement à verdoyer et
à fleurir. — Oui, à ces foyers sans fastes, mais aussi
sans froideur, le rêve n'est-il déjà plus favorable
au poète naissant, de se montrer d'avance cher
aux siens, croyants de la royauté qu'il promet,
ou de la sainteté qu'il apporte? — Et qu'est-ce que
la pauvreté d'un logis près de l'aridité d'un cœur?
— La gracieuse description antique de la naissance d'une fleur cachée en un jardin abrité, sous
la caresse de l'air, l'affirmation du soleil et l'éducation de la pluie[1], a quelque chose de cette sym-
pathie ambiante autour de l'enfant mystérieux, en
qui tout chante et tout pleure; mais le protecteur
enclos revêtira plutôt l'aspect d'un tutélaire jardinet que d'un parterre à la française. Le père de
Chateaubriand se montre bien déplaisant et bien
dur. — « Voici ma mère et voilà mes frères! »
disait Jésus de ses disciples et de ses apôtres.

---

1. *Ut flos in septis secretus nascitur hortis*
   Quem mulcent aurœ, firmat sol, educat imber. (Catulle.)

« Il est venu dans son propre héritage, et les siens ne l'ont pas reçu » — et « nul n'est prophète dans son pays » sont encore deux évangéliques mots dont l'application aux parents n'est pas lointaine. Mais je le répète, surtout chez les *Grands*, pour qui les arts et les armes, ne combattent point à mérites égaux, et qui, les uns naïvement, d'autres jalousement, s'obstinent à voir une déchéance et un discrédit dans l'exercice d'un art libéral.

On raconte (d'ailleurs faussement) qu'un membre de cette illustre famille, entendant vanter l'auteur des *Maximes*, se serait écrié : « Vous ne trouvez à citer parmi les Larochefoucauld, *qu'un homme de lettres !* » — Je cite ce mot, du reste controuvé, parce que, vrai, ressenti, et proféré, il eût été synthétique d'un tel vague mépris, aveuglement fâcheux, malentendu malveillant, sentiment risible. Non, François VI a sa statue, dans la bibliothèque de Verteuil. Néanmoins, est-ce une erreur de démêler que les yeux des hôtes ne s'y reposent pas aussi complaisamment que sur tel portrait d'Aymar II, « homme courageux et rusé », au dire de Vivier de la Pile — ou de quelque autre ancêtre, grand guerrier, habile chasseur ?

L'éminent historien de Richelieu cite un vieux texte assez inclément à ceux qui « restreignent toutes leurs ambitions auprès des chiens, chevaux et oiseaux, lesquels s'en moqueraient, s'ils pouvaient parler ». Que diraient aujourd'hui les chevaux s'ils n'étaient remplacés par les automobiles ? — Que leurs maîtres n'ont guère varié, et que l'incursion de l'un des leurs sur le terrain de Molière ou l'éther de Musset offre toujours pour eux quelque chose

de suspect, s'il ne se hâte de leur donner satisfaction par une médiocrité rassurante. Sinon
l'obligation de ne pas se croire ni se montrer distancé par un art, une terminologie ou une tech-
nique exigeant pour leur compréhension tant soit
peu de culture et d'étude, les rendra inexorables
pour l'œuvre du parent ou de l'ami *qu'il faut juger*,
et qui, né Gautier ou né Flaubert — aurait, outre
le génie et le talent, l'avantage d'exercer son
effort sans susciter ces fraternels jugements auprès
desquels les confraternités, pourtant parfois sont
douceur, sont encore des gentillesses. — J'ai vu
des exemples étonnants de cette étrange manie
pour laquelle une spirituelle dame avait projeté
une épreuve. Il s'agissait d'un gentilhomme lettré
dont le vocabulaire, bien qu'insuffisant, s'était vu
juger, non sans faveur, par d'éminents critiques,
mais que s'obstinaient à trouver abstrus, des
lecteurs mondains qui, à vrai dire, n'auraient pu
dépasser la première page d'*Emaux et Camées*
ou de la *Tentation de Saint Antoine*. Or, l'aimable
hôtesse avait projeté de faire réciter devant un
tel groupe d'arbitres incompétents et entêtés, et
le donnant pour être de leur ami, le *Madrigal
Panthéiste*. Puis, en présence de leur esclaffement
tourné en salutaire confusion, l'on eût proclamé
le nom de l'auteur véritable.

De tels traits, qui leur sont inconnus, sont aussi
pour ramener, une fois pour toutes à un indulgent
et sympathique sentiment envers ceux qui, d'ailleurs, n'en sont pas lésés, de sages écrivains,
d'éminents savants, de nobles artistes. Certes,
c'est un spectacle à la fois lugubre et plaisant, et

digne du caricatural crayon de Grandville que de maladroites pécores maniant prétentieusement le pinceau, la plume ou l'ébauchoir — *pecudesque locutæ*. Ce troupeau-là peut passer en jacassant ou en caquetant sans déranger de son vent aucun feuillage sacré de la forêt de Dodone.

Mais qu'un artiste-né, qui soit un aristocrate inspiré revendiquant son droit à l'étude et sa part de labeur, fasse sa preuve de talent et de travail, il sera beau de voir les confrères-professionnels justement en garde et longuement méfiants ouvrir leurs rangs à ceux qui le méritent, et les proclamer hautement à leur tour contre les silences inéclairés ou les bavardages niais de ceux qui n'ont pas su se faire un décor de leur encouragement ni une arme de leur sourire.

Loin de moi d'accuser les parents de Georges d'Aramon, ce grand enlumineur inconnu, d'avoir attristé ou entravé de pareils traitements son existence et sa carrière. Je sais qu'il en fut aimé et apprécié. Maintenant, plus de zèle lui pouvait-il être témoigné, par où des déboires lui eussent été épargnés, dont son œuvre se fût amplifiée et embellie, ce n'est plus le temps de le rechercher. Il est probable qu'on dut, comme il arrive toujours, prendre l'habitude de le voir s'efforcer laborieusement et gracieusement vers un travail dont on ne comprit pas bien toute l'envergure et toute la portée, et qu'il dut savourer de mélancoliques moments à passer pour un désœuvré en toute une longue vie de travail, appliquée à une œuvre qui ne devait de son vivant lui apporter ni honneur ni profit, dont la dernière page s'achevait avec s vie, et qui, dix ans depuis sa mort, attend encore la lumière de la renommée. Or, il était pauvre, modeste et fier; et conscient de son talent, le succès l'eût rendu joyeux. L'ouvrage à peu près terminé, il fut question de l'éditer luxueusement comme on fit plus tard de la *Vie du Christ*, de Tissot. Mais les procédés de tirages étaient alors moins parfaits. Au reste, une récente reproduction des quarante Fouquet n'a pu être faite en couleurs; et il est possible, qu'aujourd'hui comme alors, la surhumaine perfection de certaines parties de l'œuvre de Georges d'Aramon défie à jamais tout fac-similé.

Un autre ouvrage, de moins de fini[1], s'y devait mieux prêter; mais sans doute, et par cela même, lui fut moins cher. Il ne le termina point, et n'y mit que peu de son rêve. On peut donc le dire, son œuvre unique demeure cette *Vie des Reines de France* qu'il projeta d'abord d'offrir au comte de Chambord, puis, qu'un plus sage dessein lui fit léguer au chef actuel de sa propre famille. C'est un juste retour de ce bienfait, d'aider à le propager tout en lui gardant son mystérieux prestige. Je serai, pour ma part, heureux d'y avoir contribué, en affectueux souvenir d'un aimable et spirituel ami, en affirmation d'un artiste surprenant pour sa commémoration piaculaire.

* *

« Hommage, gloire, honneur, jusqu'à la fin des siècles, aux Très Hautes, Illustres, Excellentes Reines de France et de Navarre. » — Telle l'invocation par laquelle ouvre le monument précieux,

1. La Vie des Reines d'Angleterre.

sous le labarum compliqué de la croix d'Augsbourg, entre des armoiries, des sceptres et des couronnes; parmi lesquels la couronne de Charlemagne, dont le simulacre jadis commandé par Napoléon, représente, avec les couronnes des rois Goths du musée de Cluny et la couronne d'épines de Notre-Dame, à peu près tout ce qui nous reste en fait de couronnes. — Le revers de ce frontispice est occupé par une grande fleur de lys, au cœur, aux branches de laquelle se diaprent et serpentent les écussons et les devises des reines.

L'ouvrage, inclus ce frontispice, est composé de 54 feuillets, lesquels illustrés au recto et au verso sur une surface mesurant quatorze centimètres sur vingt, font cent-huit enluminures.

Maintenant, il les a toutes représentées. Basine, d'abord femme de Basin, roi de Thuringe, puis épouse de Childéric, la mère de Clovis, la première de nos reines. Clotilde, femme de Clovis. La femme de Clodomir, Gondiuque, fille de Gondésile et petite-fille de Gondioche, mère de Thibault, Gontier et Clodoald, dont le dernier fut Saint-Cloud. Ultrogote, femme de Childebert, mère de Crotberge et de Crotsinde. — Ingonde et Aregonde, les deux sœurs, toutes deux en même temps femmes de Clotaire Ier. — Chusène, sa troisième épouse, et qu'on appelait aussi Gonsinde. Radegonde, la quatrième, plus tard diaconesse à Chinon et à Poitiers, amie de Fortunat, reine savante et sainte lettrée. Enfin, Waldrade ou Waldetrude, fille de Wachon et sœur de Wisigarde. — Les quatre femmes de Caribert : Ingoberge, Miroflède, Marcovelde et Théodéchisilde.

— Vénérande, fille de Magnachaire, duc des Français-Transjurans; Marcatrude et Austrégilde, femme de ce Gontran, qui est un de ces saints que les catholiques romains s'étonneront de ne pas rencontrer dans le monde spirituel. La dernière, qui n'était qu'une fille de chambre, mais de la plus dangereuse espèce, exigea qu'on égorgeât sur son tombeau Nicolas et Donat, les deux *morticoles* contemporains qui n'avaient pas su la guérir. — Les femmes du premier Chilpéric, Audovère, Galsuinthe et Frédégonde, cette dernière dont les historiens s'étonnent qu'après tant de forfaits, elle soit morte, paisiblement, dans son lit. Brunehaut, femme de Sigebert, écartelée à soixante-douze ans et attachée à la queue d'un étalon fou. Faileube, femme de Childebert II; Blichilde, femme de Théodebert; et celle de Théodebert II, Théodéchilde. — Ermemberge, femme de Thierry II, et les femmes de Clotaire II, Haldetrude, Bertrude et Sichilde. La stérile Gomatrude, sœur de Bertrude et de Brunulfe; Nanthilde, femmes du roi Dagobert, qui fut notre Salomon par le nombre de ses concubines, parmi lesquelles Ragnetrude, laquelle eut le titre de reine, Nulfagonde et Berthilde. Bathilde, femme de Clotaire II, reine et sainte. Blitilde, femme de Childéric II, et la femme de Thierry III, dont on ne sait si elle se nommait Cosilde, Crotilde, ou simplement Dode. Berthe au grand pied, femme de Pépin; et les cinq épouses de Charlemagne, « dont le seul défaut était un très grand penchant pour les femmes »; Himiltrude, Ermengarde, Hildegarde, fille d'Emma, petite-fille de Nóbi, et dont Charles eut neuf enfants; la hautaine Fastrade, la belle et vertueuse Luitgarde. — Les femmes de Louis le Débonnaire, Ermangarde, fille d'Ingramme, comte d'Hasbay, et Judith, fille de Guelfe, comte de Rawensbourg et d'Alfort, laquelle aima Bernard, comte de Barcelone et duc de Septimanie. — Les *femmes de Charles le Chauve*, Ermentrude et Richilde, et celles de Louis le Bègue, Ansgarde et Adélaïde. — Richarde, femme de Charles le Gros, qui l'accusa d'adultère avec Luitgard, évêque de Verceil; « son seul et premier ministre, qui l'avait toujours bien servi », dit la chronique. Et elle ajoute : « Sans aucun autre ménagement, et sur de simples soupçons, il le chassa de la cour, et fit comparaître Richarde dans une diète, où il se porta lui-même son accusateur, assurant qu'il n'avait jamais eu de commerce avec elle. — Quelque peu d'apparence qu'il y eût à la chose, après six ans de mariage, l'impératrice confirma le fait, ajoutant que non seulement elle n'avait jamais eu de commerce avec son mari, mais encore avec tout autre homme, *offrant de le prouver à l'instant, par quelque sorte de preuve qu'on exigeât d'elle.* » — En somme, encore une sainte, à qui l'abbé Trithème fait honneur de quelques miracles. — Frédérune et Ogive, femmes de Charles le Simple. — Emme, femme de Raoul. Gerberge, femme de Louis IV d'Outremer. — Une Emme encore, celle-ci, femme de Lothaire, et la femme de Louis V, Blanche, Blandine ou Constance. — La femme d'Hugues-Capet, Adélaïde, fille de Guillaume III, comte de Poitiers, dit Tête-d'Étoupes.

28.

— Berthe, femme de Robert, les deux excommuniés, et sa seconde femme, Constance, que la blancheur de son teint faisait nommer Blanche. — Anne de Russie, femme d'Henri Ier; Berthe, femme de Philippe Ier; Alix de Savoie, femme de Louis le Gros. — Éléonore de Guyenne, femme de Louis VII, croisée et galante. — Constance de Castille et Alix de Champaigne, les deux autres femmes de Louis VII. — Isabelle de Hainaut, première femme de Philippe-Auguste; la seconde, cette Isemburge, dont on ne sait pourquoi le prince se dégoûta, dès la nuit de ses noces; et la troisième, Agnès de Méranie. — Blanche de Castille, femme de Louis VIII, mère de Louis IX, guerrière et sage. — Marguerite de Provence, femme de Louis IX, lequel lui fit onze enfants, ce qui est beaucoup pour un saint, que la reine mère laissait à peine approcher de son epouse. Aussi celle-ci profita-t-elle de l'expédition d'Égypte pour suivre le roi. Et c'est à Damiette, qu'ayant sommé un vieux chevalier de la tuer plutôt que de la laisser tomber aux mains des infidèles, elle en reçut cette belle réponse : « Oui, madame, j'y avais déjà songé. » — Les femmes de Philippe III, Isabelle d'Aragon et Marie de Brabant, docte et poétesse. — La femme de Philippe le Bel, Jeanne de Navarre, elle-même belle et lettrée. — Marguerite de Bourgogne, femme de Louis X, amante de Philippe d'Aunay, et qui fut étranglée avec une serviette. — Clémence de Hongrie et Jeanne de Bourgogne, autres femmes de ce Louis le Hutin. Les comptes de cuisine de cette Clémence ont été conservés dans nos archives nationales.

— Les femmes de Charles le Bel, Blanche de Bourgogne, licencieuse, puis repentie; Marie de
Luxembourg, et Jeanne d'Evreux, charitable et
pieuse. — Les femmes de Philippe de Valois,
Jeanne de Bourgogne et Blanche de Navarre. —
Jeanne d'Auvergne, femme du roi Jean. — Jeanne
de Bourbon, femme de Charles V, lequel mourut
au château de Beauté-sur-Marne. — Isabeau de
Bavière, débauchée et criminelle, femme de Charles VI, l'Insensé, plus heureux à coucher avec
Odette de Champdivers, la petite reine, et à jouer
aux cartes avec elle. — Marie d'Anjou, femme de
Charles VII. — Charlotte de Savoie, femme de
Louis XI. — Anne de Beaujeu. — Anne de Bretagne, femme de Charles VIII, dont elle porta en noir
le deuil royal, qui jusqu'à ce jour avait été de couleur blanche; puis seconde femme de Louis XII,
qui, à son tour, porta en noir le deuil de cette
épouse très aimée. — Jeanne de France, première
femme de Louis XII, et la troisième, Marie d'Angleterre. — Louise de Savoie, qui montait bien à
cheval, mit au monde François Ier et fut deux fois
régente. — Les deux femmes de François Ier,
Claude de France, dont ses confesseurs assurèrent
qu'elle n'avait jamais commis de péché mortel, et
qui avait pris pour symbole une lune en son plein
avec cette devise : *Candida candidis*; puis une
sœur de Charles-Quint, Éléonore d'Autriche, qui
aimait la chasse, la lecture, la prière et la pêche.
Elle était fille de cette Jeanne la Folle, dont la
destinée, un peu pareille à celle de l'impératrice
Charlotte du Mexique, fut plus cruelle encore,
puisque l'infortunée reine, mère d'une reine de

France, d'une reine de Bohême et de Hongrie, d'une reine de Danemark et de Charles-Quint, mourut sur la paille au château de Tordesillas, « n'ayant d'autre passe-temps que de se battre avec des chats ». — Les reines, femmes de Henri II, de François II, de Charles IX : Catherine de Médicis, Marie Stuart, Elisabeth d'Autriche, si précieusement peinte par Janet. — Louise de Vaudemont, la triste rivale des Mignons. — Anne d'Autriche, si raffinée, qu'au dire de Mazarin son enfer serait de coucher dans de la toile de Hollande, et qui avait pour les roses une si extraordinaire aversion, qu'elle se trouvait mal à leur seule vue. — Marie-Thérèse d'Autriche, la résignée épouse du Roi-Soleil, qui déclara qu'elle ne l'avait chagriné qu'en mourant. — Marie Leczinska, la reine amateur, qui faisait de mauvaise peinture et de mauvaise musique, la pauvre vielleuse des Goncourt, qui en voulait autant à la Pompadour de sa belle voix que de son beau corps, quand celle-ci, sommée par sa souveraine de chanter, lui répondit avec cet air de Glück : *Enfin, il est en ma puissance !* — Et enfin Marie-Antoinette !...

*
* *

Tel est le thème historique. Qu'on me pardonne de l'avoir énuméré longuement, et qu'on s'imagine les variations dont le put broder un esprit ingénieux et renseigné servi par une main de fée. Aux premières pages plus sobres, plus sévères, décorées de colonnes antiques appliquées à des monuments par les Mérovingiens, ce sont des monnaies du temps, des couronnes gothiques, des mosaïques byzantines, des fibules, des boucles, des plaques de ceinturon, trouvées dans des tombeaux ou dans des fouilles. Les reines Radegonde, Bathilde, portent en main les basiliques ou les cloîtres qu'elles ont fondés. Tout le trésor documentaire fut réquisitionné et mis à profit par cette diligente abeille d'un art exquis pour mollifier diversement et à l'infini en ces cent-huit alvéoles. Pas un détail qui n'ait été l'objet d'un choix scrupuleux, d'un travail patient, d'une visite à une collection ou à un musée.

Georges d'Aramon résidait à Paris et à Chaumont, qui fut un temps des biens de sa famille. A la ville, il visitait bibliothèques et archives. En la seigneuriale demeure, il revivait les souvenirs royaux qui stimulaient sa pensée, activaient son labeur, vivifiaient son œuvre. Là tous les matériaux récoltés, les pollens butinés, étaient répartis et mis en place. Au revers du troisième et du quatrième feuillet, reconnaissons le calice de Gourdon, que l'on conserve à la Bibliothèque nationale, et ce trône de Dagobert qu'on y voit aussi et dont Napoléon fit usage au camp de Boulogne pour la première distribution de la Légion d'honneur. Clotilde se montre sous les traits de sa statue, en un portail de Chartres ; et, certain bijou fait d'une abeille en or retrouvée à Tournai dans le tombeau de Childéric, évoque le souvenir de son épouse Basine. Voici la vision qu'elle eut d'un lion figurant Clovis, d'une licorne, le fils de Clovis ; et des rois fainéants sous forme d'ours, d'hyènes, de chacals. — Voici le grand pied de Berthe, et sa quenouille. — Le portrait de Charlemagne est enluminé d'après Durer et d'après une intaille, son couronnement par Léon III, en l'an 800, le jour de Noël. La figure de la femme de Charles le Chauve, Ermentrude, se retrouve à la Bibliothèque, en tête de sa Bible, un des plus anciens monuments connus d'enluminure et de miniature. Voici, non pas reproduits, mais intelligemment rappelés par un détail, la tapisserie de la reine Mathilde, et tel manuscrit de l'an mil ou du xiii° siècle; puis, à l'occasion d'Anne de Russie, fille de Iaroslav le Grand, ce manuscrit slavon qu'elle apporta en dot, et sur lequel ont, depuis, prêté serment tous les rois de France. La page de Blanche de Castille s'illustre de motifs empruntés aux mosaïques de Sainte-Sophie. — Marguerite de Provence a ces jolis yeux, dont le coin se retrousse un peu chinoisement, et que le maître Gustave Moreau appelle yeux *frisés*; et son type a servi de modèle aux vierges du treizième. — La page de Saint Louis, une des plus belles, toute décorée de l'ornement des ferronneries de Notre-Dame, est divisée en neuf panneaux consacrés à la vie du saint, qu'on y voit rechercher, pour les enterrer chrétiennement, les cadavres demeurés sans sépulture au pays infidèle. — La Vierge du Pilier, de Saragosse, rappelle l'origine de l'Espagnole Isabelle. — Une peinture à l'œuf, conservée à la Bibliothèque, fournit un portrait de Jeanne d'Auvergne. Une danse de fous s'ébat alentour, dont telles particularités de costumes ne sont pas sans rappeler les Filles-Fleurs wagnériennes. Des bouquets de tarots s'épanouissent tout autour de la gentille Odette; des fleurs de trèfles, roses et rosaces de cœur et de carreaux aux noires épines du pique. — Christine de Pisan offre son manuscrit à Valentine de Milan entre les banderoles où tout le désir et tout le désenchantement tiennent en ces devises : *Je l'envie, je le tiens. Rien ne m'est plus.* — Sous Isabeau de Bavière, ce sont des allégories funèbres de la France ruinée au cours de la guerre de Cent ans, des squelettes musiciens, et autres rappels de l'invention, en ce temps-là, des danses macabres. — Charles VI, Agnès Sorel, Jeanne d'Arc, le couronnement à Rheims, d'après ces fragments de la Bible de Juvénal des Ursins, qui sont exposés au Louvre. — Louis XI, Plessis-lès-Tours, le gibet de Montfaucon, et la cage de la Ballue, où serpente une chenille. — Marot présente son livre à Anne de Bretagne. — Au retour de la conquête du royaume de Naples, Charles VIII est mort d'apoplexie à Amboise, en regardant jouer à la paume. Sa veuve porta son deuil en noir. Aussi le caprice du peintre fut-il de la représenter ici d'après le portrait pris à son livre d'heures, entre tout le blanc apparat des claires draperies et des cordelières, qui avaient constitué jusque-là le neigeux deuil des reines. Huit enluminures, pleines de moines et de cierges, retracent les funérailles d'Anne de Bretagne, et cette jolie inscription se grave au cœur d'or qui contient son cœur :

En ce petit vaisseau de fin or pur et monde
Repose un plus grand cœur qu'onques Dame eut au monde.
Anne fut le nom d'elle, en grâce deux fois reine,
Duchesse des Bretons, royale et souveraine.

La reine Claude a ses prunes, les F de François Iᵉʳ, des Salamandres et le château de Chambord; et sa page est éminemment somptueuse. — Non moins belle, la suivante, avec ses onze miniatures d'après l'hôtel du Bourgtheroudde : Boulogne et Douvres, le Camp du drap d'or, un tournoi plein de lances gigantesques et de panaches géants pareils à ceux du cavalier de Durer dans la descente de Croix de Bâle. — Éléonore de Portugal a le décor de l'Alhambra. — Autour de Catherine voici Coligny, Michel de l'Hôpital, le Colloque de Poissy, peint en émail de Limoges. — Au revers de ces feuillets, d'admirables chiffres de Médicis, des lettres pleines de fruits, des personnages de Primatice. — Catherine, en veuve sur un fond noir à médaillons bleus, damasquinages et niellures; le revers tout en *sertosine* représentant des processions de la Ligue. Une imitation de ce travail d'incrustation d'ivoire dans de l'ébène. De plaisants ornements comme on en voit à de tels cabinets italiens : de menus rouets, des écrevisses, des bestioles nouées par la queue. Et par places on dirait que l'ivoire jaunit, se soulève, se fend comme il arrive à ces placages. — Marie Stuart, jeune femme, en robe rouge, d'après un portrait de Clouet. Le revers de ce feuillet relativement célèbre, fut exposé à Paris et à Londres; une des plus poétiques inspirations de l'enlumineur : le bateau qui remportait en Ecosse l'infortunée princesse porte écrite sur sa voile la poésie célèbre : Adieu, plaisant pays de France. Et le ciel, tout en haut, d'azur, s'obscurcit jusqu'aux plus épaisses ténèbres. Le semis de fleurs de lys qui en étoilait le sommet se tourne insensiblement en des larmes, lesquelles, au bas de la page, sont devenues des gouttes de sang. Et c'est un feuillet arraché que figure au centre de ce vélin, la blanche partie réservée où se doit tracer l'histoire de Marie. — Elisabeth d'Autriche est reproduite selon le petit panneau du salon carré entre des ornements inspirés des bijoux de l'époque. Au verso de ce feuillet, un des plus curieux, une quarantaine de médaillons, des scènes de chasse, des animaux sont imités comme en faënza, aux doux bleus et verts harmonieusement mélangés à de savoureux jaunes. — Elisabeth d'Autriche reparaît en deuil d'un noir d'ailes de chauves-souris, tout noué de cordelières de veuve. — Louise de Vaudemont, sur un fond qui, plein d'intailles et de bijoux, joue entre des fruits et des oiseaux, des singes, des grotesques. — Henri III crée l'ordre du Saint-Esprit, dont les flamme ssont figurées en relief. Dans une seule miniature, trente personnages se dessinent nettement, leurs jambes croisées en de fins maillots, et tout hérissés de panaches blancs. Et çà et là, les insignes de l'ordre, des colliers, des chapeaux à plumes. — Au revers, Chenonceaux, les Etats de Blois, le portrait du cardinal de Lorraine. — Puis, les noces de Joyeuse, le couronnement de Marie de Médicis, et les Loges de Raphaël, en ce temps-là commandées par Léon X. — De grandes miniatures, le mariage de Henri IV, les Etats Généraux de 1614, un génie présentant les cartons du Luxembourg. Plus tout un tour de page, aux couleurs du deuil des rois de France, or, noir et violet, où s'aga-

tisent les camées de la galerie d'Apollon, les
bijoux de Marie de Médicis. — Le mariage d'Anne
d'Autriche et une autre belle miniature. — La
naissance de Louis XIV, en un décor de plafond
de Le Brun. — Louis et sa mère. — La carte du
Tendre, encadrée dans la Guirlande de Julie, avec
ses territoires de *petits soins* et de *billets galants*, et
son *Lac d'indifférence*; puis, l'Ile des Faisans et le
mariage de Marie-Thérèse. — Versailles, la galerie des Glaces, la famille royale d'après le tableau
qui se voit encore aujourd'hui dans le salon de
l'Œil-de-Bœuf. — Les Fêtes de l'Ile enchantée
données en l'honneur de Mme de La Vallière; et
cet extraordinaire feuillet, divisé en 42 médaillons,
où jouent toutes les grandes eaux de Versailles
avec leurs naïades, leurs néréides et leurs tritons,
leurs coquillages et leurs roseaux, et tout l'accessoire aquatique. Le tout en la fluidité et l'irisa-
tion des tons de l'eau, le vert, le bleu, l'argent, l'or
pâle. — Versailles encore, l'escalier, la chambre
du roi, une réduction de la prise de Namur, et des
portraits, Louis XIV, la duchesse de Bourgogne
d'après Santerre, Mme de Maintenon.

Et les quatre bonnes du Dauphin, en camaïeu
rose sur fond noir, imitant la toile de Jouy : la
nourrice, la berceuse, la porteuse, la promeneuse;
Marie Leczinska par Van Loo, puis par Nattier;
un bal à Versailles d'après Cochin; et le menuet
dansé par Marie-Josèphe de Saxe, que l'on distingue en la miniature, avec ses minuscules paniers
géants au milieu d'un bal de têtes d'épingles. —
Le comte d'Artois et le comte de Provence, d'après
Drouais. — Puis toute l'histoire des filles de

Louis XV résumée en une invention élégamment ingénieuse. Sur un panneau en laque vert d'eau à dessins chinois en or, autant d'éventails ornés de leurs images, que le *Bien-Aimé* eut de filles. Chacun d'eux ouvert ou entr'ouvert, selon la durée de l'existence de la princesse. Et quelques-unes tout à fait fermés, enfants morts en bas âge. — Enfin Trianon, le théâtre, le salon de peinture, Marie-Antoinette, d'après Vigée Lebrun, en une draperie rose relevée de glands d'or et de fleurs. Et cinq autres portraits : Marie-Thérèse, Mme Elisabeth, Louis XVI, Mmes de Polignac et de Lamballe. — Une autre page, curieuse entre toutes, reproduit, dans la manière des émaux bleus de Sèvres, de Cotteau, les Etats Généraux, en neuf panneaux d'égale grandeur. Des milliers de personnages, tous distincts, une levée en masse de cirons costumés, ordonnés en groupements savants. — Et pour conclure, des traits de charité de Marie-Antoinette et de Louis XVI, des grâces accordées à des prisonniers, des pauvres secourus pendant l'hiver de 1786. Et la dernière Marie-Antoinette, blanche fermière du village suisse ; de l'orgueil : des paons ; de l'amour : des colombes ; des quenouilles, des corbeilles, des râteaux, des épées, des fumées...

*
* *

J'ai nommé Blahrenberg ; il est surpassé ; son peuple d'homonculets habillés a rencontré un Lilliput rival, tantôt bardé de fer, tantôt moutonnant de plumes, organisé en des tournois dont les lances

sont comme les dards d'un hérisson infinitésimal,
ou des pelotes d'aiguilles, la pointe en l'air.
Cours d'amour d'infusoires en vertugadins et en
grand habit, se déroulant au fur de cet album
aux cent panneaux comme en cette tapisserie du
conte de fée, qui se roulait en une noix et où tout
était peint en détail de ce qui s'était passé depuis
l'origine du monde.

Une légende orientale nous représente Salomon
en conférence avec Takia, la reine des fourmis.
Quand celle-ci eut fait défiler sous les yeux du
roi durant soixante et dix jours les escadrons de
ses sujettes : « Tu n'en as vu qu'une espèce, lui
dit-elle, il y en a soixante et dix. » — Salomon
leva la séance.

Il y a de ce défilé dans le livre de Georges
d'Aramon ; mais avec une variété que lui vaut,
entre une interprétation infiniment habile à faire
miroiter prismatiquement toutes les facettes d'un
sujet (avec une spirituelle minutie et une sensible
complexité de pinceau qu'il sied d'assimiler à la
plume des Goncourt) — un métier-Protée infiniment docile et souple à en souligner ou relever
techniquement, archaïquement, historiquement les
effets, de tous les rehauts et toutes les roueries.
— Sedaine, en sa *Gageure imprévue*, nous avait
donné l'exemple d'un probe écrivain doublé d'un
honnête serrurier — et il n'est pas rare de rencontrer déchiffrant un manuel de l'Encyclopédie Roret,
un bon poète qui sait que l'inspiration soufflant
où elle veut, doit toujours trouver toute forme
toujours prête. — C'est ainsi que, tour à tour
mosaïste, orfèvre, vannier, tourneur, canut ou

céramiste pour enrichir son œuvre de la torsion
d'une colonne, de la sertissure d'un bijou, de l'en-
trelacs d'une tresse, de la ciselure d'un ivoire, du
dessin d'un canevas, de la floraison d'un textile
ou d'une porcelaine — notre enlumineur a su donner successivement à son livre de verre et de
pierre, d'osier et de bois, de kaolin et de soie, la
souplesse d'un vêtement et la richesse d'un revêtement, le prix d'un joyau, l'élégance d'une corbeille, la complication d'un buis ajouré et le grain
d'une pâte tendre. — Hauts et bas reliefs, trompe-
l'œil, cuir gaufré, fer forgé, guipure, cabochons,
boulle femelle et boulle mâle, et jusqu'à des
gemmes véritables, tout se transforme aux mains
de cet Oliab du vélin et de ce Belizéel de la gouache
che pour modeler l'idéalité et la réalité de son
iconostase.

Toute cette changeante subtilité chatoyait dans
l'esprit de l'auteur ; et n'est-ce pas de la tapisserie
interne de notre front, de la tenture projetée de
nos cerveaux que nous tendons nos toiles et nos
pages ? — D'Aramon gardait pour sa causerie
beaucoup de gentil babil et de malicieux rinceaux.
Grand et fin liseur de mémoires, sa conversation
en héritait un tour vieillot, une érudition d'ana
dans laquelle il se mariait du zinzolin, du talon
rouge et du rabbat, du tabac, de la poudre et de la
bergamote, de l'abbé, du vidame et de la chanoi-
nesse. — Sa façon de les faire attendre et de les
émettre, ajoutait au prix de ses jolis mots, comme
cela se voit chez de fins causeurs, entre lesquels
j'aime à citer Whistler. Les siens étaient encapu-
chonnés de son geste, emmitouflés de son intona-

tion papelarde et de sa benoîte mimique, comme d'une mante gorge de pigeon ou d'une douillette de soie puce. Il y susurrait, il y vibrait un sifflement voilé, un aiguillon doux, comme d'une guêpe dans de la ouate. Un jour que des condoléances sans sincérité s'échangeaient aux marches d'une parisienne église à l'issue d'un service d'obit en l'honneur d'un mort dont l'inhumation avait lieu en province,

« Qu'eût-ce été si nous avions eu le corps? » — ajoutait le malin causeur avec un soupir. Et comme on le taquinait sur la cruauté ou l'immoralité de certains représentants de cette royauté qui lui était chère, à propos du traitement de Louis XI envers La Ballue : « Eh bien, que voulez-vous, ce pauvre roi, concluait d'Aramon, — *il n'avait peut-être jamais eu de poisson rouge.* »

On pourrait faire courir ici nombre de ces mots légers ou annelés comme les insectes qu'il a fait errer aux barreaux de la cage de Loches, ou vibrants aux cœurs de ses roses. — Mais j'aime mieux laisser toute sa délicate gravité à son œuvre hautement jolie et gracieusement belle. — *Cineri gloria sera venit.* Une tardive gloire vient à la cendre. Je lis en tête d'une ancienne compilation sur le propos de ces souveraines qu'il aimait, cette épigraphe de Martial, qu'il eût approuvée par sa résolue indulgence à celles de ces Reines dont la clémence se bornait à faire écarteler leurs rivales, et celles de ces saintes dont la vertu consistait à baguenauder avec des évêques. Mais la hautaine et pensive épigraphe n'a nul besoin d'indulgence pour s'appliquer avec vérité à la belle œuvre que nous venons de suivre. Une gloire tardive, mais d'autant plus durable et solennelle, ira la chercher dans sa patiente fraîcheur déjà ancienne, et vient déjà vers la poudre d'or dont le fier et modeste enlumineur a diapré les ailes de ses papillons, les corolles de ses fleurs, et les couronnes de ses Reines.

XVI

A Marcel Schwob

NOSMET

(RÉQUISITOIRE)

> Je pourrais faire un ouvrage qui ne
> plairait qu'à moi et qui serait reconnu
> beau en 2000.
>
> STENDAHL.

M. d'Annunzio vient de nous régaler d'un air
de bravoure de réconfortante allure et de comba-
tivité fort allègre ; nous rappelant les polémiques
exagérées dont il fut l'objet, étudié, critiqué,
admiré, et *légendaire*, à quinze ans ; et le vent de
révolte qui soulève encore contre lui toute la Pé-
ninsule. « Mais cela me gonfle de joie et d'orgueil !
— ajoute l'auteur de l'*Intrus*. Pour un artiste
courageux et obstiné il n'y a rien de plus enivrant
que la haine, la haine implacable, — Aussi ne
saurais-je dire avec quel plaisir j'entretiens cette
haine, combien j'ai de joie à l'exagérer, à la
rendre belle, à force d'intensité. »

Maintenant, l'air de bravoure est-il un couplet
de facture ? Ces révoltes dont toute l'attitude de
vie du maître Whistler offrit un élégant et éloquent
exemple, ne sont souvent que le revêtement ironiste et froissé, parfois dépité, d'une nostalgie de
l'impossible paix, d'une soif de l'insaisissable
entente. Sincère ou non, qu'importe ? si leur action
est fécondante pour l'artiste, de par une loi de
contradiction et d'émulation, une macération de

mélancolie. D'Annunzio proclame la haine enivrante. L'injustice ne l'est-elle pas aussi et plus noblement, avec ses promesses de revanche, son élan vers une postérité plus ou moins lointaine, plaintive et fleurie de dédommagements expiatoires?

Les Goncourt ressentirent avec acuité ce qu'Hello appelait bien : le supplice de l'injustice sentie. Au dire de Gautier, Jules en serait mort. Edmond goûta jusqu'à la fin l'honneur d'être malmené en jeune. Mais il en souffrait. Une dernière saison particulièrement acrimonieuse des représailles que lui suscitait son *Journal*, naïvement provocant, ne fut pas sans rapport avec cette fin prématurée.

Gautier lui-même ne se montra si bien inspiré sur ce chapitre, que pour en avoir personnellement exploré les aigres détours. Je n'en veux pour preuve qu'un mot qui me fut rapporté par son illustre interlocuteur. C'était après la guerre de 70. Leconte de Lisle l'étant allé voir en sa maisonnette de Neuilly, le trouva en proie aux douleurs civiques compliquées du relent d'une difficile existence vécue, et désormais sans retour, en proie à ces humaines persécutions, à ces malentendus sociaux et vitaux, qui ne sont pas sans épines, même pour ceux qui les savent dominer.

Et comme les deux poètes arpentaient silencieusement une avenue désolée : « Nous voilà, les deux derniers! » s'était exclamé l'auteur de Kaïn. Et s'objectivant gouailleusement, douloureusement aussi, dans le jugement du public à l'égard des vrais mages : « Oui, les deux derniers cochons! » ponctua l'autre.

Et c'est de lui-même que Leconte de Lisle, me
disait, une fois, à son tour : « C'est ennuyeux
d'avoir toujours l'air d'écrire des choses que personne ne comprend. »

Un mien ami, artiste impressionnable et subtilement sensitif, bien que cent fois renseigné sur
l'insincérité et l'incompétence des verdicts en-
vieux ou inéclairés, mais toujours doués d'action
sur l'indignation spontanée et fonctionnelle qui
est en nous, prête à jaillir violemment sous l'iniquité immédiate, (et le propre de l'eau restant,
après tout, de mouiller, de l'acide, de ronger, et
d'une fiente, fût-elle même d'un oiseau, de tacher
un vêtement, qui pire est, d'aveugler momentanément le saint homme Tobie;) pour l'alcali de
ces piqûres vaines, pour l'antidote de ces mal-
propres poisons, avait réuni sous forme de phar-
macopée, dans une reliure d'*Analecta*, nombre
d'extraits capables de chasser, séance tenante,
avec autorité, je ne parle pas d'une critique judicieuse, d'un sévère et sage conseil, mais le
miasme du commérage saugrenu, du bavardage
méphitique. Une application, une aspersion de
ces apophtegmes soigneusement triés au cours
des lectures, faisait office de cautérisation locale,
de vaporisation abluante, au dire de mon ami,
dont à parler franc, la sérénité communicative
demeurait la meilleure apologie de sa panacée; et
l'esprit reprenait sa souplesse et l'atmosphère sa
pureté, au seul entre-bâillement du petit volume
tutélaire.

Je donnerai ici quelques-uns de ces antisep-
tiques, heureux s'ils peuvent être secourables à des

30

producteurs délicats dont la mellification s'effarouche du vol crépitant d'un hanneton, ou d'un bourdon à la circonvolitation murmurante.

Mon ami avait coutume de le répéter, une lacune lui était bien particulièrement à charge. Tant de retard dans l'invention de ce procédé de mensuration de la valeur intellectuelle et morale, permettant de *remettre les choses en place*, de rendre à chacun selon son mérite, d'infirmer tant de jugements aveugles et superficiels, de reprendre à des indignes, de hautes positions indues, et d'y réintégrer de modestes fontionnaires de l'idéal, dont la vraie valeur n'était aucunement apparue à d'inhabiles pédants fort affairés à distribuer arbitrairement des insignes et des fortunes.

Pour combler cette lacune sans doute, mon ami s'était appliqué à grouper autour du célèbre dire de Raphaël : Comprendre c'est égaler ! — des variantes, empruntées à divers auteurs, de la même réconfortante pensée.

Entre autres, avec celle-ci de Gœthe : « S'il n'y avait pas de soleil dans notre œil, comment pourrait-il voir le soleil ? » — et cette autre moins connue de sir Joshua Reynolds : « On peut dire hardiment que toute la connaissance spéculative dont l'artiste a besoin est indispensable au connaisseur » ces deux subtiles amplifications de l'auteur d'Axel : « Nul ne peut posséder d'une chose que ce qu'il en éprouve. Si cette chose est belle, noble, — enfin divine d'origine, et qu'il soit, lui, d'essence vile, — c'est-à-dire d'une prudence d'instinct nécessairement abaissante, — la beauté, la noblesse, la divinité de cette chose s'évanouissant au seul contact du violateur, il n'en possédera que son intentionnelle profanation, — bref, il 'n'y retrouvera, comme en toutes choses, que la vilainie même de son être, donc, il n'y a pas lieu de s'en irriter. »

« Si tu daignes distraitement l'écouter, le sens de ce que je vais t'annoncer t'échappera fort probablement ; car nul n'entend ici-bas que ce qu'il peut *reconnaître*. »

Baudelaire paraît d'autre part avoir été, avec Stendahl, un élu thérapeute de mon ami, en ce lancinant mal de l'opinion confraternelle et mondaine. Témoin ces préceptes du premier :

« Une espèce assoupie dont les yeux sont fermés au miracle de l'*exception*. » — « Elles n'ont un dégoût positif que du grand. La passion saine, ardente, poétique, les fait rougir et les blesse. »

« Ce genre d'article, parlé d'ailleurs dans tous les salons bourgeois, commence invariablement par ces mots : « Je dois dire que je n'ai pas la prétention d'être un connaisseur, les mystères de la peinture me sont lettre close, mais cependant, etc... » (alors pourquoi en parler ?) et finit généralement par une phrase pleine d'aigreur qui équivaut à un regard d'envie jeté sur les bienheureux qui comprennent l'incompréhensible. »

« Le caractère distinctif de sa poésie est un sentiment d'aristocratie intellectuelle qui suffirait à lui seul pour expliquer l'impopularité de l'auteur ; si d'un autre côté nous ne savions pas que l'impopularité, en France, s'attache à tout ce qui tend vers n'importe quel genre de perfection. Il lui suffit d'être populaire parmi ceux qui sont dignes eux-mêmes de lui plaire. Il appartient d'ailleurs à cette famille d'esprits qui ont pour tout ce qui n'est pas supérieur un mépris si tranquille qu'il ne daigne même pas s'exprimer. »

Ecoutons Stendahl à présent :

« J'ai assez vécu pour savoir que différence engendre haine. »

« — Ta carrière sera pénible. Je vois en toi quelque chose qui offense le vulgaire. La jalousie et la calomnie te poursuivront. » — « Avec ce je ne sais quoi d'indéfinissable qui est dans votre caractère, si vous ne faites pas fortune, vous serez persécuté : il n'y a pas de moyen terme pour vous. Ne vous abusez pas. Les hommes voient *qu'ils ne vous font pas plaisir en vous adressant la parole.* »

Ce qui suit est d'une piquante tristesse :

« *Un homme doué d'une âme noble, généreuse et qui eût été votre ami, mais qui habite à cent lieues, juge de vous par l'opinion publique de votre ville, laquelle est faite par les sots que le hasard a fait naître nobles, riches et modérés. Malheur à qui se distingue !* »

J'achève ces citations des *excerpta* de mon ami par ce conseil de Renan : « Quand on n'est pas comme les autres hommes, il faut se garer d'eux. » Par ce considérant de Léopardi : « N'espérez pas qu'on souffle mot spontanément, si grand que soit votre mérite, si belles que soient vos œuvres. *On regarde, on se tait ;* et, *si l'on peut, on empêche les autres de voir.* » Par cette boutade de Bion : « Il est impossible de plaire à la multitude, à moins qu'on ne se change en pâté ou en vin doux...» Et cette conclusion de Montesquieu, triomphalement dédaigneuse : « Je ne me suis jamais piqué d'être l'esclave ni l'idolâtre de la société de mes pareils : et cet amour tant vanté est une passion trop populaire pour être compatible avec la hauteur de mon âme. Je me suis uniquement conduit par mes réflexions, et surtout par le mépris que j'ai eu pour les hommes. »

« J'étais dévoré de sensibilité, dit quelqueautre part Stendahl — fier et méconnu. Ce dernier mot est ici sans orgueil, et pour exprimer que quand ma manière a eu le courage de se montrer, tout le monde a été étonné ; on me croyait le contraire de ce que je suis. »

Le mieux serait donc pour un auteur désireux de se dérober à de si redoutables malentendus, et de se voir apprécier moins inversement par ceux de ses contemporains ayant quelque souci d'équité et de vérité, de tracer lui-même son portrait ainsi que l'ont fait et le font encore nombre de peintres posant devant leur miroir pour cette galerie des *Ritratti di Pittori* Florentins, ou celle qui, dans notre Louvre, s'en inspire.

Il ne s'agit, pour tous ces peintres, que d'une séance de plus, accordée à un modèle dont les défauts le trouvent sinon mieux renseigné, en tout cas, moins sévère. Rembrandt et Van Dyck ne se font point défaut de passer une chaîne d'or à leur col à la même place où Delacroix glacera le châle de son gilet vert. Mignard dore le brocart de sa robe de chambre et veloute l'azur de ses pantoufles. Van Loo se fixe en un geste invitant et avantageux. Vigée Lebrun noue aussi spirituellement là-bas les cornes de son légendaire turban de linon,

qu'elle fait ici des bras gracieux de la plus jeune,
de la plus nue des mères, de la plus artificiellement
tendre. Courbet peint l'ombre de ses cils sur la
joue de l'admirable jeune homme en lequel il se
voit et nous apparaît. Et Ricard tient à s'affirmer
à nous sous les espèces d'un Alfred de Musset plus
beau, à la lèvre de cerise tendrement vermil-
lonnée. — Et quand ces effigies sont connues, sur
le tard, souvent après décès, l'animadversion a
désarmé dans la mort; on sait gré aux modèles de
s'être vus ainsi, et presque on en voudrait à David
de s'être aperçu du défaut de sa joue. Je connais
les vicissitudes du portrait, les ayant expérimen-
tées personnellement, et souvent notées. Notre
meilleur portrait, pour le public, et surtout pour
nos amis, est celui qui ne fatigue plus leurs yeux
par le maintien de notre présence; oui, celui qu'ils
ne voient plus, quel qu'il soit, et eût-il, durant sa
période d'exposition, excité leurs maigres traits,
lesquels se tournent en éloges, dès qu'une nouvelle
effigie rouvre la carrière à leur mécontentement de
nous voir magistralement représentés à leur place,
une fois de plus, par un autre maître, qui, pour
l'avoir souhaité, nous honore, de ce fait, d'une
prédilection qui les fâche. — C'est ainsi qu'un
magnifique portrait de Whistler, dès aujourd'hui
entré dans le Panthéon des grandes œuvres, s'est
mélancoliquement vu priver des injustices qui le
rendaient plus beau, au profit d'un précieux Boldini qui, pour tant de censeurs impérieux de l'art,
n'a contre soi que d'avoir rendue permanente —
et non sans quelque fierté—une ressemblance trop
exacte du modèle. Et si quelque bon goût ne m'en

avait sauvegardé, je me serais vu réduit à cette plaisante extrémité d'expliquer Whistler et de justifier Boldini aux yeux de soi-disant connaisseurs, qu'une telle action n'aurait pourtant pas fait sourire.

Notre individuel *Gnôti Séauton*, fort difficile à atteindre pour chacun de nous, s'il arrivait à se formuler, un jour, nettement à nos propres yeux, rencontrerait un public prévenu, et qui n'ayant pas le temps d'attendre ni de s'amender, s'est déjà pourvu pour son compte d'oracles sur le nôtre, irrévocables et définitifs que rien ne saurait plus désormais infirmer ou contredire. C'est une misère très attendrissante, essentiellement inhérente à notre race, et tous les travers de l'humanité seraient un jour perdus, qu'il suffirait de la retrouvaille de celui-là pour la reconstituer tout entière.

La réputation commence avec la vie.

Mᵐᵉ Valmore l'a formulé dans ce vers en apparence si simple, et en réalité si profond qu'à le fixer on se trouble jusqu'au vertige.

La trousse d'extraits de notre ami n'avait eu garde d'oublier la stendahlienne recette de cette infirmité :

« Pour que cet esprit acquière l'estime des sots — il faut qu'il ait *une étiquette;* alors ils ont pour lui une estime sur parole ; quand ils en entrevoient quelque coin, ils appellent cela originalité. » — Et j'aime en passant à saluer d'un élogieux souvenir le joli livre de début de notre jeune ami Marcel Proust, d'ailleurs deux fois présenté au public sous haut et gracieux patronage, et rechercher en ses soyeux feuillets une neuve et fine réapparition de

ce caractère : « Le beau voisin d'Honoré ayant
essayé avec l'imprudence de la jeunesse d'insinuer
que dans l'œuvre de Heredia il y avait peut-être
plus de pensée qu'on ne le disait généralement, les
convives troublés dans leurs habitudes d'esprit
prirent un air morose. Mais Mᵐᵉ Fremer s'étant
aussitôt écriée : « Au contraire, ce ne sont que
d'admirables camées, des émaux somptueux, des
orfèvreries sans défaut. » L'entrain et la satisfaction reparurent sur tous les visages. »

Au reste, de qui importe-t-il d'être mieux ou
moins mal connu? — Lequel de nos interlocuteurs
tombera le moins aisément dans ce piège? Il
semble, à n'en pas douter, que l'habitude l'our-
disse avec plus de cécité, et que pour « cette cause »
nul ne le puisse disputer à nos parents et à nos
proches, en raison directe de cette proximité, dans
l'aveugle méconnaissance. Si notre art les honore,
ce ne peut être que d'un apport *nouveau*. Et la ré-
pugnance que rencontre partout le nouveau, dans
les familiales régions, tourne à l'épouvante. *L'histoire d'un merle blanc* de Musset contient une spirituelle allégorie de ce traitement de la parenté à
l'égard de l'enfant privilégié, dont Baudelaire,
en sa *Bénédiction*, a fait retentir les sanglots sublimes.

Les *relations* ont à cœur d'emboîter le pas : « Il
est bien, il est comme tout le monde » est une
façon de louange en ce milieu « fermé au miracle
de l'exception », et parmi lequel Bayle écrivait de
son héros : « Il ne pouvait pas plaire, il était *trop
différent.* » Et il ne négligeait pas de mentionner
« ce vernis d'infériorité que l'art donne vis-à-vis

du grand monde ». — Nos soi-disant amis se
contenteront donc de cesser de l'être, s'ils ne
tournent en ennemis, le jour que nos travaux rem-
porteront plus de succès qu'ils ne l'avaient décidé
en leur sollicitude ménagère.

Quant à la confraternité et à la critique —
certes à de très magnanimes exceptions près,
— de combien de variations ne renforcerait-elle
pas le choral, le cordial de ces analectes. C'est
saint Augustin qui certifie que ce n'est pas nous
louer que nous louer pour ce qui nous plaît le
moins dans nos œuvres. — C'est La Bruyère affir-
mant « *qu'un auteur n'est pas obligé de remplir son
esprit de toutes les extravagances, de toutes les saletés,
de tous les mauvais mots qu'on peut dire et de toutes
les ineptes applications qu'on peut faire au sujet de
quelques endroits de son ouvrage, et encore moins de
les supprimer. — Quelque scrupuleuse exactitude
qu'on ait dans sa manière d'écrire, la raillerie froide
des mauvais plaisants est un mal inévitable, et les
meilleures choses ne leur servent souvent qu'à leur
faire rencontrer une sottise.* » — C'est Chateaubriand
jugeant « qu'on a peut-être aussi bien vu son sujet
que la critique qui, sur une lecture rapide, condamne
d'un mot un plan médité pendant des années. » —
C'est Ingres occupé à forger des armes pour
frapper juste et fort, et se venger magnifiquement
des aboyeurs médiocres. — C'est Shopenhauer
parlant du « court triomphe de la vérité entre les
deux longs intervalles du temps où on la condamne
comme un paradoxe et où on la dédaigne comme
une banalité ». — C'est Verlaine, enfin, attristé
de l'éloge incompétent non moins que du « blâme

sans discernement et sans grande bonne foi plutôt ».

Et pour les plus grands, les plus incontestés, obligés, ainsi que s'en plaignait Vigny, de refaire leur preuve à chaque nouvel ouvrage. Oui — même en une œuvre comme celle du géant Hugo, un livre tel que la *Chanson des rues et des bois* demeure encore une énigme pour bien de ses fidèles, et l'un de ces ouvrages qui dans les plus éblouissantes carrières ne sont justifiés que les derniers, parce qu'ils contenaient le plus de leurs auteurs et lorsqu'on se décide enfin à ne plus leur marchander le droit d'avoir été eux-mêmes.

C'est donc un tout autre moi que le moi véritable de chacun de nous, d'ailleurs souvent bien indiscernable pour nous-mêmes — que le public voit évoluer — heureux quand son analyse incomplète ou sa synthèse rapide, sa méconnaissance des naturelles complications, son goût des catégorisations, et tant d'autres causes d'erreurs, ne l'induisent pas trop à calomnier, et non sans une pointe d'infamie. « *Je vois de tous côtés* — observe encore Stendahl — *qu'on se venge de l'esprit que les autres ont de plus que nous, sur leur caractère.* ».

« Nous a-t-on assez calomniés pour ça ! » s'écrie un personnage de roman, au souvenir d'une innocente et juvénile frasque. D'Annunzio est *légendaire* à vingt ans. Interrogez incognito un passant qui se pique de savoir son monde. Laissez-le vous conter *votre* histoire. Il ne se fera pas scrupule de vous apprendre que vous avez posé pour le héros d'un roman naturaliste, — qui cependant ne vous a jamais vu. Et, dussiez-vous, jusqu'à l'âge d'Hokonsaï, et tout aussi victorieusement que lui, étudier la nature et la pénétrer, la reproduire et la rendre, vous n'en demeurerez pas moins pour ce passant hâtif, tout frais émoulu de racontars fanés, l'homme qui a une bibliothèque de cravates et qui fait dorer les tortues...

TABLE DES MATIÈRES

TABLE DES MATIÈRES

Sceaux. — Imp. E. Charaire.

www.ingramcontent.com/pod-product-compliance
Lightning Source LLC
Chambersburg PA
CBHW060932030726
47503CB00003B/562